吴宓

师友书札

■

吴学昭 编

创于1897

The Commercial Press

商务印书馆

图书在版编目（CIP）数据

吴宓师友书札 / 吴学昭编 . --北京：商务印书馆，
2025. --ISBN 978-7-100-24491-6

Ⅰ. K825.46

中国国家版本馆CIP数据核字第2024788LD9号

吴宓师友书札

吴学昭　编

———————————————————————

商　务　印　书　馆　出　版
（北京王府井大街 36 号　邮政编码 100710）
商　务　印　书　馆　发　行
北京市艺辉印刷有限公司印刷
ISBN 978 - 7 - 100 - 24491 - 6

2025 年 3 月第 1 版　　　　　开本 880×1230　1/32
2025 年 3 月北京第 1 次印刷　　印张 14　插页 8
定价：68.00 元

柳诒徵致吴宓（1944 年十一月三日）

而僧先生道席滬莘来道達

尊帖清惠勛裊今又奉

惠書籍如縷切靜竢云此同志中夹一良友其遺

書亟宜備罃挑本授本謝書六月爲弗宷窩如徵

吳曼庵輯勞氏碑全例爛亦伴繁可成一書此俳

民二三僕迚使學者覓々心齊漭夹舉棁噂方沽帅捋

擠捍眤弟所能理其帷肖此所囊曓謸其羣儞三百畯

张尔田致吴宓（1927 年六月）

Jaffrey, New Hampshire,
30 June, 1921.

My dear Mr. Wu, — I gather
from the letter you wrote my wife
on June 24th that it is doubtful
whether I am to have the
pleasure of seeing you again
before your return to China.
I left Cambridge to come up
here on June 22. I am
planning to be in Cambridge
again about July 10 and
supposed that I should
see you at that time. I

白璧德致吴宓 (1921 年 6 月 30 日)

6 Kirkland Road
Cambridge Mass
U.S.A.
May 11 - 1934.

My dear Professor Wu:-

Professor Mei brought me the beautiful bowls which you and Professor Kuo so kindly sent to my husband. You did not know that he had been ill and that he died in July 1933. It was my fault that I did not write to Professor and Mrs. Mei, but during my husband's long illness I kept hoping he would get better and I could not bear to write unless I had some good news to tell.

My husband would have been greatly delighted with your beautiful gift, for you remember how much he admired Chinese art and Chinese philosophy, and how fond he was of his Chinese students, who did such good work with him in the old days. I hope you will understand how I am keeping your gift to him in memory of those times. They are in his study now, on the book-case under two Chinese landscape pictures which Professor Mei gave us. I have arranged the room as a sort of memorial room with all his books and the objects that he was fond of,

and I have invited a few selected students to come and read and study there.

Please accept my very best thanks for your handsome present, and believe me, with best wishes,

Sincerely yours,

Dora Drew Babbitt.

白璧德夫人致吴宓（1934 年 5 月 11 日）

Cheyne Court,
Berkeley, Calif,
March 15, 1930.

Dear Mr. Mi Wee,

A countryman of yours and presumably a friend has sent me a copy of your Critical Review containing a translation of my "Modern Currents in American Literature," with several copies also of the literary supplement of the Ta Kung Po. I am immensely flattered, naturally, to see echoes of my work so far away, and I am grateful to you for having the documents forwarded to me. You may be interested to hear that Mencken and his gang have been put very decidedly on the defensive, and even by those still recalcitrant against humanism are regarded as back numbers. I think I may say without boasting that the article you have

穆尔致吴宓（1930 年 5 月 15 日）

Government House,
Weihaiwei,
August 11. 1928.

Dear Mr Wu,

Your letter of July 31st, written at sea, only reached me this morning. I am replying to it at once, but this letter will have to wait for the next steamer to Shanghai, and as you say you expect to leave Shanghai for Canton on August 12th (tomorrow), there is of course no possibility of your receiving this letter till you reach Canton.

庄士敦致吴宓（1928 年 8 月 11 日）

刘永济致吴宓（1928 年十月二十六日）

雨生兄寄六五十生日詩奉訓俚句三章印之　　蕭公權

郢政

一寸心灰一往癡　惜芳翻遺誤芳時　為誰辛苦鬢成蒲柳

自憐綿蝂抱枝至　漏宵長憐夢短　金風秋早願春遲相思

報答無他物几叠柔腸兩鬢丝

苦向紅塵覓勝緣蹉跎仙夢限人天三千浩渺蓬山浪五十

蒼滨錦瑟青簡字香名未滅碧城路迴信塵傳媚娥

波瀟玄霜冷六百回中月又圓

不事燒丹不飾霞好信軿鉢寄生涯白蓮結社仍宜酒翠

竹觀身富著花香國狐縱毋法岸靈山一笑劫恒沙塵根

慧劍除愿盡三痴仍妨誚作家

1943

癸未中秋弟公權呈稿　時客成都

萧公权致吴宓（1943年中秋节）

钱基博致吴宓（1948年正月三日）

吴芳吉　　　　　　　　　　梅光迪

1931年，吴宓与朋友于英国牛津大学合影。左起前排郭斌龢、吴宓，后排刘咸、费巩。

奉日上午八时校长颁发前令本處

探悉君之住址理合先丞通告見信後

謹即来堂以续前課切之　　至致

吳

宓君台覽

齋務陳世奎手奉

民國元年八月三十日發
1912

第　頁

字第　　　號

陈世奎致吴宓（1912 年八月三十日）

王大亮等受何黄之愚承認代表紊亂校規指本月芝師

斤令退學事經公決妥所挽回然本校切實調查內有陳達(誤)

向哲濬吳宓施濟元黄勤五人委係為人在會場臨時脅迫

闖會之先既非主動議爭之際点未興課且檢查其平日功

課及品行均占充分殊堪惋惜為此本愛惜人才之心施曲予矜

全之惠將前領退學校令暫行分別辦理所有以上五人着改

為各記大過一次當堂察看俟四星期後再定去留此佈

　　　　清華學校之長處

民國　年　月　日發

字第

號

陈世奎信中所附清华学校通告

凡　　例

一、吴宓师友书札，以作者系之，依作者第一封信的写作时间先后排序。个别未存年份的书札，经编者考订后括注年份。

二、中文书札统一为简体横排，书札无标点或仅有简单断句者，一律改用现行标点符号断句。行文中或有尊称、谦称、提行、空格等，尽量遵从原貌。

三、外文书札后附中文译文。原信及其译文的地址、日期及落款体例从其原貌。

四、作者自有其文字风格，各时代均有其语言习惯，故不按现行用法、写法及表现手法改动原文。如确系作者笔误，则予径改。

五、书札作者的夹注为楷体字，吴宓所加批注、按语等括注仿宋体。

六、本书脚注均为编者所撰，其他佐证说明文字以"编者注"或"编者按"等形式附于书札之后。

商务印书馆编辑部

2024 年 11 月

目　　录

陈世奎①（一通）

本日上午八时，校长颁发前令本处探悉君之住址，理合飞函通告。见信后望即来堂，以续前课。切切。此致

吴宓君台览

斋务处陈世奎手奉

民国元年（1912）八月三十日发②

---

① 陈世奎，字筱田，天津人。时任北京清华学校斋务处斋务员。

② 陈世奎斋务员奉发清华学校校长之令，缘由本校高等科毕业班学生何鲁因病未参加考试，不肯补考，却坚持要求准予毕业；黄秉礼不肯补考，而要求准予升级。二人与校方发生冲突遭开除，离校前发表演说，煽动罢课，引起风潮。此次风潮，实由以王撝亚为首的四川籍学生二十余人在幕后指挥，秘密商定计划，在混乱中胁迫随意推出的所谓代表出面执行。十名代表，高等科为王大亮等二人，中等科八人：陈达、向哲濬、吴宓、施济元、黄勤、林志锽、李达、吴芳吉。风潮愈闹愈大，其目的、方向与性质亦时在改变。学生要求始为恢复何、黄学籍，准何毕业，准黄升级，回校上课；后加学校"财政公开""改良课程"。最终舍弃前此三条不论，改为"驱逐唐国安、周诒春两校长"，上书外交部，另派新校长。诸代表（四川籍学生吴芳吉除外）对风潮的见解不同，认为何、黄以私害公，鼓动风潮，而使学校局势混乱，学生课业停顿，国家与个人俱受损失；故皆三心二意，亦有通过家长向校方陈述实情者。清华罢课月余，外交部下令，全校复课，不肯遵令上课的学生，开除学籍。充任代表的学生王大亮等十名，颁令退学，斥令离校。吴宓等八名中等科学生不得不即刻离京，各依戚友或回家。不久，忽接陈世奎发来公函通知，奉校长谕，陈达、向哲濬、吴宓、施济元、黄勤五名被开除的学生，平日在校品学兼优，此次充任代表，系受人胁迫，非出本意，在风潮中亦无悖谬举动，今准其回校上课，各记大过一次，"留堂察看"，四星期后，如安分用功，成绩甚优，而无违反校规之举动，则可恢复学籍。其后，中等科另两名代表林志锽、李达，亦以同样条件回校复学。是故全校十代表中，独吴芳吉一人以风潮中言论狂激，被开除后不得复回清华。高等科王大亮等二人，另择前途，不愿回校，故早即离京。而王撝亚却始终无人议及，平安度过。

按，林志锽（1894—1977），字叔晖，福建闽侯人。清华学校毕业留美，哥伦比亚大学商学硕士。

* * *

王大亮等受何（鲁）^①黄（秉礼）之愚，承认代表，紊乱校规，于本月廿七号斥令退学；事经公决，安所挽回。然本校长切实调查，内有陈达^②、向哲濬^③、吴宓、施济元^④、黄勤^⑤五人，委系为人在会场临时胁迫，开会之先既非主动议事，之际亦未与谋；且检查其平日功课及品行，均占充分，殊堪惋惜。为此，本爱惜人才之心，施曲予矜全之惠，将前颁退学校令暂行分别办理。所有以上五人，着改为各记大过一次，留堂察看，俟四星期后再定去留。

此布

清华学校校长处

----

① 何鲁（1894—1973），字奎恒，四川广安人。在清华学堂不肯补考却坚持要求毕业且煽动学潮，被开除后，改入俭学会留法预备学校，留学法国里昂大学，获数学硕士学位。曾任东南大学、中央大学、大同大学、重庆大学、安徽大学教授，重庆大学校长。

② 陈达（1892—1975），字通夫，浙江余杭人。清华学校毕业留美，哥伦比亚大学社会学博士。历任清华大学、西南联大教授，中央研究院院士。1949年后，任清华大学、中央财经大学、中国人民大学教授，中央劳动学校副校长。

③ 向哲濬（1898—1987），字明思，湖南宁乡人。清华学校毕业留美，耶鲁大学法学士，华盛顿大学法学博士。曾任北京大学、北京交通大学教授，司法部、外交部秘书，最高法院首席检察官。抗日战争胜利后，被任命为中国检察官，参加远东国际军事法庭对日本A级战犯的审判。闭庭后，先后在复旦大学、上海社会科学院任教及研究。1960年任上海财经学院教授兼外语教研室主任，1965年退休。

④ 施济元，1895年生，浙江杭县人。清华学校毕业留美，威斯康星大学经济学硕士，回国后供职银行界。

⑤ 黄勤，1895年生，字俭翊，福建闽侯人。清华学校毕业留美，纽约大学银行学硕士，回国后任职银行界。

吴芳吉①（五十五通）

一

　　承示，知兄此期不果西渡，②望勿悒悒。能赴美洲与否，究无与人之大节。诸友同学数载，一旦临小利害，望望然去之，诚为可痛。然而不足怪也。世道之衰微有以使之，若乃憔悴伤嗟，无可措手足者，天下大愚，莫过于此。且宜思所援之。世道之衰微，非一人致之，众人致之也；非一时致之，百年积之也。吾祖若父之先，已有之矣。吾人为子孙者，诚宜有以复之，有以掩之。一人之力不足，积人之力赴之；一时之力不足，积年之力为之。安知尧舜治世之不可复，汉唐文明之不可齐，而忧伤何为者？瞽瞍杀人，在舜必负瞽瞍而逃，遵海滨而居。夫舜，孝也。瞽瞍，顽也。不逃不足为孝也。若顽而弃之，远而伤之，是焉得为舜哉！号泣旻天，终身慕父母，象忧亦忧，象喜亦喜，乃所以为舜矣。今之世，无过于瞽瞍之顽与象之傲矣。舜处之以完其孝弟，吾人处之而不自适其天，何也？非世之足伤，吾人之气量学行有未到耳。嗟乎

---

① 吴芳吉（1896—1932），字碧柳，号白屋吴生，四川江津人。1911 年考入清华学堂，于中等科就读。1912 年秋，以学校风潮中言论过激被清华除名，后任上海佑文社及文明书局校对，四川嘉州中学、永宁中学国文教员。1918 年，改任中国公学国文教授，稍后兼任《新群》杂志编辑。1920 年入湘，任教长沙明德中学。次年兼任《湘君》文艺季刊主编。1925 年夏，任西北大学教席。1927 年春，赴沈阳东北大学，未久归蜀，任成都大学国文系主任。1931 年秋，改任江津中学校长。著有《白屋吴生诗稿》《吴白屋先生遗书》《碧柳手写日记》。

② 吴宓本年暑期于清华学校高等科毕业，以患有眼角膜炎又体育一科成绩不及格，不得游美而留校工作。

3

雨僧,其勉为舜而已,其勉为舜而已。

吾兄稍有目疾,医生即谓不能保人命险,至阻于行,殊为怪诞。愿兄努力自爱,以雪其耻。兄精神健举,又能耐劳,当不致有他患,能持之有恒,自能不药而愈。世之所谓病者,心病于先,身病于后,心不病者,身亦不病。药石之力,可以治身病,不可以治心病也;可以和庸人,不可以和圣贤也。盖以身病有形,故可以形治之;心则无形,不可以形治也。庸人妄动,故病堕之;圣人无梦,于病何有?敢告雨僧,勿忧郁,勿贪恋,勿妄动七情,勿轻服药石,顺天地之阴阳,为起居之节度,察人事之从违,为吾身之施措,庶几可矣。

五年(1916)七月十二日江津中白沙

二

《强国报》事,已再三告退,而经理诸公抵死不许。昨吾父来渝,欲携我俱归。及睹此情形,又强我居此。盖恐拂人过深,反招人嫉耳。报社中人,大都江湖无赖、不学弃行之辈,凌杂芜秽,远逊佑文社中。吉感洁夫之遇,以致来此,迟至年终,必辞去之。今吉在此,誓不发一言,以渎文章之贵。明年必思出峡,然非家计已充,固不敢动。家计更难言矣。

近以失望之余,荣枯得失,益觉淡忘。尝自谓忧患愈深,则能于学德愈进。苟有学德,恒赖忧患促之。忧患安能病我?我于兄殊有异感,伤心之事,颇不忍以告兄。而伤心愈烈,愈欲相告。明知告则两伤,而甘心告之,不告尤伤心也。于家亦然。穷困愈深,而思归愈切,明知归去无益,反以为若可安者,亦奇也哉!

五年(1916)十一月二十二日重庆

三

示悉。计前所奉手教，莫不抱道直前，有万夫莫当之慨，心窃为兄一喜。非喜吾兄学有进境，喜吾兄精神健拔，则形骸亦随之也。乃今读来书，满纸牢愁抑郁，又复当年景象，窃又为兄深虑不置。究竟兄之性命与己身同在何处？若是为此身而有此生，则兄之境遇，不为不足；若是为性命而有此生，则虽境遇困人，又何足道？吾频年大病，正即病此。昨秋发愤振作，力自警惕；今春静坐之中，乃尽透之。病所由起，终是起于无聊；无聊之起，则已看得人事太难，而忽视性命太甚。故入世愈深，第觉所怀志业，愈不可为，国之无以自慰，流于无聊之象，或且自杀。宜乎我等老前辈，尝谓英雄豪杰每出懵懂粗狂之士。盖惟懵懂粗狂者，而后放胆直前，不加顾忌。败固不知追悔，成则足以惊动天下。若彼明察渊博之士，审利害详，作进退缓，畏首畏尾，一无担当。是以多才多艺者，往往束手无用也。此论之是非姑勿计。惟何以干大事、排大难者，多属懵懂粗狂？无他，看人事不难，且易之耳。易之，故朝气作；朝气作，故能常致侥幸也。今夫即人观人，犹可以经其大；即天观人，将何施而不可？安事牢愁抑郁为哉！雨僧今后力学，其屏去耳目见闻之识，直向性命头上痛下功夫，何患志之不达、业之不就？性命功夫，但能回头是岸，不费一钱。孔子谓国家可均，爵禄可辞，白刃可蹈，中庸无或能者，实则能尽性命，即是中庸之事。能尽中庸之事，即参天地赞化育之事。吾惟信性命为万能、为神圣、为天下大冢宰，固入水不濡、入火不热，治国平世，特其余绪而已。兄非不明此理，特道心之坚强，恐未到十分耳。遣愁之道以此，养气之道以此，为生民立命以此，为天地立心胥以此。不然，华胥之国，亦是穷途；羲皇之世，莫非苦海。况今世功利主义大盛，张牙吮血，行及吾骨。吾人身临绝地，尚不速披性命为甲胄，以图力战卫国乎？

迩来学《易》，渐见无极太极相生之妙。即本生生之义，由己身下功夫。吾自信中国白屋有一吴芳吉在，即日本美国欧洲亦各有一吴芳吉在，推而致于万方，入于冥奥，咸有吴芳吉在。此一吴芳吉死，彼一吴芳吉生；此一吴芳吉失，彼一吴芳吉得。此诸吴芳吉者，皆是中国白屋吴芳吉之一知己。中国白屋之吴芳吉是此诸吴芳吉者之一知己，吾复何恨？吴芳吉盈满天下，天下之事，便是吴芳吉之事，吾复何愁？吴芳吉囷洽人心，人心之理，便是吴芳吉之理。吾虽有美文章、大事业，未见芳吉之长；吾虽受饥寒，历困苦，亦不能暴芳吉一短。吾虽与仇雠接，终可胶漆相亲；吾虽在枕衾间，终使为天下共见。因此，知吾人立身，不当仅为人负责任，更当为神负责任。敢以此义，陈之雨僧，莫谓人事之太难，更有大于人事。视饮食男女尤急切者，人事特小之又小矣。夫人之所大欲者，莫不欲我身之外，更有我身，性情志业无不相合者，以为我伴。伊谁求之？求之在我。我苟自知有我，而我固有伴也。呜呼，雨僧！休叹世无知心，实则知心满世尔。即不求人谅，自有人谅尔心，屈子贾生之伦，未免多事矣。

兄书辄命吉为"天人学会"[①] 诸友谋今后出处大计，久稽裁答，心则时刻未忘。但愿自始至终，勿使"天人"二字落入俗耳，是即出处最大之道。天下事邪正相乘，毁誉同体，往往小人不能为害者，而君子迫以

---

① 天人学会为吴宓与同学黄华等于1915年冬在清华联合知友组织的学会，意欲得若干性情德智学术事功之朋友，相助相慰，共行所志。会之大旨，除共事牺牲、益国益群外，欲融合新旧，撷精立极，造成一种学说，以影响社会，改良群治。又欲造成一种光明磊落、仁心侠骨之品格，必期道德与事功合一，公义与私情并重，为世俗表率，而蔚成一时之风尚。会名为汤用彤所起，"天"者天理，"人"者人情。此四字，为古今学术政教之本，亦该会之方针所向。会员前后共三十余人。创立伊始，理想甚高，情感甚真，志气甚盛；惟历久涣散，诸会友事业境遇各殊，不相闻问。十余年间，其生死得丧、升沉荣枯、贤愚清浊、亲疏恩仇，又复千差万别。吴宓1921年自美归国后，深知学术广大，绝非一会所可范围，且为事求才，不需有会，于是此会逐渐消灭于无形。

成之。故兄等发起"天人学会"，为同志接纳之枢则可，欲对社会标榜则万不可。诚恐君子未得相求，而奸回反以致怨，是救国适以误国，心虽皎于白日，罪则有难辞矣！不必远证，且证吉身。吉身自幼小有文名，心高气傲，俯视乡里。虽未尝与人角逐，人之嫉我，便自此生，当时不自知也。家居三年，谗诼蜂起，今则总角至交，尽遭离间。竭忠尽知之投，落井下石之报。杜门避地，且谓我为沽名，缄口束身，又流吉曰欺众。绍勤与我，患难交也，险为所蛊。迩来之毁我者更以千数，谓吾与绍勤狼狈为奸，蝗蚋同类，道路传闻，直陈不讳。我固旁若无人，且感人之仇我亦是知我，闻若不闻，闻且笑语相答。然韬晦愈密，谗咏愈多，始悟今之所受恶果，即昔之所谓善根，圭角一露，追悔何及！故今之时务，不但善人难得，亦且令人不敢为善。一人为善，十人非善，虽有善者，将亦害善累人，惮而远之。我何足道？不过渺小书生，家居偕隐，并无功利之可图，而毁我者竟若此矣！"天人学会"诸友以数十辈，文章志业，欲凌北斗，得无见嫉于人？使其起而敌之，或且以数十辈文章志业，牺牲于二三利用我以取富贵者之手，则尤不值也。元祐绍圣之争，东林复社之祸，殷鉴不远，能不动心！与其无终，莫若慎始。苟相标榜，陨越随之。出处之道，如斯而已。若吉负友恩深，一身罪重，个中出处，亦惟个中自知。正放翁所谓"邪正古来观大节，是非死后有公言"也。

　　　　　　　　七年（1918）戊午五月初四日江津白沙白屋

四

　　成均晓兄以后，谓兄有大儒气度。此数字之颂美，实如我心。吉前年与兄之争辩，一以别久音疏，偶生误会；一以吉实不肖，反以长兄之言为非。迄兹了悟，悔莫能及。长兄今以吉为可教，则朝闻道，夕可死。吉来日方长，固犹可挽救及也。

十年（1921）辛酉中秋节长沙

五

湘中文学之盛，在近代中国实推第一。吉在上海新群社习染刻薄暴戾之气，为此身堕落时代。入湘以后，访灵均、濂溪、求阙、湘绮之遗风，渐知温柔敦厚之所以立教。其救济吾灵魂与骨气者，为力至大。此不可谓非此身得以更始之时代也。别兄五年，而杜诗批读过七部，此吉之成绩也。来湘后，则多专心楚辞，然于杜诗仍乘闲温习之。杜诗之好处在于拙。拙者，忠厚之道。今人不安于拙，因之喜杜诗者极少矣。

十年（1921）十一月十九日

六

此次出游，得与兄会晤三日，中心畅快，为自清华别后所未曾有。数年来，浮夸滥习，坌积吾身，自见兄后，顿觉消失。兹回湘一月，虽昼夜忙课，不安眠食，然每一念及鸡鸣寺里，玄武湖边，独吾二人高话于冰天雪地之中，此情此景，殊令吉回头是岸、已死复生之乐也。

十一年（1922）壬戌二月初十日

七

近观国中少男少女，盖无不轻理智而重感情，弃中庸而尚诡辩也。

今日下午，在周南女学讲文，即遇有此一类事。有某生者，文甚犀利，作一书呈我，谓欲脱去其黑暗之家庭，而自入社会谋生。吾因问以"假定君之家庭真是黑暗，但今之社会是否光明？假定君之家庭果如牢笼，但今之社会是否有君生路？"乃瞠目不能答。此等不计利害、不揣事实之人，真不少矣。

兄诗俟吾暇时细细涵咏，但终不敢下笔更改。盖吾虽爱兄，而又畏兄。相隔千里，乃时时若在座右。一念吾兄，凡苟且之心顿除，数年来已然矣。

十一年（1922）壬戌二月二十六日

八

吾兄谓近年助友，不似昔之热心。此实吉所使之。盖以吉之不肖，致兄有此感矣。吉今日诚无多暇读书，然其情亦实可悯。有暇必课程较少，课程较少则自给不足。自给欲足则必得钱较多，而为事至忙。虽欲自修，不可能也。东坡谓幼时贫贱无书，老来有书而又无时，正是吉今日之苦境也。吾欲谓天亡我，又恐史公之讥其谬也，谓之何哉！

十一年（1922）壬戌三月十三日

九

惠书奉悉。吉亦尝慨中学生徒，具聪明的人多，有志气的人少；富血性的人多，有见识的人少；行忠厚的人多，有礼法的人少；当首领的人多，有小节的人少。在外几年，恨未能得其一人；有之，皆一介之可取耳。今年暑假，前段蹉跎于游历，中段则荒废于印刷。现距秋季开学，不过两周。岁月骎骎，迫人何急！偶读李习之赋："众嚣嚣而杂处兮，咸叹老而嗟卑。视予心之不然兮，虑行道之犹非。"几令人手足无所措矣。

十一年（1922）八月九日

十

《学衡》第八期，昨夜奉到。吾兄文心文律之说，切中时弊，极惬下怀。惟今之所谓白话文学者，似尚不足语此。

今中国二三年来之文坛，已无所谓白话与文言之争。其有所争者，实乃人类与魔鬼之争也。夫文言白话，虽为体不同，而惟艺则一。纵有所争，非绝无一贯之道也。惟魔鬼与人类之争，则亘古不能和解，亦不得丝毫假借。此中是非至微，诚非世俗之所能辨。白话文学之已堕入魔障，无论矣。主文言者，又有几辈能自拔耶？即如某君，吾所服为文人之有骨鲠者也。然专摹昌黎字句而遗其精神，命题不从大处着眼，但拘拘于书牍赠序，虽累万篇，于文何与？近又定为文例，寿序一篇若干元，墓志若干元，考古若干元，凡此种种，何往而非魔障也欤！

昔王应麟书《魏叔子集》后曰："嗟乎！使叔子足不下金精山，不爱浮誉，不受大腹贾金钱滥作文字，不急欲成集；益之岁年，演漾平迤，时而出之，庶几乎儒者之文矣。"今之主文言者，其能进于是乎？

故自一般言之，今尚不足以言乎文心文律。而第一步事，其在正学俗学之当明辨也。至前论至诚感人之道，吾谓必其人先有一诚不昧，而后诚可感之。如兄日记所云："安着一副歹心肠，到处见神见鬼。"已既不诚，安能容受人之诚欤？今之贼夫民者，其人未尝不甚聪明，即以诚意一失，则所行皆伪。虽自知贼害于民，而积重不可返矣。

十一年（1922）壬戌七月七日

十一

吉明年暑假，一心在于回蜀。惟此事言之亦甚可伤。绍勤来书，谓蜀中学风惟新诞是尚，以吉思想，恐易予人口实，因劝吉不可遽归。吉复之曰：蜀友中与吉常相存问而亲爱者，惟泗英与绍勤耳。吉既不能进以道义，使彼此志气与日俱增，乃书札往还。每以惟斤斤于身家之供养，逐鸡虫之得失，吾自待之卑如此，更何以型仪于兹末世？自今以往，吉之行藏事蓄，皆不欲以告乡友矣。

吉意泸水以西，巴塘以南，万壑群山，可资游牧。但有一二童子伴吾朝夕，则游牧所市，固足赡家。吾当以其余暇，熟读九通、廿史、百子、群经，求吾先哲文物之真象。七八年后，再出而放览世界。其计固亦良得。

吉现于身外一切，虽极厌倦，而身内之事，则愿日求精进，愈坎轲而愈励也。

十一年（1922）九月七日

十二

日前奉读手教，课忙未及立复。吉近日心绪，亦至纷乱，得兄告我以柏拉图精义，乃始一解。然自老人言归蜀后，晨昏眠食，处处有别意矣。家人去后，吉当愈孤。此后惟雨僧兄嫂相距近便，吾若仍旧漂流于外，则疾病缓急，依吾兄嫂为命矣。年假倘能动转，当再来南京。预想严冬日暮，而吉了身留此，触景伤怀，何以堪之也？

兄书昨与弘度①一观，弘度谓兄悲感多端，宜知自节。当如庖丁解牛，以无厚入有间，则恢恢乎游刃有余，否则荆天棘地，徒自苦耳。

十一年（1922）壬戌七月廿六日

十三

自将吾兄《学衡》第九期所载诗学通论及译诗二篇读毕，一自念所作之诗，皆是平铺直叙，皆属一时一地之是非，其弊正中吾兄所言，因之心里极为惘然。前率诸生，将《湘君》②诗文残稿葬于湘江之洲。临葬，诸生皆失笑。而吉则觉生平所遇悲痛之事，莫过于此片刻间也。夫世变之最著者，至于战国极矣，至于南北朝极矣，至于五代宋元极矣。然其病根皆甚单简，从未有聚古今中外人类所有之病而溃烂于吾侪今日之甚者。以是，吾侪责任之艰巨，驾乎孔子、释迦、耶稣、苏格拉底而数倍之矣！力既不胜，而又强欲任之，则其悲痛应为何如！此意吉亦拟以诗纪之，而又惴焉不敢下笔也。

十一年（1922）壬戌八月初八日

十四

《湘君》诸人，只二三人较热心，余皆坐观成败。若吾稍有差失，

---

① 刘永济（1887—1966），字宏度，又字弘度。
② 《湘君》为吴芳吉在长沙明德中学任教时所主编之文艺季刊。

则嬉笑怒骂且随之矣。第二期仍尽力去做。下周，俟人数到齐，当开会决定究竟还办不办。秋来稍读佛书。宋贤之先佛后儒，实为步法之至当，吾人今日要不能外。而释迦之笃友谊、孝父母，大勇大智、至情至性，尤在在与孔孟道合。昔茂叔爱莲，谓出污不染，得佛之妙味哉！得佛之妙味哉！

十一年（1922）九月九日

十五

今日《湘君》季刊同人举行游山之会。早饭后九时出发，渡湘江而西，憩五里隄，午餐于十里外之望城坡。午后登岳麓，谒黄、蔡二公墓。傍晚乃放船归，皆大欢喜，实今年第一遭胜事也。山中丛桂盛开，入手一枝，清香载道。岳麓多茂草，高与人齐。秋风飒飒然，吹草颠如奔浪，游队攀援其间，若鱼之在藻也。山顶最高处有石室，藏大禹碑，相传禹导九江，造舟于此。山势愈高，觉苍天尊严，愈不可接。既仰云日，忽瞰江城，大空莽莽，不知眼落几千万丈。心凝气肃，乃若有物荡然于此大空中者，市声之上浮而远闻也。柏荣①谓三湘风物，不可不邀雨僧赏之。吉因自思，使吉在湘，则吾兄或下来。一时去志以减。

十一年（1922）十月一日

---

　　① 刘朴（1894—1976），字柏荣，湖南宁乡人。1916年毕业于清华学校。曾任长沙明德中学教员，东北大学、湖南大学、重庆大学教授。

十六

昨晚收读《中华新报·国庆日增刊》，胡步曾[①]君《论今日教授国文之缺点》一文，所见甚是。吉亦觉得中等学校国文标准太低，又惑于实用主义，以文学为机械、金钱一类之物，必致人心不可挽救。今日之中学生，尽有作短篇英文一二百字，能清顺无讹；而作短篇国文一二百字，乃不通气者。考其症结，则英文为风气所尚，虽经历万难，而不辞其劳；国文乃冷背货，虽俯拾即得，而不肯为也。白话文学、平民文学之盛行而嚣然者，正由基于人类之惰根性。故观于今人之好惰而讳勤，益知此种文学建基之稳，固非吾人之力所能廓清之矣。

十一年（1922）十月十六日

十七

来书所言，上海一般人专为《湘君》所载兄《旅美日记》与兄寻隙及丑诋事，闻之极愤。吉平生累兄之多，真百身莫赎矣。兄所责吉者皆是，吉何忍再与兄辩？即欲温言慰兄，而心中忙乱，且不知何为而可也。今惟简括禀告吾兄者：

一、举世虽不相谅，吉实深知吾兄之心。自今要当从兄生死，勿遽叹道孤途穷而无继志者也。

---

① 胡先骕（1894—1968），字步曾，江西新建人。1912 年留美，在加利福尼亚大学习农学和植物学。1918 年任教南京高等师范学校。后赴美入哈佛大学攻读植物分类学，1925 年获科学博士学位。曾任东南大学、北京大学、北京师范大学教授，中正大学校长，中央研究院院士。1949 年后，任中国科学院植物研究所研究员。其为吴宓东南大学同事，学衡社员。

一、愤慨虽不可免，然无论痛苦如何，除非人之加害于我，我所不避。此外则事事容忍，至忍而又忍，不当自杀。

一、近人根性多薄，小小得失，举足移易其操守。而况救世大业，希圣至道，本从千灾百难、九死一生得来，期之常人，未免梦妄。以后于朋友学生之间，其可靠不可靠，皆勿介介于心。纵使举世皆非，而吾知所行之，则亦足矣。

一、上海诸人之讪毁，吉在新群社时，固惯受之。如《民国日报》邵力子一流，固亦骂及吉之父母妻子矣。惟此等不堪受处，最足见人德量。吾人惟当任之，断不可与争辩。曲直事小，而有妨于潜移默化之功实大。邓牧名说，叔孙武叔毁仲尼，仲尼未尝毁叔孙武叔；嬖人臧仓毁孟子，孟子未尝毁臧仓。吾人固不当存心以重毁者之恶，然与之争辩，则犹与之便宜也。吾人惟不与计，即此一点，感人已深，亦即风骨之所在矣。

至《湘君》启事，兄意固善，吉则以为不必。凡明白事理之人，莫不称道此日记之平正切挚。若彼辈群盲，但以嫉人为事，以后吾人一言一动，皆将见尤，固不至因此启事之声明，而能转变其意。且伈伈俔俔，以低首下心于彼，益以长其暴戾，尤非计之善也。

十一年（1922）十一月十三日

十八

吉之私意，仍在归蜀。彼中旧好，年来颇与吉各异其趋，吉实至为痛心。非躬与聚谈，势难再好。倘得使诸友皆有憬悟，亦终身一快意事。再则此后之变乱，由政治者少，由社会者多。政治以吾人不在其位，或不必代为之谋，谋亦无人能听。社会则身家性命所关切也。他日之事，惟有快刀斩乱麻，最易解决见效。而事前预备，如风尚之提倡、人才之训练、学道之阐明、实力之培养,急须自今为始,此又吉所欲归者也。此间社会情形,日趋转变。街头走动,望颜多可畏者。吾兄前次遭人乱骂,以为无地可容,今吉等在此,犹较兄为危殆。

嗟乎!孽芽如此,行见蔓延各地,不可遏止。夫以襁褓之中国,上有倒逆如彼之政府,下有迷乱如此之社会,欲不颠覆,固无是理。然感受痛苦最深,甚至一言一行有临渊之虑者,莫过于吉等之今日已也。

十二年(1923)一月十四日

十九

去年上期,吉曾兼任周南女校课。下期不在此校,而每与其校长相遇,乃若路人之不招呼。此期徇其校诸生之意,欲再聘我去。吉耻其校长之无礼,坚许也。

学风之坏,以师道之堕落为其总因。师道所以堕落者,其一固由为人师者之无学德,无诚心;其一即由办学校者之不能尊师。然今之具学德诚心以为人师者,尚不难见其人。办学校之能尊师者,则千万不能得一。彼辈之于教师,盖仅有金钱之关系,无道义之负担;有暂时之契约,无永久之轨范。如此,而欲士气之发皇,几何其能有齐矣!

吉于教育之事,非所素习,而生活于教育者,乃近十年。习则成性,熟则巧生。计今以往,亦惟终身从事于此,较为他事稍相近耳。然今之办学校者,大都鄙倍如此,实令人有不肯为,致师道因我而益丧也。昔柳子厚谓韩愈抗颜为师,乃召狂名。吾实深愿今世有韩愈其人,以师道自任也。

十二年(1923)春社日

二十

　　闻国中又以讲佛为风尚，至为怅怅。今之言学问者，非言学问，言感情冲动之迹而已。几年以来，举国所好谈者，初为文学；文学既厌，则谈社会主义；社会主义既厌，则谈政治。今政治多厌谈矣，则又改谈佛学。将来佛学谈厌，必又以谈儒教为高尚矣。吾人今日动言孔孟，而至彼时必转为谈儒教者之所排斥。盖虽有正义，而利用以为时髦，便成俗学。一堕俗学，则终无是处。大抵趋于时会、牵于感情，以谈学问者，自古已然矣。求学有如找钱，钱固当找，然不可为守财虏。吾兄行而不著之言，最获我心。学不可不求，又不可为学所蔽。吾等执鞭教人，所宜时刻打开后壁以示之者也。

十二年（1923）六月三日

二十一

　　奉教敬悉。夫勘破声华，不为世俗得失之计较者，惟少数之人能之。天下滔滔，安得人人如我与子？求其大处不悖于道可耳。吾兄论世持身，似较吉为和易，而往往不免孤僻。吉貌似孤僻，而有时实甚和易。此吾二人毕同毕异之处也。

　　吾兄尝慨君子小人之永相战斗。吉则以古今大乱，实君子小人之相激而成。如东汉之党祸，明末之清议，其初未尝不欲以君子制服小人，而其结果，则国破身歼，二者同归于尽。天不以君子之贤而佑其宗社，此诚人世伤心事矣。故知治平之道，在使君子小人之各得相安，而不相上。有一相上，则祸立起。夫小人之为祸，诚如黄河之水，亘万古而不能息。然使濬疏利导以达其性，又严以堤防以树其则，虽有祸水，而生民仍可安居。故使吾人今日以与世俗相斗，此实至拙之计。自古君子与小人相遇，而君子恒败。一党之败，藐何足数。然以君子失败之故，因而世道人心愈就危微，则其害实大，而不可不慎乎始。故最上之策，在各行其道，而处处为世道人心作好榜样，自不患正气之销沉尔。湘君社中，除二刘①亦不少小人，而吉与相安者，在欲就此团体之中，各能尽其所长，以共为事业之进行，不在分别善恶，为末日之审判。

世固永无彰善惩恶、分析明净之日。纵使有之，亦何足快也。故使禽兽问我，我有物道答之；匹夫问我，我有人道答之；君子问我，我有天道答之。诸生多庸才耳，吾兄以庸人所图者答之可矣，何必感慨之也？

十二年（1923）七夕

二十二

前上两书，深滋后悔。乡国糜烂如此，遑问身家。而乃兢兢言之，固知道力之未足耳。长兄阅后，请一笑置之。

此间滨江，虽日有流弹飞至，幸未伤人。而弦歌未辍，行所无事。若在他校，断乎无是精神，亦乱世中可喜事也。月来奇闻异象，感记颇多。每欲纪之以诗，惟苦无时。偶有片暇，而一经思索，则又弃置。魏叔子所谓诗文有不屑言之理、有不必命之题，殆此类耶。然沧海幻倏如此，固极人世之奇观也。

弘度近常与吉论诗，吉谓康南海诗多有壮题，力亦足以举之。弘度谓康诗乃染江湖气。今晚读兄中秋诗，吉谓此诗成宋人味矣。弘度

---

① 指刘永济、刘朴。

谓学唐不成最不堪，学宋不成尚有几分。又曰，此后当不复填词，以此
皆假事也。又尝一再言及，《湘君》不可材料偏多，诗宜慎选。凡此皆
能有裨于吉，令吉深省。《湘君》第三期，拟即不以吉作选人。又有辟
新派文字，亦拟不再论此，恐为老学究所快耳。

十二年（1923）癸亥重阳节

二十三

　　两得缪、景①二君自奉天转示吾兄及邵君诸书，细阅数过，其情事
曲直，不难心会。昔王维有言："恶外者垢内，病物者自我。"我无名利
之心，何必责人之竞名利？责人竞名利者，必其有求而不得也。邵君
之论，得毋免于是哉？所望坦率直行，勿为介意。百年以后，吾辈之长
留天地间者，自有其落落大节，此诸小事，何足挂吾虑乎！

　　吾兄无钱贷与《湘君》，自是实情。纵使有钱，且不必借。吉近亦
甚怒上年嚣然欲捐款之人，不顾信谊也。去岁发起此事，无非欲藉以
团结少数人心，播文学之新种子耳。此在湘人，尤当倍力为之。今不
自振，而乃全委于吾侪外人，岂非颠倒甚耶！吉近作战中诸诗，昨呈一
纸与徐公绍周，而谓吉言之不逊，恐有祸患。吉客居他人之邦，而诟其
邦之士夫，诚不逊矣。良友箴规，我当感佩。我之为此，盖如鲠在喉，

---

　　①　指缪凤林、景昌极。缪凤林（1898—1959），字赞虞，浙江富阳人。1923年毕
业于南京高等师范学校，入南京支那内学院，从欧阳竟无习佛学。同年赴东北大学，讲
授历史。1927年任江苏国立图书馆印行部主任。1928年以后在中央大学史学系任教授、
系主任。为学衡社员。景昌极（1903—1982），字幼南，江苏泰州人。1923年毕业于南
京高等师范学校。同年1月考入南京支那内学院，8月毕业，9月任东北大学讲师，后升
教授，讲授哲学。1928年返回家乡。后任成都大学、中央大学、武汉大学、安徽大学教
授、泰州中学、扬州师范学院教师。为学衡社员。

必吐乃快。若必计及祸福而后下笔，又忸怩隐讳，含羞匿语，如彼词人之所为者，吾恐士气益不振矣。

十二年（1923）十二月一日

二十四

真吾一书读悉，王孟诗非不欲为，只不欲于壮年为之耳。近于诗恒怀四旨：无忠厚之气象，不足以矫偏欹；无热烈之感情，不足以动凉薄；无美艳之辞章，不足以滋枯朽；无自由之格调，不足以言创作。而此刻感困难者，以辞章穷促为最。救之之道，惟在熟诵《文选》，乃苦无时，所以终无寸进也乎。

十三年（1924）二月十六日

二十五

此间第一师范，素以偏激骛新为志。吉往授课，竟无反响。现仅数周，而每次必较前为有礼文。此虽小事不足道，亦见新派建基之甚薄弱，稍一指点，便可移易，而吾人理想操行，终可得令人之同情也。

十三年（1924）三月廿四日

二十六

《湘君》第三期快将出版。此次编辑校对、出纳应酬诸事，皆劳弘度一人操之，使勿为吉课务之累，私心殊慰。吉之顺事弘度，亦如兄之赞助梅君①。然兄助梅君，梅君罕谅；吉事弘度，乃能相怜。此又吾二人心境有苦乐不同之故欤。徐陈二公，品学纯厚，而性皆疏懒，有君子爱人之心，无侠士急人之力。吾兄屡向其催求文章，不虑"朋友数斯疏"乎？自洛阳秀才欲以武力取销湘宪，湘人乃嗫不敢言，一任强寇之蹂躏。吾自昨年六月十三黎公出京以后，至今日记，以湘宪纪元。安得再有如我之爱湖南者欤！

十三年（1924）五月七日

二十七

吉返明德将四十日矣。自全家归蜀，于吾亲所住居游赏之处，皆未曾往。吾所居书楼，与吾家隔柳阴相望。每饭，儿辈自柳下来呼伯伯。今三餐犹闻儿声。每过旧宅，则必绕道避之。尝终日闭楼，深秘如处子，不可笑耶？贱躯近甚安健，诸友皆谓比前肥壮。家人未去蜀时，甚虑别后之相思难遣。今临其境，乃不觉异。既不相思，亦不相忘。但觉空明无碍，优游度日而已。精神未有沈迷，欲念毫无冲动。身虽年少，而心殊老迈，是福是祸，乃不能有以自解也。

十三年（1924）九月十三日

二十八

今人作诗，好为漂亮语，实可痛恨。试翻《诗经》《楚辞》以及汉魏

---

① 指梅光迪。

六朝大家之诗审之，其所以为名诗者，莫非通体如一，无所谓漂亮否也。惟然，吾人读此等诗，每有圈不胜圈、点不胜点，或圈不能圈、点不能点，或圈不必圈、点不必点之感。盖即神而化之，纳字句之美于体裁故也。

再则，盛唐以前之人作诗，不现身分，今人则惟恐不能表现。惟其不现身分，所以诗中之言，非作诗者一家之言，乃古今天下人类之公言。惟其必现身分，则有身分便有气习。豪爽者多屠沽气，悲壮者多江湖气，恬淡者多村夫气，典雅者多台阁气，训诫者多冬烘气，香艳者多脂粉气，活泼者多新文化气。总之，有一于此，诗必减色。夫作诗而使身分表现，未尝不可，然因表现身分，则易染气习，此今人之所忽也。

新年中，当以此意著为论文陈之。兹以二语概括之曰：薄佳句而重体裁，尚天真而疏气习。不鉴乎此，则中国新诗前途无曙光矣。

十四年（1925）一月十六日

二十九

昨得心一嫂抄示于右任诗，今圈点寄上。今日以北人而为北音，悲凉雄厚，真能继元遗山格调者，当属于公。他年若编民党文学，亦以此为第一。汪精卫等殊小巧矣。《东南国学研究会演讲录》，有陈延杰一文，论现代诗学趋势为趋向写实主义，代表之者为陈散原诗，又不详其所以，至为可笑。梁任公所出论陶渊明小册，反较可观，惟以考据及哲学道理治诗，其误人亦不浅矣。吉前寄《冻雀诗》至京，明德学生谢羡安见之，乃谓吉在提倡非战主义。实则吉草此诗时，全未计及于此。吉亦非主战或不主战之人。今之不体会文艺真实情形，而用各种器具测量古人诗者，皆同此误也。

十四年（1925）二月十三日

三十

编书卖钱事，吉无此力，亦非所愿。柏荣近编《高等西洋历史》，吉即大不赞成。即弘度之《文学论》，亦甚嫌其多事。除得钱供浪费外，复何益耶？两公若以此时与力，专用于填词及古文，以益《诵帚词稿》^{弘度集名}及《菫盦文集》^{柏荣集名}，俾其不朽，乃所望耳。

吉定端节以前西上。吉去蜀时，蜀中尚无新文化传入，今则民风士习，莫不剧变。归去转作异客，不亦多趣耶？

十四年（1925）二月长沙

三十一

示悉。兹有郑重奉告吾兄者：吾兄每次与某君书，辄谓为其在外代谋职事。吾兄爱友热忱，固多可感。然某君之意，则不愿闻。从前曾向他人说过，意谓我并未恳求雨僧，而雨僧乃自忙煞如此，不亦多事！昨日兄书到来，某君亦曾谓吉："雨僧令吾人作文，彼则为吾人谋事，是以作文为谋事之交换。实则吾但愿长为中学教师，不敢高自尊大也。"吉今晚与人闲话及此，皆觉吾兄邀之为不可能，而望吾兄以后切勿再与提及。某君本出世家，于此琐琐，殊以为褒。况与此间关系甚深，一时决难他去。吾兄虽属热忱，何必枉费力耶？兄书中深怪陈君之疏脱不情，然使为某君所谋清华、南开各处，皆有成就，安知某君之非陈乎？语曰："智者不失人，亦不失言。"兄书既多愤恚激切之语，以忤其性情，又好言禄位得失，以伤其体面，是岂友朋持久之道也哉！

吉此言非谮毁某君，亦非谓兄之不应如此，欲兄知人禀赋不同，不可以己而例人矣。严先生之于光武，古不亦有然乎？

十四年（1925）五月四日

三十二

吉归省势在必行。自去夏在汉与吾亲及妻儿辈别后，家书将近百函，函函催归，无老幼皆然。吉既声声唯诺，忍令倚闾待望，而终成梦哉？吾妻促我，儿女少年之情应不免矣。吾父吾母，促我何为？然而不能已者，家愈贫而爱愈深，世愈乱而骨肉愈不可离也。昔吾兄居宁三年，吉自湘来谒三次，以吾亲在近，而吾兄在远。惟远，故当就耳。今吾兄较近，而吾亲居远，而谓为不可归去，得无失其谊欤？蜀虽乱，吾亲可往，吾何独不可往？士生旧朝，以君为大；士生今日，以亲为大。吉此去，岂惟游子之还家，亦孤臣之返国矣。

清华与吉构怨，安能腆颜以事寇雠！兄意虽盛，吉焉可居？^①伯夷不念旧恶，王猛睚眦必报。吉不能为伯夷之仁，亦不欲为王猛之隘。愿与吾兄如诸葛子瑜昆仲，各事其主，从心所安可矣。今秋归去，明春定当北来。昔寓北两载，未尝一谒明陵，引为大憾，每读亭林《天寿山》诗："燕山自峨峨，沙河自汤汤。皇天自高高，后土自茫茫。下痛万赤子，上呼十三皇。哭帝帝不闻，吁天天无常"，辄泪随声下，誓欲瞻拜为慰。今吾兄在北，不邀而自来矣。

十四年（1925）五月九日

---

① 指清华大学以吴宓推荐聘任吴芳吉，彼因昔年在校被革事纠结，不就。

24

三十三

吉还家数日，即赴白沙，访问亲故，住簑衣滩吾妻家中。又与绍勤浪游数日，尝至黑石山，吊诸师友之墓，实近年来大快意事。山有"黑石书院"，清光绪时改为小学。石高者数丈，大者百围，苍黝怪特，凡数百座，不一其状。松挺于罅，竹蔓乎周，苔色侵衣，鹃声盈耳。此中人者，生则同窗，死则共穴。末世有此，益深狐死首丘之感。

十四年（1925）八月一日江津德感坝

三十四

吾兄过责弘度，窃以贤者不宜出此。弘度文章，固今世所不再可得；性情诚厚，亦且世俗中人。吾人去就，既皆非为自营，则不当计较是非，而惟力求事实之弥补。吉望吾兄淡忘此事，勿为白圭之玷，永好如初，吉所深感激也。

十四年（1925）八月五日江津德感坝

三十五

兹得彦久① 书，谓吾兄闻吉至秦，② 结果未能圆满，常搥胸对之长

---

① 胡徵（1907—1976），字彦久，湖南湘潭人，长沙明德学校校长胡元倓（子靖）之子。上海音乐专科学校器乐系毕业，曾任教明德学校。1949 年后，在中国科学院图书馆、中国民族音乐研究所工作。

② 指本学年吴芳吉由吴宓推荐入西安西北大学任教。

叹，引为己过，终日皇皇，询以如何善后云云。不知何以误会至是，岂不可笑？吉前函曾谓吃饭洗澡二事颇感困难，此外则无不便。然此无关大体，岂值叹息？但稍阔绰，亦可适意。而吉所以不惮琐屑，竟语吾兄者，吾人异体而同心、率真而无俚，一颦一笑，相告成惯习耳。吉自幼失学，所学亦非校舍之中所能得者。今欲增进其力，莫妙常易新境，使在天地之间，浪自求之。然则兄之置我此地，虽以资生，亦为进学之至计矣。私慰不遑，奚有未圆满哉！且临事至易决矣：干得便干，干不得便不干，去住自如，安用善后？千万请兄放心。行年已壮，岂犹事事劳兄虑乎？

来年原拟不归，近明德诸生来书，知小鸟哑哑，饥待其母，日夕不至，哀鸣未已；乃有鸥枭，竟欲取子毁室，可痛何如？每有存问，辄询何故弃我。不忆最后一课，师云"归省之必返"乎？有潘生德风，容貌天性俱酷似光午者也。昨来书云，新师尝言："读古文者便是与鬼为邻。"又言："凡读古人书即为古人奴，亦即后退开倒车之怪象。"吉答谓："误汝者我。我当趁明夏未散学时，来湘把晤。"便即转道回家，使吾亲吾妇眼见吉之生三十矣。

性不爱观剧，乃于秦腔偏好之，常往易俗社聆焉。秦腔呜咽苍凉，浑成直质。悲剧之音，最为独擅。俨如易水之歌，垓下之泣，涕泪滂滂，透人心坎。他日关中文艺复兴，此其嚆矢必矣。

十四年（1925）十月十八日

三十六

此间穷困依然，新年已至，发薪仍无消息。吉家赖有谷凡周转，虽云累友，然亦差慰亲也。连日风雪，街头裸露槁僵之人，不止少数。以吾侪较之，在天上，在天上！

前午开评议会，宜之①提出下期添聘柳翼谋②、刘弘度二公为教授，当即表示通过，无或异词。吉以校中既提出弘度，亦即为书再敦劝之。此间虽告穷困，究不可以是小患而失良师。盖穷困者一时之现象，良师者百世之楷模。前书所言情形甚坏，不来亦佳，失之混一谈矣。柏荣如不愿在东北，亦宜挽其来此。校中暗幕，虽多不堪之处，一则挽回尚易，不如京沪积弊之深；二则固无伤于吾人也。读中国书而不游赏中国文化发源之地，岂非神交形遗，尤好友之不亲面乎？吉在此间，实诸人之最好游伴，故均望其来也。来书所论学潮党祸，殊不足念。小人自有对头，如我何哉！

十四年（1925）十二月廿八日

三十七

今已旧历腊月廿六，而校中薪水一无望。吉家窎远，虽窘，不在面前，犹可淡忘。吉则吃饭生炉，无日不费。以视家中，更有切肤然眉之急。自放假后，校中停止热水，洗脸、解渴亦须自炊，尤属不近情理。昨函责问学校当局，并索小款三二十元为年假一切开销，竟置不答。穷问则曰："无法应付。"吉以轻人太甚，决与绝裂。幸吉近甚安好，惟以豫西战起，书报阻绝，觉烦闷耳。

---

① 李仪祉（1883—1938），原名协，字宜之，陕西蒲城人。时任西北大学校长。早年留学德国。曾任南京河海工程专门学校教授、副校长及华北、黄河、淮河与陕西省水利机关领导职务，中央研究院评议员，中国水利工程学会历届会长。
② 柳诒徵（1880—1956），字翼谋。

济波^①强吉寄食其家，赖有此君，得以度日。其夫妇皆好客用奢，饮馔丰美，不异居蜀。有同来蜀女生二人，一肄业北京女子师大，一毕业东南，皆娴音乐。又济波有友，擅四弦琴，谱吾诗歌多首。饭罢辄与诸人齐奏，可谓浪子生活之乐土矣。惟此二女生，满口提倡女权。每一见面，几于动辄得咎。见吾诗稿中小妇二字，辄以涂去，谓为抹煞吾妻人格。又游少陵，吾谓未读杜诗，必无深切感想，亦谓我不应藐视彼等。如此类事甚多，彼等视我，不啻女权运动中之恶魔，亦可笑也。

此间经费，出自烟捐。烟捐司库，隶属武人，本非长处之地。又校中激烈党徒，暗中诋吉备至。自以引去为妙。幸古迹多已瞻拜，即此可无憾矣。

十五年（1926）二月八日西安

三十八

前函言吉辞职之事，以代理校长王君声称悉力筹款救急，因不复问。乃候至除日，不见一钱之遗，并片言只字无之。吉幸有青氍值四十元，急往典当，得钱四分之一，以赏诸侍者外，则沽酒一瓶，买饼两斤，与同县樊生痛饮喇嘛寺内，邀胡僧共啖之。摘梅数枝而归，即以卒岁。

今请论吉之所当计者，此间经费在一二年内断无整顿之望，拖累必日以增加。窃意秋间以谋赴滇、奉为上策，以来京就事为中策，以继续在此为下策。盖吉无论作客何处，常欲兼顾两种条件：一要使薪俸可靠，庶无旦夕缓急之忧；二要使诗境常新，应有山川风物之助。滇、奉

---

① 穆济波（1892—1978），字孟默，四川合江人。成都高等师范学校毕业，曾任教东南大学附中、西北大学、第四中山大学、四川大学、四川教育学院、重庆女子师范学院。1949年后，任西南师范学院、西南军区师范学校教授，四川图书馆副馆长。

经费情形，尚未知之。惟二处皆未先到，许多诗材未经前人消受，故为上策。来京可得彼此聚首，尤欲令小妇一拜兄嫂。惟北京环境不适为诗。吉性以愈处穷荒孤寂之地，愈感趣味，而诗思亦愈以佳。故心欲与世相亲，而身欲与世相遗。譬彼小鸟，时来栖息人家树上，任其飞鸣，则声姿俱美，大足怡人情性，针砭俗耳。然使双柑斗酒，故意跌坐树下，以玩此鸟，则此鸟不惯近人，必飞去矣。来京鲜益于诗，故为中策。至继续在此之为下策，不待再言矣。吾兄倘为吉计，请即于此择之。

近有友多人，于旧学未见其通，新学洽承其弊。以人类之道德，尽属虚伪；以一己之情感，尊为圣神，讲学辨理，无不以此为准；不信人间有孝弟、忠信、礼义、廉耻之行。中才学生最听受之。此则较彼过激党之患为尤甚矣。

十五年（1926）二月十六日

三十九

今日兑到光午①代兄汇来银票一纸，念穆君势迫断炊，即以半数予之。以吉一时不必耗此多数，友有饭吃，吉固不愁无饭吃也。校中诸生来自外省者，较吾人尤苦。有日食甘薯一顿者，有仅食麦稃者。如是，而未尝停课一时。吾人钟点，自本科开办，且倍于去岁。视北京国立诸校罢讲以索薪、越位以干政者，相率其徒入于枉死道中，是又危邦之安宅、愁城之乐土也欤。

十五年（1926）四月十六日

---

① 周光午，字卯生，湖南宁乡人，吴芳吉早年弟子。

四十

围城两月无恙。幸甚幸甚。一俟战平路通,即东行耳。储粮犹足两月,倘如期而围城依旧,则受饿者多,吉一身不足道也。月杪为吉三十生期,夙与弘度相约,拼醉长沙,已不可得,意当以诗纪之,俾无负此厄遇。现不患此围城生活之难过,而患吞吐此诗之无力。古今犹旦暮,围城虽久,意殊未觉。惟诗或不成,路通,吾且不去。若乃巨弹飞鸣,周墙震撼,耳之既熟,更不动心。终南僧藏能研经至老,足不出户,铭其座曰:"暂禁一生"。每念此人,振吾志气不浅。

十五年(1926)六月十日

四十一

月来屡欲微服出城,均以危殆未果。积粮早罄,幸赖仲侯诸公接济,得不饿死。然使再围月余,诸公钱米亦空,终必爱莫能助也。吾已立定主意,果到绝境,则吾正其衣冠,尊其瞻视,端坐本校礼堂之中,悠然而逝。有谷凡及长兄在,岂忧仰事俯蓄之无人乎?读书照常,一切勿念。

十五年(1926)十一月八日,时为围城之第七月

四十二

今午始得兄北来第一封书,越七十日乃至,知吾伯仲俱好,欢娱之情,匪可言喻。东北大学事,此次虽未前闻,既由雨僧谋定,义当前

往。动身当在旧历腊月初间，元宵以前得至奉矣。万一战阻，不获前来，能设法汇来小款，支给日用亦好。吾兄倘不垂讯，吉不启口。既承问及，敢为陈之。

迩日严寒，结冰盈寸。吉于上月廿四日冒险出城，冠履裤带、眼镜时表，悉被刘镇华军劫抢净尽，犹复开枪威吓，不许通过。单裳赤手，露宿空壕，流弹呼呼，霜风透骨，两日一夜，不得饮食。幸有外套一领，未曾挈行，现惟赖此。累恳代理校长王来庭君速筹数金，俾生炉火，苟延旬日，不见分晓。今晨往问，则彼重簾暖室，正陪夫人共吸鸦片，答谓二三日内应可筹之。故吉纵不北来，度日正需钱也。陕人缺憾，不在知识之愚，而在同情之少。不特一校惟然，各界类此者多。某日过端履门街，酒店之侧横尸八具，皆系饿死，腹仅留皮，腿不盈把。而当垆高坐者，方持杯唉驴，安然无睹。斗米贵逾百元。同事某君，乃出其积粟，乘机市利。知吉吃糠连月，必索现钱而后分易。馨所遭逢，曷胜缕数！宜其劫运之久且深，独为华夏冠矣。

吉处此，殊不自惜。但愧无此德力以救此生灵，负此后稷周公创业之邦，自太白、少陵、昌黎、香山歌哭之余，而吉未能为之继武，故亦合受此穷愁也。自经此变，益仰吾兄天性之厚，非人所及，四海难知，三秦无并。吉《壮岁诗》旨，亦在何以招还人类本性，勿使荒亡而已。此间煮饭洗衣、斫柴汲水，皆自为之。委琐忙劳，学业随战事荒矣。

十五年（1926）十二月十日

四十三

弘度来书，词意殷切。过门不入，无以为情。感世变之方殷，益良朋之可贵。昔长兄在宁，吉尝三载东谒。吉之被困，兄亦千里西征。

得时而逝，恐成后悔。吉于今夜行矣。暂告小别，十日定还。幸长兄有以恕之。

十六年（1927）三月二十三日北京

四十四

奉示敬悉。吉之回蜀，既为早日定计。路费种种，吉当自筹，安忍久累兄也？吾兄处境虽丰，而支用苦绌，吉未尝不稍知之。然兄每有接济，吉辄觍然坐受之者，以兄仁风义气，不敢辞也。使吾兄不与一文，吉纵饥寒困惫，断不肯求吾兄。证之十年间事，苟有阙给，孰非吾兄自动为之？吉何尝向兄先开口耶？兄不予我，吾不能望；兄自予我，吾不能辞。所谓长者之赐，礼数然也。而谓返京以后，不再助一文。吉虽至愚无良，岂能窃窃作如是想哉！围城垂死，樊生尝向其师俄人哀求援助，吉亦誓死阻之。异族情疏，固未可与吾兄同论。然而不贪苟生，岂冀苟得？吾兄视吉，竟为狗苟人哉！

十六年（1927）三月三十日奉天东北大学

四十五

林公损[①]赞吉《壮岁诗》之作法，而劝吉宜加晦隐，勿触蛟龙之怒，可谓爱人以德矣。校中支薪，吉乃同林公比例，视柏荣多三十，殊觉内

[①]　林损（1890—1940），字公铎，浙江瑞安人。少从陈黻宸读书。曾任北京大学法学院文科教授，兼任北京师范大学、中国大学讲席。1927 年春，赴东北大学，翌年以皇姑屯事件离沈阳。1929 年续任北京大学讲席。1934 年回乡。抗战爆发，在家从事著述。

愧。下年若来，拟求减少，勿为人所指摘。闻奉天支现金者，惟兵工厂职员及东北教授。其他机关人员，固莫不憔悴呻吟于奉票之下。象以齿焚，人以璧罪，四郊多垒，一室独春，恐非福也。学淑[①]灵活可爱，他年付我教之。林公之女，拟教其研《周礼》。意日后之欲求大经大法者，惟女子是赖。事虽出奇，亦有味哉。

十六年（1927）五月四日

四十六

连得家书，皆谓父病益增，颇以七秩之期远在仲冬为虑。此期已为弘度代课，固在此矣。下期恐难如兄之望也。暑假必归。万一江路未靖，则拟抛弃行装，由广州桂林越黔山鳝水，步行而归也。逐名利之末，弃父子之亲；因暂时之违，成终古之恨。吉愿毁弃信约，为吾友所骂，以求此心之所安矣。

十六年（1927）五月十七日

四十七

成都大学事已成僵局。情虽可往，势已不能返矣。缘此期定于二月廿一开学。而于前五日杨案发生，搅扰至今，尚无转圜之望。校长辞职，诸生星散，势成不可收拾。未知北方报纸详载之否？

初，成大学监杨子衡兼任省立第一中学校长，此校学生素称暴激，以善挞教职员有声于时。杨君接事之初，即有学生出而反对，开导不

---

① 指吴宓长女吴学淑，时年将五龄。

听,因即斥退三人。教育厅长向仙桥,亦恐学生之不利于杨,遣弁士三人护之。殊于二月十六,该校招考之日,有新来学生四十余人,佯入投考,入门即有数生出手枪,监禁杨之弁士,使不敢动,大队则拥入校长室内。杨君心知有变,即呼拿人。进来未及再言,而双目为巾勒闭,口亦被塞,随即紧缚手足,乱加捶楚。知已半死,然后投之眢井,乃蜂拥梯墙而去。军警继至,捕获有嫌疑者数人,分别密审,牵连无数。知乃教育界中党派之争,权利所在,不惜嗾使学生为之。而成都大学某派学生颇有预闻并行凶者。因于是日半夜围搜各校,在成大捕去六人,四川高师及他校捕去八人,悉予枪毙,然亦无济杨君之枉死矣。校长张公,以军警撞入学校,竟不通知学校当局,又复急遽处死,不加详审,愤而辞职,请求军警前来收管。全校教授,亦以生命无所保障,宣言解任。最近情形,不知变化何似。此期纵能开学,已不能恢复去年气象。而学校经费,以战谣喧阗,为各地驻军提取,无复来源,更无论矣。

吉之离去成都,决于所见数事,然非为杨案也。其一,成大虽穷,究能月得几成,较诸省立学校不名一钱者,固在天上。以是,省校诸人皆欲破坏成大而自取之。下手之方,则在专事攻击诸教授。吹毛求疵,使之体无完肤,以堕其信用。吉之出山,虽以迫于衣食,亦使蜀中士夫知吾父之能善教其子。吉若见毁,犹毁吾亲。以吉在彼虚誉,又非见毁不能。绍勤告我,君已恰到好处,当留去思在人间矣,令吉知所警也。其二,省立师范校长徐某,为学生所反对。徐尝邀吉为任文课。乃学生会来函谓:经同学议决,凡与徐某往来之人,一律打死!成大诸生虽不如是之甚,而以党争,屡起械斗,伤刺甚重,校长不绳以法,只做不知。寒假试验,既经教授会议决定于前,及期举行,乃无一人应试。亦只来书,声称某科某系都不试验,本班碍难单独举行。如此取舍决于爱憎,权责操乎群众,欲安跋扈,但有诟谇,又非吉之所能久也。其三,各校之人,多疑我为国家主义派,妄相揣测,积非成是,而打倒国家主义及捕杀国家主义信徒之辞，哄于朝市。成都僻处西陲，水陆不便，偶有暴乱，徒步难脱。吾侪清白之身，中正和平以为人表，岂宜受人拟议至于冒险？即如讲论儒学，折衷孔子，亦必确立其界，圆妙其辞，使人无所藉口，以防无妄之灾之偶然也。总之，吉之辞不辞去，事已至此，不成问题。惟待路通，即行出峡耳。

树坤之病全好，身体颜色比在湘时为佳，殊为幸慰。吉于西安围城，而知天道之可终恃；于树坤之病，而知人心之足回天。去秋不出，半为坤故。当时亲友于坤，众口交毁，坤欲自新，而无生路。吉始终一意感化，旁若无事，虽因坤受穷而救活一命，使魔毒绝于吾家，所得固非少矣。

近日颇读宋明理学之书，欲自理学以觇文学，殊有独悟。昔以程朱诸公每言作文害道，疑理学与文学之不两立，今知非是。即如诸公所本修辞立诚，诚固当立，而辞亦必修。立诚所发，正是修辞，亦吾人主张文学道德合而为一之意。又如义利之辨，阳明解为存天理、去人欲，亦即趋重人类全体之生活，而轻一己之感情，以至公而化至私，无用叹老嗟卑之意。又如论理性与气质兼重，在以理智救感情之偏，感情周理智之用。虽论道德，亦即文学原理。大约研习理学，乃知文章何以不苟作也。

十七年（1928）三月十六日江津德感坝

四十八

吉行止反复，累失信期，自知不足齿于侪辈。所以倒逆如此者，盖误于平生所持一念，浅恩速报、大德终身之旨。故于关系愈浅者，欲了结其事也愈速；反之，关系甚深之人，既非一事可了，转觉得以从容，非自疏也。既欲终身报之，不在早迟间耳。吉比年行事，大抵如斯。虽心迹无他，然不免于弄巧反拙之过。孔子之言曰："人之过也，各于其党。观过，斯知仁矣。"方苞以君子之过，值人事之变，而无以自解者十之七，观理而不审者十之三。不知吉今之过，有稍类乎此者否耶？然终望长兄之能恕之也。

十七年（1928）六月十五日德感坝

四十九

来书所言合印诗集事，当及时进行，全合吉意。吉所以未尝言者，以一身远隔，不能丝毫为兄之助。兄既忙于多务，安可更以相牵？况所费不赀，而吾人处境正艰苦乎？然念郑卫之音满天下，吾人不当默尔而息。诗虽不工，其志未尝不善也。又两人诸诗，须互相参证之处甚多，并印乃可弥补。即如去岁，同时出关，吉《归途》一诗，只言离开长安之一段感想，其于秦晋间旅况风物，毫不言及者，盖以吾兄既有百首纪之，不必吉之赘辞。又如海宁王先生之死，吾兄受激刺最深，哀愤之意，散见年来各诗。吉于此哲人，乃无一字吊之者，固以关系甚疏，亦所欲陈者已为吾兄先言之矣。程伊川云：天下事譬如一家，非我为则彼为，非甲为则乙为。亦即此理。吉于北伐成功，窃甚喜者，盖使吉当国，亦必有此一举也。

十七年（1928）八月十日江津德感坝

五十

雨生长兄：

返清华后寄来两书，均收到。在此课忙，每欲作书告吉近况，而不能得。然及兹不告，将来事变愈多，痛苦愈甚，诚恐言之愈难。虽然，此事只告兄长，未尝以告他人，使兄知天地之间，有若吉之可怜人也。

树坤与吾母不和，始于吉在西安围城之际。原因纷杂，不能细究。然以吉之顺从母意，不能抑母而扬其妻，遂乃迁怒于吉。自吉奔丧抵家之次日为始，年余以来，动以他家琐事，无关夫妇本身，而生伤发气，投江抹喉，一卧须三五日始得痊者。以吉健忘，殆难历举。吉以姑媳既不相安，自宜分居以缓其势。此次携之来省，专为此意。乃仅行至内江，即复大闹，欲中途弃去。抵省十日以内，而三次决裂。两月之间，小闹更不可数，而本周四日之间，竟演急激不可堪者三次。今请略述原始。

（一）星期日午后，客来久坐，致误晚饭。吉称："此为客之无礼，非我之咎。以后当告客，勿以吃饭来。"遂即怒答我："今得罪你的客人，还须向客宣布我罪。你母亲诬我吃烟，到处宣布，惟恐气我不死！今又说我得罪你的客人，不如杀我！留我何用？"由是开始，直至夜半不睡。

（二）星期一午后，接儿子汉骧禀母一信，内容未给我阅。大概儿辈在聚奎读书，内侄等与之同学，以饮食游戏，不免龃龉云云。吉晚归，闻之，答以"儿子不是，为母可覆示责之"。树坤乃谓："你家欺人太甚。我家为你父母所藐视，为你所藐视。现在儿子也藐视我！离家两月，弄得儿女欺负我来！倘非暗中有人挑拨_{意指我母}，儿子岂敢如此？将来你们非害死我不了！"言罢，痛哭倒地不起，扶之上床，骂吾父吾母及吾之二子，历四五小时，吉幸未与再答也。

（三）昨日_{星期三}在成大授课六时，晚归倦极，带转其兄树恒一信。信中所云，似系江津曾姓欠伊家银数百未偿，树恒往问，曾姓恃势不交_{其威人某充师长职}。吾母与曾氏家人善，疑由吾母唆之使然。饭时树坤言之，谓此事吉实其中阴谋之人。吉谓"曾翁与父相善五十余年，知其情重有之，此事何关于我？"坤谓："你在家与往来甚密，又尝教其子书，彼等素与我家为难，今其诸子来书，并不问候及我。"吉笑与女言汉骊随行今日报上所闻奇事，某参谋长被人绑票。坤乃投箸起，谓："我与你说话，你乃竟不睬我！"立即入室穿裙，无语而出。天雨阴寒，门外惟散学诸生，幢幢过泥水间。吉与乃弟树荣同来居者急追及之，问："无伞何往？"曰："死去！"树荣尽力挽之得返。坐灶侧，开始说其孤愤。吉与并坐，终不答，但谓："放和平些，勿自伤身体。"坤怒益甚，谓："我来你家，一样穿，一样吃，不像他家妇人，动耗千百。我儿现已十二三岁，还要压迫着我，不许我言乎？"且说且骂，又至半夜。吉于两点钟后始得就寝，而六钟又起床矣。吉现任课二十五时，惟傍晚归来，得稍闲暇。然以此之故，每周必有数夜失眠。又房主徐朴生家，比邻而居，徐君有岳母，嗜鸦片，坤喜往谈，恒半日不归。某日归来，吉讯以何往，辄勃然怒曰："是又疑我往吃鸦片烟乎？"以后吉虽知之，不复过问。上周某日午归，饭后当又往他校，然门锁不能得入，盖与徐君岳母上街未返。顾袋中无钱，只得忍饥自往上课。吉任课凡六校，远者如四川大学文学院，僻在城外数里，然往来从不坐车，意欲省钱，为树坤医药之资。坤病血崩，时时发作，每次诊金二元，长年服药，无一日离。病则不喜米饭，须馄饨面饺，背我命人买吃。然我去买来，则又不吃。满口烟味，然总不承认。吉知其蕴，不愿问之，亦不敢问也。总之，吉此次携之同来，不能不自承失败。事已至此，别无可为。吉信教育万能，而由此经验，却为例外。其性情已必不可改，其身体亦必不可复，然吉终与永好，不敢携贰，或逢迎其意，竟离弃者。在此过渡时代，自有无数男女牺牲其中，他人有然，我宁独异？又成大学生千五百人，兼课各校，数又倍之。吾人随事以身作则，倘有差失，贻害何穷！我若为此，则望风步尘之人，纵以十一计之，亦四五百家，或者人家妇女不如树坤之甚，而其夫亦效我之为。吉忍以部分之痛，更使全体俱与痛乎？嗟乎！雨生兄，吉此事除语兄外，不敢更语何人。老母远隔，吉亦不敢告之者，既恐母忧，又虑家书之中，偶来提及，则吉又将数日不能寝也。

虽然，兄勿忧我，我能好自宽解。天欲玉成吾诗，使吉为人类尝此滋味，吉不因此而自伤也。此信乃迁在敬业学院所写，忙不覆阅，未知能道吉心之万一否？至兄长来信，万勿明白提及，彼爱私窥友函，恐有惹祸事也。

弟芳吉十七年（1928）十一月一日自成都敬业学院寄书

五十一

吉寓现颇安好，祈勿远虑。树坤性行虽甚褊急，然有一好处：极善烹调。寒假中一再宴客，每次二十余人，每席盘盏一二十样，惟由两手作成，不雇厨夫，而味在著名厨夫之上。吾侪妻子，虽多缺憾，但世俗相比，却又天渊。四邻妇人，除日夜索钱打牌，更无所事。我辈尚不如此，则亦不必求全矣。铁风告我，儒家于善善之心，充量发达；恶恶之心，务求减少。否则一身以外，皆可杀也。有味哉，有味哉！

十八年（1929）二月廿四日成都大学

五十二

得四月二日寄示，惊悉兄嫂不免离异，未知近日有转机否？离婚，今世之常，岂足为怪。惟嫂氏非有失德不道，而竟遭此。《学衡》数十期中所提倡者何事？吾兄昔以至诚之德，大声疾呼，犹患其不易动人。今有其言而无其行，以己证之，言行相失，安望人之见信我哉？吉所遭，视兄为苦，而终甘受无所怨者。我辈一言一行，效之者众，宁自羁韉，无以误他人也。夫久处厌生，人情之常。吉暑期必游平沪。曷请心一嫂率诸女与吉入蜀，依吾母而居，待相念既殷，仍为兄送还也？嫂意愿入蜀否，吉不敢知，惟吉将来必以此事为请。万一兄意竟不可回，则请嫂长住吉家，吉当以吉之爱敬兄者，事嫂终身矣。

十八年（1929）五月九日

五十三

彦久谓光午有长函告我以兄嫂离婚底细，待望今犹未至。兹得幼南转来吾兄诗笺，再读之后，备悉苦衷。虽未见光午之函，然诗中所云，实较他人代述为美。《九月十五日感事》所谓"早识沉冥难入俗，终伤乖僻不宜家。"兄欲放下便即放下，与吉应该割断不忍割断，一激一随，并无二致，复非得失名誉之见所能窥知，惟吾二人可心领耳。故嫂近在何处？昨以书奉迎入蜀，暂依吾母而居，未知俯允否也？

此间暗潮日烈，恐在一年半载之间，即有大祸。吉在此日讲儒学，暮言心性，受其憎厌，甚于彼之政敌。标语论文之毁我者，日不绝书。已禀堂上，决于寒假率二子辞归。人心非不可救，然非深受重创，不肯回头。逆天拂命，亦高明所不取也。明年上期，当即家居，补作诸诗，虽失实得，不虑不虑。

十八年（1929）十一月二十二日

五十四

张公之办成大，一仿蔡君之办北大。其宗旨再造出若干门人，以为己用。其功夫则在维持国共两党师生之均势，但恐终难保其平耳。吾人不党，幸得自存于此平衡之际。一有轩轾，皆非可安也。在此日得铁风、鉴泉之规诫启诱，长进殊多。平生大幸，惟在我不责人，人多责我。我将尽有人之长也。

十九年（1930）三月十五日

五十五

雨僧长兄：本日此间第一届行毕业礼，稍暇，且告兄以史诗计划，但请勿语他人。古者言之不出，耻躬之不逮耳。

吉原拟以十年预备，今犹甚早。即欲下笔者，全由光午转示吾兄去岁之函，有以迫促之也来书谓"千古刹那，吾生已半"，令吉深省。又原拟篇幅三万六千字取人生三万六千日意。而自近日想来，乃嫌太短，决计扩大两倍，为十万八千字。仿《神曲》旧例，区为三部：第一部代表过去，第二部现在，第三部将来。每部事实，各自独立，而精神一贯，种姓一贯，条理一贯，结构一贯。其所叙时间，第一部为三千年前，第二部为民国以来，第三部为三百年后。虽相距甚远，若互不相谋，实不外此精神此种性此条理结构所反复循环演成。第一部之主眼为神禹之肇造，其背景为四川。第二部主眼为中山之继续，其背景为广东。第三部主眼为孔子之复生，其背景为齐鲁。

兹更进言第一步计划。先圣删书，断自唐虞。西洋史诗，多半依据经典。今亦准此以厚其胎息。所有材料，均自群经诸子求之。而自禹为开始者，则有数故：（一）学术所关。人天危微之分，精一执中之旨，实中国文化特色。（二）政治所关。传贤传子，万古大变。而七旬苗格，尤属王道精神。（三）道德所关。殛鲧羽山，乃能干父之蛊。

（四）功业所关。地平天成，生民未有。若神话美谈，有若石纽之吞卵降生，有若涂山之望夫化石，有若神女之云雨扬灵_{东坡、渔洋皆谓神女为助禹治水之人}，有若竖亥之南北远跖_{禹臣，竖亥禹臣，尝穷南北极二亿万里}。与夫八年于外，四载交乘，佐命有契稷之臣，让位有子高之侣。趣味之丰，道德之盛，岂荷马中人所能追及哉？

若发端大事，则拟取《孟子》"皋陶为士，瞽瞍杀人，舜负瞽瞍，逃之海滨"为始。一自奉法，一自尽孝，一必惩治祸首，一弃天子不为。示中国文明，情理交至，各得心之所安。远非四夷徒尚知识专走直路，而计较利害价值者所及。又即在此第一部中，将吾民族根性，如博大、和平、廉洁、勇敢种种美德，一一埋伏，一一表现。第二部所云，无非此性之偶尔丧失。第三部所云，无非此性之依然再见。故相隔虽久，脉络一贯，而以助白俄之复国，建印度之新邦，普及孔教于四海苍生，出弟入孝，不求大同而自大同，为全诗结局。

至于体制句法，几经考虑，决用六言。盖以四言莫过于周，五言莫过汉，七言莫过唐，惟六言古今罕用，而吾惯用之。又《荷马史诗》，音节亦六，兹用六言，适符其数。且弹词嫌俚，赋体嫌拙，骚苦多顿，而乐府长短句苦杂。长短句虽有变化，然篇幅过长，必有滥腔。鲍照《行路难》十余首耳，重叠之调，已觉寡奇。故知伟大者必统一，悠久者必简单。通用六言，统一又简单矣。_{六言句式只四种：一、平仄平仄平仄；二、仄平仄平仄平；三、仄仄平平仄仄；四、平平仄仄平平。}惟长兄进教之也。

兹定五日内启程回家，重庆、湖南两大学之邀，亦均却之。秋凉拟移黑石山中，以风景幽胜堪娱，使性灵无滞阻。又聚奎略有藏书，差可参考。意在一年以内，从事第一部之创作。纵不完篇，可成多半。明夏为饥所累，必须再出。意欲在广东寻一职事，便窥其风土，为第二部之预备也。匆匆不尽。

弟芳吉叩安十九年（1930）六月八日，成都大学寄书

阿尔德曼 E. A. Alderman [①]（一通）

University of Virginia

Charlottesville

June 25, 1918

Mr. Mi Wu

Washington D. C.

My dear Mr. Wu,

I am writing to express the hope that it is your purpose to continue your work at the University of Virginia during the coming session. I trust, of course, that you have been benefited and strengthened by the summer vacation, and that you will be prepared to take up your work with increased zeal and determination.

In case there is any difficulty arising before you threatening to prevent your return, I should appreciate any communication from you giving me some idea of that difficulty, in order that, if possible, we may help to remove it. If you are wavering in your mind in any way, I believe you would do well to take counsel of us before deciding.

We desire and expect to have next session a good attendance at the University. You can greatly serve us, first by interesting yourself

---

① 阿尔德曼（Edwin Anderson Alderman, 1905—1931），时任弗吉尼亚大学校长。

personally in any young man in your community, and, secondly, by sending us the names of any such men, in order that we may immediately supply them with pamphlets, catalogues, etc.

For detailed information regarding military instruction in the University next session, see the enclosed folder.

The session of 1918—19 begins on September 12th. Please bear in mind that a fee of $3 is charged for delayed registration.

Hoping to have the pleasure of welcoming you here in September, I am,

Very sincerely yours,

E .A. Alderman

President

弗吉尼亚大学

夏洛茨维尔

1918 年 6 月 25 日

吴宓先生

华盛顿哥伦比亚特区

亲爱的吴先生：

我写这封信表示希望您能于下学年继续在弗吉尼亚大学学习，而这也恰好是您的目标。当然，我相信，您借由这个暑假已受益并得到加强，同时，我也相信您将准备以更大的热情和决心来从事您的学习。

如果面临任何威胁您返回的困难，请您与我沟通，以让我有所了解，我对此感激不尽。如此，以便在可能的情况下，我们将予以克服。如果您有任何动摇的想法，我希望您在做决定之前可征求我们的意见。

我们希望并期待我们学校在下学年有很好的入学率。您可以为我们提供很大的帮助。首先，您可以对您所在地区的任何人感兴趣；其次，向我们发送任何此类人的名字，以便我们可以立即向他们提供小册子、目录等。

有关下学年大学军事指导①的详细信息，请参见内附文件夹。

1918—1919 年的学年将于 9 月 12 日开始。请注意，延迟注册需要支付 3 美元的费用。

希望有幸在 9 月欢迎您回到这里。

您非常诚挚的，

E. A. 阿尔德曼

校长

---

① 时欧战尚未结束，大学仍受军训。

哈特 J. G. Hart（二通）

一

HARVARD COLLEGE

CAMBRIDGE, MASSACHUSETTS

August 16, 1918

My Dear Sir,

I have received your application for admission to advanced standing, and have written to the University of Virginia concerning your record there. The Committee on Admission will need also, however, an official statement concerning your record at Tsing Hua College. Will it be possible for you to procure a statement concerning the subjects which you pursued, the length of time you devoted to each subject, and the grade received in each ?

Very truly yours,

J. G. Hart

Mr. Mi Wu

哈佛大学

康桥[①]，马萨诸塞州

1918 年 8 月 16 日

亲爱的先生：

　　我已收到了您对高级学位的入学申请，并已就您在弗吉尼亚大学的学习纪录致信该校。然而，本校招生委员会还需要一份您在清华学校学习纪录的正式文件。您是否可以提供一份关于您所学科目，在每个科目上的学习时间，以及所取得成绩的声明？

您真诚的，

J. G. 哈特

吴宓先生

二

HARVARD UNIVERSITY

CAMBRIDGE, MASSACHUSSETTS

Sept. 19, 1918

Dear Sir,

　　I am very glad indeed to tell you that you have been admitted as an

---

　　① Cambridge，通译为"剑桥"。我国早年的哈佛、麻省理工学院等校留学生，特将当地市名译为康桥，以与英国剑桥区别。本书所涉该地译名一律从其习惯用名，以下均同。

unclassified student.

Kindly read over carefully the enclosed circular of general information. The bond, when filled, should be returned to the Bursar and the other form as directed. The card you should present to the Registration Officer on the first day of the academic year, Monday, September 23, 1918.

Yours truly,

J. G. Hart

Mr. Mi Wu

哈佛大学

康桥, 马萨诸塞州

1918 年 9 月 19 日

亲爱的先生:

我非常高兴地通知您, 您已经被录取为暂不定 (年) 级的学生。

请仔细阅读随信附上的信息通告。保证书填好后, 应交到财务部门; 并按指示填写提交其他表格。您应该在新学年的第一天 (1918 年 9 月 23 日, 星期一), 向注册工作人员出示信中的卡片。

您真诚的,

J. G. 哈特

吴宓先生

查斯Y. H. Chase（一通）

HARVARD UNIVERSITY
COMMITTEE ON THE CHOICE OF ELECTIVES

9 University Hall

Cambridge,

Massachusetts,

November 14, 1918

My Dear Mr. Wu,

You are required to hand to the Secretary of this Committee, on or before Thursday, December 5th, a plan of study for your whole college course. I enclose a form on which to write this plan, a copy of the Faculty Rules for the Choice of Elective Studies, and some notes and suggestions which I think will be useful to you. You should see your adviser, Professor Babbitt, at once, and make out a plan without delay.If you fail to hand in this plan on time, you will be subject to a fine of five dollars. No change may be made in the plan after December 5th, except by the permission of the Committee on the Choice of Electives.

Yours very truly,

Y. H. Chase

Secretary

哈佛大学选修（课）委员会

大学楼 9 号
康桥
马萨诸塞州
1918 年 11 月 14 日

我亲爱的吴先生：

　　您需要在 12 月 5 日（星期四）或之前，向选修课委员会秘书提交您大学学习的整个计划。现附上一份填写计划的表格，与一份关于选修课的学院规则，以及一些我认为会对您有用的说明和建议。您应该立即去面见您的指导老师白璧德教授，并立即制订一个计划。如果您没能按时提交计划，您将被处以五美元的罚款。除非取得选修课委员会许可，否则该计划在 12 月 5 日之后不得更改。

您真诚的，
Y. H. 查斯
秘书

梅光迪[①]（三通）

一

70，Oxford St.

Cambridge, Mass.

April 12, 1919.

Dear Wu,

Professor Irving Babbitt of the French Department will lecture on "Buddhism and Its Meaning for China Today" at our next Club meeting, to be held April 19（Saturday）, at 7:30 P.M., in the Common Room of Conant Hall. Professor Babbitt, as perhaps you know, is one of the foremost literary critics in the world today, and, though Buddhism is his minor field, he has, as an accomplished Sanskrit scholar, contributed a distinguished share to a more intimate knowledge and a more sound and sympathetic interpretation of the greatest religion of the Orient. In the forthcoming lecture he will present quite a different view of the

---

[①]　梅光迪（1890—1945），字迪生，一字觐庄，安徽宣城人。1911年由清华学校考选留美，哈佛大学文学硕士，师从白璧德。曾任南开大学英文系教授、东南大学西洋文学系主任，哈佛大学汉文副教授。1936年后任浙江大学教授、文学院院长兼外文系系主任。为《学衡》杂志创办人之一。为吴宓哈佛同学，东南大学同事，学衡社友。

original doctrines of Buddha from what we have held in China, and urge upon us the need of following the Enlightened One, as he originally is, in the regeneration of our country.

It is unnecessary for me, I am sure, to urge your presence at this interesting lecture by so eminent a scholar and man of letters. Buddhism as one of our national religions concerns us all, and in these days of spiritual confusion and degeneracy characteristic of transition periods there is, it seems to me, nothing more needed and valuable in our country than a re-reexamination, and I almost wish to say, a reaffirmation of our old faiths and cultures. It is expected that Professor Babbitt will discuss comparatively along with Buddhism the two other Chinese philosophical systems, Confucianism and Taoism, which he has also studied. I hope you will not only come yourself but invite your fellow Chinese students in other institutions of Greater Boston and vicinity to come to the lecture.

Very sincerely yours,

K. T. Mei

P. S. This letter also serves as the Secretary, Mr. Li's customary notice. Special refreshments will be prepared for this meeting.

牛津街 70 号
康桥，马萨诸塞州
1919 年 4 月 12 日

亲爱的吴：

　　法文系的欧文·白璧德[①]教授将在我们下一次俱乐部集会上演讲《佛教及其对现代中国的意义》，时间定于 4 月 19 日（星期六）晚7：30，地点为南柯厅的公共活动室。白璧德教授，也许正如你知道的，是当今世界上最重要的文学评论家之一；此外，佛教虽然是他兼修的次要领域，但作为一位有造诣的梵文学者，他为东方最伟大宗教的更深入了解和更完整、更感同身受的诠释作出了杰出的贡献。在即将举行的演讲中，他将对佛教原本教理提出与我们在中国所持观点完全不同的看法，并敦促我们在复兴国家中必须追随如佛陀本是的大开悟者。

　　我确信，我不需要敦促你出席这次由一位如此卓越的学者和文学家所做的精彩演讲。佛教作为我们国家的宗教之一，关系到我们所有的人。而在这些过渡时期特有的精神迷茫和堕落的日子里，我觉得，在我国，似乎没有比对我们过去的信仰和文化的重新审视，我几乎想说，重新确认，更必要和更有价值了。预计白璧德教授将与佛教比较探讨中国的另外两个哲学体系，即他所研究过的儒教和道教。我希望你不仅自己来，而且邀请你在大波士顿和附近其他研究机构的中国同学来聆听演讲。

您极为诚挚的，
梅光迪

---

① 　欧文·白璧德（Irving Babbitt, 1865—1933），为吴宓在哈佛就学时的导师。

又及：此信亦是秘书李先生的惯常通知。这次集会特备茶点招待。

<h1 style="text-align:center">二</h1>

雨僧兄：

　　迪回国后，在天津南开大学任教一年，无善可述。1920 年秋，改就南京高等师范学校兼东南大学英语兼英国文学教授，甚为得意。本校副校长兼文理科主任刘伯明^① 以字行，名经庶，南京人博士，南京金陵大学毕业，美国西北大学哲学博士，专攻哲学，为迪在美国西北大学之同学知友，贤明温雅，志同道合。今后决以此校为聚集同志知友、发展理想事业之地。兹敬聘　兄为南京高师、东南大学英语兼英国文学教授，月薪一百六十元。郭秉文^② 校长发出之正式聘书，不日即到。（吴宓注：郭秉文校长旋即有聘电来。）望　兄即毅然辞去北京高等师范学校 1919 年春之聘约^③，定来南京聚首。尤以 1920 年秋，即已与中华书局有约，拟由我等编辑杂志（月出一期）名曰《学衡》，而由中华书局印刷发行。此杂志之总编辑，尤非　兄归来担任不可。

---

　　① 刘经庶（1887—1923），字伯明，江苏南京人，美国西北大学哲学博士。回国后任金陵大学国文部主任，教授哲学、文学、教育学，兼教南京高等师范学校伦理、哲学、语言学诸课。1919 年任南京高等师范学校训育主任及文史哲部主任。1921 年南高师改为东南大学，其任副校长兼文理科主任、哲学教授。1922 年参与创办《学衡》。1923 年夏代理校务，兼授暑期学校课，同年 11 月 24 日病逝。

　　② 郭秉文（1879—1969），字鸿声，江苏江浦人。上海清心书院毕业，美国哥伦比亚大学教育学博士。1915 年回国，先后任南京高师校教务长、代校长，1919 年任校长。1924 年奉派为保管美国庚款华籍董事之一，组织中华教育基金会。1926 年门罗在纽约创立"华美协进会"，郭任会长。1941 年任国民政府财政部常务次长。抗战胜利后，其任联合国救济总署副署长兼秘书长，1947 年退休后留居美国。

　　③ 所谓"北高师之聘约"，是指 1919 年春，北京高等师范学校校长陈宝泉（筱庄）参加中国教育部组织的美国教育考察团，在波士顿考察时，当面正式敦聘吴宓为北高师英语科主任教授，月薪 300 元，待其公费学习期满回国就任。故吴宓在接到梅君此信以前，一直准备赴北高师就职。

再者，现任南京高师校英语系主任张士一①忌妒我辈，不欲迪汲引同志来，故诡称："英语系之预算，现只余每月一百六十元，恐此区区之数，吴宓君必不肯来！"迪答："姑且一试。"若兄嫌一百六十元月薪太少，而竟不来，反中彼之计矣。好在南京高师校不久将即不复存在，而迪等正将提议在东南大学增设一西洋文学系（以迪为主任），独立自主，届时即可为　兄增薪，不成问题。　兄素能为理想与道德，作勇敢之牺牲，此其时矣！

顺颂时祺

弟梅光迪顿首（1921）五月十五日

三

32 DIVINITY HALL

CAMBRIDGE, MASSACHUESTT

Nov. 8, 1925

Dear Wu,

Excuse my writing in English, because I am practicing on my new typewriter. Your letter was very much appreciated by me. I hope we shall ignore our personal or temperamental difference and be mere tolerant. After all, I am not so hopelessly decadent as you might

---

① 张谔（1886—1969），字士一，江苏吴江人。1917—1919 年留学美国，哥伦比亚大学硕士。历任四川高等学堂及上海工业专门学校、南洋大学英文教员，中华书局编译所英文部部长，南京高等师范学校及东南大学英语系教授兼系主任，中山大学教育学院教授，南京大学、南京师范大学教授。

imagine.

I have become more and more convinced that Chinese culture at its best is a nice blending of the Confucian (i.e. humanistic) and Taoistic (i.e. naturalistic) spirit, and to prefer either to the other is to misunderstand it. In my course in "Introduction to Chinese Literature and Philosophy" , I am developing this thesis and shall advocate and maintain it in my writings. I am sure Yin-koh Tschen and H. H. Chang will agree with me.

I have not received the *Critical Review* since the summer ; please see to it that it will hereafter reach me regularly and safely. I am contemplating a series on the more important modern writers, beginning with More and Babbitt, through Chesterton, Shaw, Wells, then to Arnold, Emerson, Carlyle, Burke, and Johnson. Most of them will each occupy a whole volume, and portions of each volume will first be published in the *Critical Review*. Meanwhile I am doing some other work in both Chinese and English.

H.H.Hu must have told you my present conditions. You can also imagine yourself what sort of life I lead with all my contemporaries gone and with the majority of the Chinese students here either indifferent or hostile to me. They are indifferent, first because they are banded together in cliques either open or secret, and secondly because I have not made a conspicuous success in China and consequently I can't help them rise on their return to China. The typical products of the "New Culture" are hostile to me, because they believe that such an important and strategic position as mine should be occupied by one of their own sect. The prominent "educators" of Kiangsu have all either their sons or their close personal followers studying here, and of course they are all too deeply interested in my failure or misfortune. They will murder me, if they could, to take my place.

As to the American side, I have only a few friends to go to and these are all my former teachers, too many years my senior to be on terms of easy familiarity with me.

So I am living the life of an exile. Perhaps it is God's will that I should be in exile for some time so I may be compelled to accomplish something by sheer solitude and ennui.

I have also the intention to write for your *Review* on present conditions in America in the form of letters. Please tell me whether you approve this suggestion.

Your position seems to be very high; so the effort of the *Review* has not been in vain. Please tell me about your work at Tsing Hua.

Very sincerely,

K. T. Mei

32 神学堂

康桥，马萨诸塞州

1925 年 11 月 8 日

亲爱的吴：

请原谅我用英文写信，因为我正练习使用我的新打字机。我非常感谢你的来信。我希望我们忽略彼此个性和性情上的差异，而仅仅是容忍。毕竟，我并不如你想象的那样无可救药地颓废。

　　我越来越相信中国文化是儒家（即人文主义）与道家（即自然主义）精神的良好融合，偏爱任何一方都是对它的误解。在我的"中国文学与哲学概论"课程中，我正在阐释这个论点，并在我的写作中倡导和维护这个论点。我相信陈寅恪和张歆海①会同意我的观点。

　　我自夏季起还没有收到《学衡》，请查看一下，这样我今后就可以定期无误地收到了。我正在考虑一个更重要的现代作家的系列，从穆尔、白璧德开始，继以查斯特顿、萧伯纳、威尔士，然后是安诺德、爱默生、凯雷、伯克和约翰逊。他们中的大部分人都可以独占一卷，每卷的部分章节将先在《学衡》上发表。与此同时，我还在做一些其他中英文的工作。

　　胡先骕肯定已告诉你我的现状。你可能也能想到我过的什么样的日子：与我同期来的人都已离开，在此学习的大多数中国学生要么对我冷漠，要么对我敌视。他们冷漠，首先是因为他们公开地或秘密地在派系中联合起来；其次是因为我在中国没有取得显著的成功，因此我不能帮助他们在回国后得到提升。"新文化"的典型产物敌视我，因为他们认为如我现所居的如此重要战略性位置②，应该由他们中的一员来占据。江苏省显要的"教育家们"把他们的儿子或是亲密的追随者送来这里学习，他们当然对我的失败或不幸③深感兴趣，如果可以的话，他们会谋杀我，以取代我的位置。

　　在美国这边，我只有几位朋友走动，他们都是我以前的老师，年长我许多，难有共同语言，无法轻松熟悉我。

---

　　① 张歆海（1898—1972），原名张鑫海，字叔明，浙江海宁人。1918年清华学校毕业留美，哈佛大学文学博士。曾任清华学校、北京大学、东南大学教授，光华大学副校长，中央大学文学院长。1928年起，任国民政府外交部参事、欧美司司长，驻葡萄牙、波兰、捷克公使。1941年赴美定居，任教长岛大学、费尔迪利金逊大学。为吴宓哈佛同学。

　　② 梅光迪此时在美国哈佛大学任教，授汉学。

　　③ 疑指梅光迪在南京东南大学创办西洋文学系（亦系全国高校首创），并兼任系主任，享誉校内外，该系于1924年四五月之交因东南大学校内派系斗争加剧而被迫裁并，同人星散之事。

　　所以我过的是一种流亡者的生活。也许这是上帝的旨意，让我被流放一段时间，这样我可能会在纯粹的孤独和厌倦中去被迫完成一些事情。

　　以我在美国的现状下，仍有意以写信的形式为《学衡》撰稿。请告诉我你是否同意我的建议。

　　你的地位① 看来很高，所以为《学衡》付出的努力没有白费。请告诉我你在清华的工作。

您极为真挚的，

梅光迪

---

　　① 吴宓时任清华学校研究院（通称国学研究院）主任，为当时该校三大部（其他两部为大学部亦普通部、留美预备部）之一的负责人，兼在该校留美预备部授翻译课。

奥尔波特T. W. Allport（一通）

PHILLIPS BROOKS HOUSE

Graduate Secretary Office

Cambridge, Mass.

Telephone, Cambridge 1756

May 7, 1919

Dear Mr. Wu,

I would like to interest you in the Intercollegiate Summer Conference to be held at Northfield, Mass, this year, June 20-30. As you probably know, Northfield affords an excellent opportunity for recreation and for cosmopolitan good friendship. The literature enclosed explains the nature of the Conference, but if there are any further questions, drop in at the Brooks House and talk the matter over with Mr. Tibbetts or myself.

You are invited to attend the Conference as the guest of the Committee on Friendly Relations Among Foreign Students, provided you plan on remaining for ten days. We shall be glad to take care of your registration if you will return the enclosed postal card to me promptly indicating you ability to attend.

We are working for a large and representative delegation from

Harvard. I can assure you that the trip will be very enjoyable, and will afford you just the vacation you need after the final exam period.

Hoping that you may be able to accept this invitation, I am

Sincerely yours,

T. W. Allport

菲利普斯·布鲁克斯之家

研究生秘书办公室

康桥，马萨诸塞州

电话，康桥 1756

1919 年 5 月 7 日

亲爱的吴先生：

　　我想让您参加今年 6 月 20 日至 30 日在马萨诸塞州的诺斯菲尔德所举行的校际夏季会议。正如您可能了解的一样，诺斯菲尔德的此次会议为娱乐和国际友谊提供了绝佳的机会。随信附上的资料说明了会议的性质，但如果您有任何其他问题，请到布鲁克斯之家与蒂贝茨先生或我本人讨论。

　　我们邀请您作为外国学生友好关系委员会的嘉宾参加会议，前提是你计划参与 10 天。如果您能把随信附去的说明您能够出席大会的明信片及时寄回给我，我们将很高兴为您办理注册。

　　我们正在组建一个大型的、具有代表性的哈佛代表团。我可以向您保证,这次旅行将会非常愉快,并且在期末考试之后为您提供您所需的假期。

希望您能接受这个邀请。

您诚挚的,

T. W. 奥尔波特

马特卡夫Nebon C. Metcalf（一通）

BOSTON TRANSCRIPT

Established 1830

Magazine Department

324 Washington Street

BOSTON, MASS.

July 8, 1919

Dear Sir,

 At the suggestion of Professor Babbitt, I am writing to ask if you can come to the Transcript Office tomorrow and call on Mr. Quinby, Room 22, 17 Milk Street, in regard to translating an American title into Chinese. This title is for a story which we are going to use about the proposed $125, 000 fund for endowing a professorship in the Chinese language at Harvard.

Yours very truly,
Nebon C. Metcalf

波士顿出版

1830 年成立

杂志部

华盛顿大街 324 号

波士顿，马萨诸塞州

1919 年 7 月 8 日

亲爱的先生：

在白璧德教授的建议下，我写信给您，请问您明天能否到米克大街 17 号出版大厦 22 室与昆比会面，商讨把一个英文标题译为中文的事宜①。这个标题关涉我们将报道的关于拟筹 125,000 美元的基金在哈佛大学设立中文讲座之事。

您很真挚的，

讷伯·C.马特卡夫

---

① 《波士顿晚报》请吴宓依照 F.W.Cuburn 君所撰长文的标题直译为《孔子再生于哈佛》（"Confucius to Live Again at Harvard"），并要他以硕大汉字书写，刊于此文篇首。该文载于 1919 年 7 月 12 日出版的《波士顿晚报》。

怀特 Henry D. White（一通）

PHILLIPS BROOKS HOUSE ASSOCIATION

PHILLIPS BROOKS HOUSE

Telephone, Cambridge 4748

Cambridge, MASS.

Nov. 5, 1919

Mr. Mi Wu

Weld 51

Cambridge, Mass.

Dear Mr. Wu,

    Prof. W. E. Hocking has been chosen as University special adviser for Chinese students. He will be very glad to meet you, and to be of any assistance he is able to you. He will be in his office, Emerson B, on Mondays, Wednesdays, and Fridays from 10 to 11 A.M. throughout the year. I hope that you will take advantage of this opportunity to meet Prof. Hocking, as he is very anxious to make the acquaintance of the men who are assigned to him.

Very sincerely yours,

Henry D. White

菲利普斯·布鲁克斯之家协会

菲利普斯·布鲁克斯之家

电话,康桥 4748

康桥,马萨诸塞州

1919 年 11 月 5 日

吴宓先生

威尔德楼 51

康桥,马萨诸塞州

亲爱的吴先生:

W. E. 霍金教授被选为中国学生的大学特别顾问。他将很高兴见到您,并将尽一己之力为您提供任何帮助。在这一年中,每周一、三、五的上午 10 点到 11 点,他都将会在他的办公室——埃默森B。我希望您能利用这个机会与霍金教授见面。因为他非常渴望结识那些分配给他指导的学生。

非常诚挚的,

亨利·D. 怀特

穆尔 Paul Elmer More[①]（二通）

一

245 Nassau Street,
Princeton, New Jersey
June 27,1921

My dear Mr. Mi Wu,

It will give me sincere pleasure to see you here on Tuesday July 5th. There is a good train which leaves New York at 2:15 p.m. and reaches Princeton at 3:36. You could return by the trains leaving Princeton at 5:50 or 7:46. If your evening is free I would suggest that you come out on the 4:14 or 5:05 train from New York, and take dinner with me. You could return by the train leaving Princeton at 9:06.

Let me know on what train to expect you. If I should fail to meet you at the station, you will find taxi cabs there which will convey you

---

① 穆尔（Paul Elmer More, 1864—1937），美国学者，文学评论家。新人文主义的主要倡导者之一，与白璧德同道齐名，坚定地维护传统的评论标准和古典文学的严谨风格。所写名著《谢尔本随笔》全11卷是一部论文及评论集。《希腊传统》全5卷（1904—1921）被公认为是他的最佳作品。吴宓由白璧德介识穆尔，向之问学求教，并译其文，刊布于《学衡》杂志及《大公报·文学副刊》。

to my house in a few minutes. By whatever train you travel, you have to change cars at Princeton Junction.

Sincerely yours,
Paul E. More

纳索街 245 号
普林斯顿，新泽西州
1921 年 6 月 27 日

亲爱的吴宓先生：

若 7 月 5 日（星期二）在这里见到您，我由衷地感到高兴。有一趟时间合适的火车在下午 2:15 从纽约发车，3:36 到达普林斯顿。您可以乘 5:50 或 7:46 的火车离开普林斯顿返回纽约。如果您那天晚上没有安排，我建议您乘坐下午 4:14 或 5:05 从纽约开往普林斯顿的火车，我们可以共进晚餐。您可以乘 9:06 的火车离开普林斯顿。

请告诉我您的车次，我来接您。如果我没能在车站见到您，您可以叫出租车，从车站到我家只需几分钟。不论您乘哪一趟火车，都要在普林斯顿枢纽站换车。

您真诚的，
保罗·穆尔

二

Dear Mr Mi Wu,

A countryman of yours and presumably a friend has sent me a copy of your *Critical Review* containing a translation of my *Modern Currents in American Literature,* with several copies also of the literary supplements of the *Ta Kung Po.* I am immensely flattered, actually, to see echoes of my work so far away, and I am grateful to you for having the documents forwarded to me. You may be interested to hear that Mencken and his gang have been put very decidedly on the defensive, and even by those still recalcitrant against humanism are regarded as back members. I think I may say without boasting that the article you have translated had a good deal to do with bringing about this desired effect, for it was widely read and commented on. Recently a volume of essays, mostly from the younger men, edited by Norman Foerster, has been published with astonishing results. It is called *Humanism and America.* Babbitt has in it *An Essay on Definitions*, admirable for the most part, but, I am bound to say, rather evasive on the question of the relation of humanism to religion. F. J. Mather is at his best. I did not write anything for the book, but part of my essay on *The Demon of the Absolute* is printed in it. The astonishing thing is that the book has brought out long and prompt reviews and editorials in the New York press, and is, one might say, front page news. That such a question should stir our modern Babylon is enough to make one open one's eyes in amazement. Most of the notices are extremely hostile. That was to be expected. Indeed I should have little faith in anything praised by New York.

It is a great pleasure to me to know that you are able to maintain the fight for the sacred tradition in your own country. The eyes of the world are more and more on China. Very much depends on which way she turns. If in any way I can be of assistance to you, do not hesitate to let me know. Meanwhile believe me,

Sincerely and gratefully yours,

Paul E. More

克洛因庭院

伯克利，加利福尼亚州

1930 年 3 月 15 日

亲爱的吴宓先生：

您的一位同胞，或许也是朋友 ① 给我寄来了一份您的《学衡》杂志，其中登载了我所撰《美国文学的现代潮流》的中文译文。他还寄了几份《大公报·文学副刊》。实际上，看见我的文章在如此遥远的国度产生回响，我真是受宠若惊，感谢您把这些文献转给我。您可能

---

① 指郭斌龢，此时在哈佛大学研习。由吴宓介绍，得结识白璧德、穆尔等学界前辈，进谒问学。

有兴趣知道,门肯①及其众徒已经显然处于守势,甚至被那些仍然顽固地反对人文主义的人视为后备成员。我可以毫不夸张地说,您所翻译的我的那篇文章在很大程度上促成了这种预期效果,因为它被广泛阅读和评论。最近,一本由诺曼·福斯特编辑的、大多数作者为年轻人的论文集出版,其产生了巨大的反响。它的书名为《人文主义与美国》。白璧德撰写了题为《关于定义的论文》一文,我对其绝大部分观点表示钦佩,但我不得不说,这篇文章在人文主义对宗教的关系问题上颇为回避。F. J. 马瑟呈现出他的最高水准。我没有为这本书撰稿,但我所写的《绝对之恶魔》的部分内容被收录其中。令人惊讶的是,此书在纽约出版界引发了长期的评论与社论,正如有人所言,成为了头条新闻。这样的问题居然能在现代文明社会（现代巴比伦）激起轩然大波,的确令人大开眼界。大多数的关注都极具敌意。这是意料之中的。事实上,我不应对纽约出版界赞扬的任何东西抱有信心。

我很高兴您能够在自己的国家为神圣传统坚持斗争。世界的目光越来越多地投向中国,这在很大程度上取决于她的走向。如果我能在任何方面为您提供帮助,您尽管吩咐。与此同时,请相信我,

真诚而感激您的,

保罗·E. 穆尔

---

① 疑指门肯（Henry Louis Mencken, 1880—1956）,美国评论家,新闻记者。所撰评论杂文共 6 卷,取名《偏见集》（1919—1927）。曾极力推荐德莱塞和刘易斯等文坛新秀。

[编者附]

穆尔致郭斌龢（二通）

一

Cloyne Court

Berkeley, Calif.

March 15, 1926

Dear Mr. Ping Ho Kuo,

I am much obliged to you for sending me the *Critical Review* and express of the Ta Kong Po, all of which I have joyed with admiring accomplishment. I could see however that my name recounted here and there in Roman characters, with the names of other presidents, friends and foes. And I am to be highly flattering to discover that one is known and remembered so far away. I have not heard of Mr. Mi Wu for several years and it is good news to learn that he is able to carry on the faith in his own land for the sacred fight tradition that is threatened by so many enemies in and outside of China.

The fate of civilization may depend considerable measurement upon the issue of that conflict.

I am enclosing a letter for Mr. Mi Wu which I will ask you, as you suggested, to address and forward to him.

Accept my kind regards and believe me.

Paul E. More

克洛因庭院

伯克利，加利福尼亚州

1926 年 3 月 15 日

尊敬的郭斌龢先生：

非常感谢您寄给我《学衡》及快递的《大公报》，我为所有这些令人钦佩的成就感到高兴。然而，我可以看到，我那以罗马字符表示的名字到处都是，并与校长、朋友和敌人等人的名字在一起。我也极为欣喜地发现一个人可以在那么遥远的地方被人知道和记住。我已经好几年没有听到吴宓先生的消息了，很高兴得知他能够在自己的国家继承神圣的战斗传统的信念，因为这个传统受到了中国境内外众多敌人的威胁。

文明的命运可能很大程度上取决于这场冲突中的问题。

随函附上给吴宓先生的一封信，请您转交给他。

请接受我美好的祝愿并相信我。

保罗·E. 穆尔

二

Princeton, N. J.

245 Nassau Street

May 8, 1927

Dear Mr. Ho,

Your letter has interested me very much and I only wish I could send you a suitable reply. But the sad truth is that on the main point you raise I am lamentably ignorant. I know something of the Hindu religions, having devoted a number of years to the study of Sanskrit and Pâli literature, but of Confucianism I know little, although I am fully aware of its importance. Later, when I have a little leisure, I hope to make good this deficiency, though my ignorance of the Chinese language will always be a serious handicap for me, but so far as my knowledge goes, I should not suppose that there would be great difficulty in reconciling Christianity and Confucianism; the latter, I have supposed, was rather an ethical system, at least more an ethical system, than a religion, and I do not see why it should be harder to combine Confucian ethics with Christianity than with Buddhism.

One or two important facts seem to be commonly overlooked in the endeavor to present Christianity to the Orient. In the first place, despite the claims sometimes advanced by ignorant Christians, the religion of Christ does not seem to me to be exclusive or destructive of the other great religions of the world, but complementary to them. Take Buddhism for instance, it is extraordinary how closely the Christian and the Buddhist ethos resemble each other, in how many respects their practice is alike, and how nearly identical is the peace of spirit offered by the one with that offered by the other. It is not for a Christian to say that Buddhism is no true religion, nor for a Buddhist to deny the validity of Christianity. Religion is one the world over, though there may be different grades of development. Between Christianity and Buddhism the question of higher or lower development would touch the point of belief in a personal God. Here the Christian thinks, whether rightly or wrongly, that he has something to offer which the Buddhist has not attained—the belief in a personal God and a providential purpose in the world. It has always appeared to me that the weak and paradoxical aspect of Buddhism and of orientalism generally is the failure to connect moral purpose in the spiritual life of the individual soul with the sense of cosmic purpose, that is with the sense of the will of a divine creative power working upon the world through some inexplicable obstruction. In this Platonism and Christianity are in accord as I have tried to show in my *The Religion of Plato*. I have ordered my publisher to send you a copy of my *The Christ of the New Testament*, which I will ask you to accept with my compliment and which I hope may interest you, though it is written of course for western readers and would have been composed rather differently if it were intended for an eastern audience. The question of a divine purpose is discussed in a volume now in the hands of the publisher and to be called *Christ the Word*.

Another point which I think ought to be, but which I suppose is not, emphasized in presenting Christianity to China, is that our religion is not our own, but is essentially an oriental creation interpreted in the canons of Greek philosophy（and Greek was half oriental）. In that sense it is no more ours than it may be yours. A considerable part of the theology was enforced on Christianity by Latin scholasticism during the Middle Ages. I hold to be not in harmony with the original spirit of the faith; we have been miserably imperfect Christians; you might be better.

These are quite inadequate answers, I fear, to your queries. I might do better if we could talk the matter over together.

As for the inner check, I would call it conscience, or the inner voice of the spirit, or what you will. It acts by bringing chaos out of order, by saying to the unruly impulses of our nature: "So far shalt thou go and no further", just how or why I do not know. In his allegory of creation as expounded in the *Timaeus* Plato erected the conception of the inner check into the Demiurge, or creative God. What I mean by this you may find expressed in my *Platonism* and *Religion of Plato*.

Yes, I know Mr. Mi Wu. He called on me once in Princeton and told me of his plan of activity in China. I should be much interested to hear of his successes, or at least of his work. His position today must be painful, if not precarious. I should esteem it an honor to have any of my books or essays translated into Chinese. And if ever you undertake such a project I will do what I can to assist you.

Believe me very much indebted to you for your kind and thoughtful letter.

Sincerely yours,
Paul E. More

普林斯顿，新泽西州
纳索街 245 号
1927 年 5 月 8 日

亲爱的稣先生：

您的来信让我很感兴趣，我若能给您一个合适的答复就好了。但令人难过的事实是，在您提出的主要问题上，我一无所知，对此非常遗憾。因为曾有若干年致力于研究梵文和巴利语文学，所以我对印度教有所了解。但对于儒学，尽管我完全认识到其重要性，我却是知之甚少。以后若有空暇，我希望能弥补这个不足，虽然不懂中文对我来说总会是一个严重的障碍。不过，据我所知，我不认为在调和基督教和儒学思想方面会有很大的困难。我认为，后者更像是一种伦理体系而不是宗教，我也不认为将儒家伦理与基督教伦理相结合要比与佛教相结合更难。

在向东方介绍基督教的努力中，一两个重要的事实似乎常常被忽视。首先，尽管无知的基督徒有时会提出这样的主张，但在我看来，基督的宗教并不排斥或破坏世界上其他伟大的宗教，反而是对它们进行补充。以佛教为例，基督教和佛教的精神何其相似，其实践在很多方面也很相似，而且一方所提供的精神安宁与另一方所提供的也何其相似。基督徒不得说佛教不是真正的宗教，佛教徒也不得否认基督教的有效性。宗教在全世界都是一种，尽管可能有不同的发展等级。在基督教和佛教之间，更高或更低的发展问题都会触及对个人上帝的信仰这一点。在这里，基督徒认为，无论正确与否，他可以提供一些佛教徒没有达到的东西——即对个人上帝和世界上的天意的信仰。在我看来，佛教和一般东方思想的弱点和矛盾之处，是未能将个人灵魂的精神生活中的道德目的与宇宙目的联系起来，也就是说，未能将神圣的创造力的意志通过某种不可解释的阻碍而作用于世界。正如我在《柏拉图的宗教》中试图表明的那样，柏拉图主义和基督教在这一点上是一致的。我已经让我的出版商寄给您一本我的《新约中的基督》。尽管不消说它是为西方读者写的，如果它面向东方读者的话，那么写法会大不相同，我仍然请您接受我的礼物，希望您会感兴趣。我已讨论神意问题，此卷书在出版商手中，将被命名为《基督之道》。

在向中国介绍基督教时，我认为应该强调但此前并没有强调的另一点是，我们的宗教不是西方的，而本质上是用希腊哲学经典解释的东方创造物（希腊一半是东方）。从这个意义上说，我们对它的拥有，可能并不多于你们。相当一部分神学思想是在中世纪由拉丁经院哲学强加于基督教的。我认为这一部分不符合基督教信仰的原始精神；我们一直是可悲的不完美的基督徒；你们可能会更好。

我担心，对于您的询问，这些回答是相当不充分的。如果我们可以一起讨论这个问题，我可能会做得更好。

至于内心节制，我称之为良心，或精神的内在声音，或随您意。它通过使混乱恢复秩序而起作用，它对我们本性的不羁冲动说：你只能走这么远，不得再往前了——我不知道如何或为什么。柏拉图在《蒂迈欧篇》关于创世的寓言中，将内心节制的概念构建成了创造神。您可在我的《柏拉图主义》和《柏拉图的宗教》书中找到我的论述。

是的，我认识吴宓先生，他曾来普林斯顿拜访过我，并告诉我他在中国的活动计划。我很想知道他的成功，或者至少是他的工作。他今天的处境即使不是岌岌可危，也必定是痛苦的。如果我的任何一本书或一篇文章能被翻译成中文，那将是我的荣幸。如果您将着手进行此事，我会尽我所能帮助您。

请相信我。非常感谢您友好和体贴的来信。

您真诚的，
保罗·E.穆尔

白璧德Irving Babbitt[①]（三通）

一

Jaffrey, New Hampshire,

30 June, 1921

My dear Mr.Wu,

I gather from the letter you wrote my wife on June 24 that it is doubtful whether I am to have the pleasure of seeing you again before you return to China. I left Cambridge to come up here on June 22. I am planning to be in Cambridge again about July 10 and supposed that I should see you at that time. I regret greatly that this is not possible but have at least the satisfaction of knowing that you have received your A. M. in regular course after all. I am sure that you deserved the degree on your total record.

It has been a great pleasure for me to have you as a student. I feel confident that you are one of those who will work most effectively to save what is admirable and wise in the traditions of your country from unintelligent innovation. Do not fail to write me, not only about your personal fortunes, but about the Chinese situation in general. I am

① 欧文·白璧德（Irving Babbitt, 1865—1933），美国评论家，新人文主义批评运动的领袖。就学于哈佛大学和巴黎大学。自 1894 年即在哈佛大学教授法语与比较文学，直至去世。其为吴宓在哈佛就学时的导师。

especially interested, as you know, in the problem of Chinese education. If I can be of help to you in any way do not hesitate to call on me.

Please convey my very warm regards to Mr. May. With best wishes for a pleasant journey, in which my wife joins, I am,

Very sincerely yours,
Irving Babbitt

杰弗瑞，新罕布什尔州
1921 年 6 月 30 日

亲爱的吴先生：

我从您 6 月 24 日写给我妻子的信中得知，在您回国前，我可能无法再次与您会晤。我于 6 月 22 日离开康桥来到此间，正计划 7 月 10 日左右回康桥，并设想那时与您见面。这已是不可能了，对此我感到非常遗憾。不过至少可以欣慰的是，知道您已获得随我学习的正规课程的硕士学位。我确信您之得到学位是由于您总的成绩。

对我来说，有您这样一位学生，我感到极其愉快。我相信您将和您的同伴经由最有效的工作将贵国传统中令人钦佩和明智的东西从愚蠢的革新中拯救出来。请不要忘记给我写信，信中可介绍您个人的情况，也要谈及中国总体情况。如您所知，我特别感兴趣的是中国的教育问题，如果我在任何方面能够于您有所帮助，找我时请不要犹豫。

请向梅（光迪）先生转达我非常热情的问候。我和我的妻子祝您旅途愉快。

非常忠实于您的，
欧文·白璧德

Jaffrey, New Hampshire,
30 June, 1921.

My dear Mr. Wu, — I gather from the letter you wrote my wife on June 24th that it is doubtful whether I am to have the pleasure of seeing you again before your return to China. I left Cambridge to come up here on June 22. I am planning to be in Cambridge again about July 10 and supposed that I should see you at that time. I regret greatly that this is not possible but have at least the satisfaction of knowing that you have received your A. M. in regular course after all. I am sure that you deserved the degree on your total record.

It has been a great pleasure for me to have you as a student. I feel confident that you are one of those who will work most effectively to save what is admirable and wise in the traditions of your country from unintelligent innovation. Do not fail to write me, not only about your personal fortunes, but about the Chinese situation in general. I am especially interested, as you know, in the problems of Chinese Education. If I can be of help to you in any way do not hesitate to call on me.

Please convey my very warm regards to Mr. Mays. With best wishes for a pleasant journey, in which my wife joins, I am,

Very sincerely yours,
Irving Babbitt

1921 年 6 月 30 日，白璧德致吴宓

二

Dublin, N. H.,

Sep. 17, 1922

Dear Mr. Wu,

I am one of the poorest and most irregular of correspondents or I should have written you long ago to tell you how much I appreciated your letters of last winter. These, with the letter I have just received, give me a very vivid picture of your personal circumstances as well as of the situation with which you are contending in China. You seem to me to be making a plucky fight personally and have, I am sure, no reason for self-reproach. I hope that the outlook for China is not quite so dark as you seem to think. I do not feel qualified to have an opinion. My impression, such as it is, is that the Chinese are a cheerful, industrious and intelligent folk who have coped with many a serious emergency in the past and may succeed in coping with this one. My special interest, as you know, is in the great Confucian tradition and the elements of admirable humanism that it contains. This tradition needs to be revitalized and adjusted to new conditions but anything approaching a complete break with it would in my judgment be a grave disaster for China itself and ultimately perhaps for the rest of us.

I hear favorable comment from Chinese at Harvard on your new *Critical Review*. It seems to me just the kind of thing that is needed. I wonder whether you are going to have difficulty in recruiting a sufficiently large staff of contributors. It would seem desirable under the circumstances to cooperate with everyone who shares the general point of view in spite of the difficulties and discouragements that you mentioned in your letters of last winter. Is not Mr. Tang likely to prove a useful auxiliary? I had a talk with him on Chinese philosophy just before he left Cambridge for home. He seemed to me better informed in this field than perhaps any other Chinese I have ever met. Would not his article on Schopenhauer and Buddhism in the *The Chinese Students' Monthly*（or the equivalent）be good mateiral for your *Critical Review*? The article by Mr. K. L. Lou on theories of laughter struck me as a very distinguished piece of writing and might also be presented profitably to Chinese readers. Mr.Tang and Mr. Lou have not perhaps the kind of aggressiveness that seems needed in China just now, but, when all is said, they are very valuable men . Mr. H. H. Chang is just handing in a extremely able doctoral thesis on the Humanism of Matthew Arnold. The last chapter of this thesis— "Matthew Arnold and Confucian humanism" —contains material that might, in my opinion, be used to advantage in your review. Mr. Chang strikes me as distinctly aggressive. You may have noticed the articles he has been publishing in the *Yale Review*, *Edinburgh Review*, *North Amerian Review* and N. Y. *Nation*. And he is only twenty-four years-old!—I wish, by the way, you could publish notices of John Dewey's last two volumes of a kind that will expose his superficiality. He has been exercising a bad influence in this country, and I suspect also in China. Might not Mr. Tang be of aid to you here?

I have been having a very strenuous year. During the first half year I gave graduate seminar at Yale in addition to full work at Harvard and Radcliffe. During the second half of April, I took a western trip, travelling about seven thousand miles and giving four lectures at Leland Stanford Un., one lecture at the Un. of California, one at the Northwestern Un. and one at the Un. of Chicago. This summer I have been getting visited and working on *Democracy and Imperialism*. It goes forward slowly, but I hope to have finished in three or four months. It is the hardest job I have ever undertaken.

I have accepted an invitation to go during the second half of this coming academic year as exchange professor from Harvard to the Sorbonne. I have not yet decided what courses it is advisable for me to give at Paris or whether I had better give them in French or English.

I am sending you an article in *La Revue Hebdomadaire* on my writing that I thought might interest you. Professor Mercier seems to me to have made a very intelligent summary.

Tell Mr.May that I send the photograph and two volumes of Mr. More I promised him and hope that they reached him safely,—Remember that it is always a pleasure for me to hear from you and that I stand ready to help you in any way in my power.

Sincerely yours,
Irving Babbitt

都柏林，新罕布什尔州
1922 年 9 月 17 日

亲爱的吴先生：

我最不擅长也最不按常规与人通讯，不然我早就应该给您写信，告诉您我是多么感激去年冬天您寄来的那些信。那些信，还有我刚收到的这封，为我描绘出一幅您个人的境况以及您在中国正进行论战情势的生动图景。您看上去正在进行一场个人旗帜鲜明的斗争。而我相信，您没有理由自责。我希望中国的前景并不全似您想得那么黑暗。我觉得我不够资格发表意见。在我的印象中，中国人是一个奋发、勇敢和聪明的民族，他们在过去应对了许多次严重的紧急情况，这次也将可能成功应对。如您所知，我特别关注的是伟大的儒家传统及其所包含的非常美妙的人文主义要素。这一传统需要振兴和调整以适应新情况，但据我判断，任何试图与它彻底决裂的做法，对中国本身以及最终对我们其他人来说都将是一场严重的灾难。

我从哈佛的中国学生那里听说您最近主编的《学衡》杂志受到好评。它对我来说恰是需要的。我想知道您是否会难以招募到足够多的供稿者。在这种情况下，尽管您在去年冬天的信中提到了一些困难和挫折，但似乎还是应该与所有赞同总体观点的人合作。难道汤（用彤）先生不可能成为有用的辅助者吗？我在他即将离开康桥回国以前，同他讨论过一次中国哲学。我觉得他在这个领域或许比我遇到的其他中国人都更有见地。难道他发表在《留美学生月刊》[①]（或类似刊物）上关于叔本华与佛教的文章对《学衡》来说难道不是好材料吗？楼光来先生关于笑谈的论说，在我的印象中是一篇非常杰出的作品，或许也应该推荐给中国读者。汤先生和楼先生可能不具有中国当前最需要的那敢作敢为的意识，但无论如何，他们是非常有价值的人。张歆海先生刚交给我一篇关于马修·阿诺德的人文主义的极为出色的博士论文，该论文的最后一章——马修·阿诺德和儒学——在我看来，其中的材料可能为《学衡》所用。张先生给我的印象是与众不同的敢作敢

---

①　《留美学生月刊》（*The Chinese Students' Montuly*），为中国留美学生会在 20 世纪初主办的英文期刊。

为。您可能已经注意到他在《耶鲁评论》《爱丁堡评论》《北美评论》以及纽约《民族》杂志上发表的文章。他年仅二十四岁！——顺便说一下，我希望您能就可揭示约翰·杜威肤浅的最后两卷文集发表评论。他在这个国家一直发挥着不良影响，我怀疑在中国亦是如此。汤（用彤）先生可以在这方面辅助您吗？

我度过了非常艰苦的一年。上半年，除去哈佛和拉德克利夫的大量工作之外，我还在耶鲁大学举办了研究生研讨会。四月下旬，我进行了一次西部旅行，行程大约七千英里；同时，在斯坦福大学做了四次演讲，在加州大学、西北大学及芝加哥大学各演讲一次。这个暑假，我一直在访问并写作《民主与帝国主义》①。写作进展迟缓，但我希望用三四个月来完成它，这是我从事过的最艰难的工作。

我已接受了一个邀请，我将在下一学年的下半学期作为哈佛大学的交换教授前往索邦大学。我尚未决定在巴黎讲授何种课程，使用法语还是英语授课也未定下来。

我给您寄去刊有我一篇文章的法国《每周回顾》，我想您可能感兴趣。依我看，默西埃教授作了极为高明的总结。②

请告诉梅（光迪）先生，我已给他寄去我答应赠给他的相片和穆尔先生的两卷文集，希望它们能安全到达。收到您的来信总是让我感到高兴。请记住，对我来说，我已做好准备在我能力范围之内以任何方式帮助您。

您诚挚的，

欧文·白璧德

---

① 此书后易名为《民主与领袖》（*Democracy and Leadership*），于 1924 年出版。

② 此指法国《星期杂志》（*La Revue Hebdomadaire*）1921 年 7 月 16 日出版的第 30 卷第 29 期所载《白璧德精确之人文主义》一文。作者默西埃（Louis J.A.Mercier）教授将白璧德之学说，撮要述于法国读者之前，使其国人皆知有白璧德，有人文主义。

三

6 Kirkland Road, Cambridge,

July 24, 1924

Dear Wu,

Some time ago I sent you a copy of my new book *Democracy and Leadership* and trust that it has reached you safely. If not, let me know and I will send you another copy. I was much interested in your last letter and also greatly appreciated your kindness in sending me a copy of the *Critical Review* containing the translation of M. Mercier's article. The value of this kind of translation is that it may open the way for cooperation between those who are working for a humanistic movement in China and those who are interested in starting a similar movement in the Occident. In the meanwhile the West needs a more adequate interpretation than it has yet received of the Confucian humanism and this is, as you know, a task that I am fond of urging upon you and other Chinese who know their own cultural background and have at the same time a good knowledge of English.

I have admired at a distance the pluck and persistency you have displayed in editing the *Critical Review* in the face of what must have been great difficulties. I fear that the whole situation has been still further complicated by the upheaval at Nanking of which Mr. H. H. Hu tells me. I am in no position to form an opinion as to the academic politics involved but I cannot help feeling much regret at the breaking up of your particular group. I understand that you are going to the Northeastern University. I hope that this change will not involve too great a sacrifice. Mr. Mei, I am told, is to come to Harvard as a teacher of Chinese. I did not know anything about this appointment until it was actually announced. He will of course be able to give me very full information about the situation at Nanking.

I recently made a trip to Princeton to visit Mr. P. E. More. He sailed for Europe on July 12. He is planning to be abroad a year, spending the latter part of the trip in Greece. He has been extremely active in a literary way of late. He has published two books this year—*Hellenistic Philosophies* and *The Christ of the New Testament*. I do not like the trend that appears at the end of this latter book towards dogmatic and revealed religion. Personally I am more in sympathy with the purely psychological method of dealing with the religious problem that appears in Budda and his early disciples.

Have you any recent word of Mr. Chang? When he last wrote to me some months ago, he spoke appreciatively of the salutary influence that the *Critical Review* has been exercising. I wonder whether you take a more favorable view of the present situation in China and whether the young people seem to you to be growing a little less superficial. Give my kind regards to Mr. Tang and Mr. Lou and also inform them that I have sent them complimentary copies of *Democracy and Leadership*.

Sincerely yours,

Irving Babbitt

柯克兰路 6 号，康桥市

1924 年 7 月 24 日

亲爱的吴先生：

不久以前，我给您寄去一本我的新书《民主与领袖》，相信您已经收妥。如未收到，请即告知，我当另寄上一本。我对您的上一封信很感兴趣，并非常感谢给我寄来一册刊有默西埃先生文章译文的《学衡》。这类译文的价值在于，它可能开拓中国致力于人文主义运动的人与西方有意开展类似运动的人之间的合作道路。同时，西方需要对儒家人文主义进行比以往更充分的阐释，如您所知，这是一项我极力主张您与其他了解自己的文化背景并同时又熟练掌握英语的中国人去完成的任务。

我在远方钦佩您在编辑《学衡》杂志过程中面对巨大困难时所显示出来的勇气和坚持不懈的精神。胡先骕先生告知我南京动荡的情况，我也担心整个形势还会进一步复杂化。我无法对所涉及的学术政治形成意见，但是不禁对您们学衡社员的解散深感遗憾。我了解您将赴东北大学，我希望这个变化不会包含太大的牺牲。我听说梅（光迪）先生将到哈佛来担任汉语教师。在实际宣布任命之前，我对它毫不知情。他当然会告诉我关于南京形势的详细信息。

我最近去了一趟普林斯顿，拜访了穆尔先生。他于 7 月 2 日乘船去欧洲，他打算在国外住上一年，旅行的后半段在希腊度过。他近来的写作十分活跃。他今年出版了两本书：《希腊哲学》和《〈新约全书〉的耶稣基督》。第二本书的结尾处，出现了教条的天启教，我不喜欢这种倾向。我个人更赞同在释迦牟尼和他早期信徒中出现的处理宗教问题时的纯心理学方法。

您最近接到张（歆海）先生的信了吗？几个月前，他写信给我，赞赏《学衡》已在产生的有益影响。我不知道您是否对当前中国的形势持积极一点的见解，也不知道你所任用的年轻人是否变得成熟一点。请代我向汤（用彤）先生和楼（光来）先生致意问候，并转告他们，我已向他们寄出《民主与领袖》。

您忠诚的，

欧文·白璧德

罗素Davis D. Russell^①（一通）

July 7,1922

Dear Wu Mi,

    Thank you so much for your note and your kindness in making inquiries for me.

    I plan now to leave here Sunday at 5:15 and reach Nanking Tuesday morning . I shall stay there Tuesday and go on to Shanghai by the night train getting there on Wednesday morning the 12th. My boat sails on Friday this 14th so I should like to go directly to Hangchow on Wednesday and come back on Thursday . But I shall have to see what arrangements can be made when I reach Shanghai.

    I have decided to stay at a person occupied by one of my friends at 51 Rue Moliere. It is near by a Miss English .

    I hope you will not have gone off by the 12th . I should make every effort to get in touch with you as soon as I arrive.

Sincerely yours,
Davis D. Russell

---

① 此件为吴宓英国友人访华所书短笺，其人生平不详。

1922 年 7 月 7 日

亲爱的吴宓:

非常感谢您的说明和您好心为我所做的调查。

我现在计划星期日 5:15 离开这里,于星期二早晨抵达南京。我将在那里逗留到星期二,然后乘夜车前往上海,并于星期三(12 日)早上抵达。我所乘的船定于 14 日(星期五)起航,所以我决定星期三直接去杭州,而于星期四返回。不过我得待抵达上海后看看如何安排而行。

我已决定暂住莫里埃街 51 号,那是我的一位友人所居寓所。地址邻近一位英国小姐家。

我希望您在 12 日前不要离开,我抵达后将极尽努力与您取得联系。

您诚挚的,

戴维斯·D.罗素

沃姆 G. N. Orme^①（二通）

一

22. Lunham Road

Upper Norwood

London, S. E. 19.

Oct. 21, 1923

Dear Mr. Mi Wu,

I am delighted to hear that you are taking up the study of Greek, and hope that you will find the time, amidst your numerous duties and interests, to carry it on to a profitable and interesting point. It would be pleasant if you could in times form, with Mr. Kuo Ping Ho, and may start when you may be able to interest in the subject, a Hellenic society for the study of Greek literature, art, and ideals generally .

I have received your parcel including 5 pounds, and have begun to purchase some second-hand books, which have been sent off to you—one lot from Porle's, the other from Foyle's—lots of other second-hand booksellers located in Charing Cross Road, London. I went to

---

① 沃姆（G. N. Orme），英国希腊文学学者，牛津大学毕业。20 世纪初来华，长期任香港高等审判厅推事，兼任香港大学伦理学教授，教希腊文。

Porle's first, but I think that you will find Foyle's, the best second-hand bookseller in London, and I advise you to write to him if you want any more second-hand books in the future. I have never got been up to Oxford, where I expect to find a best selection of books for you, but I shall be there in a few days, and then I will refer and advise you as the whole pastime of books. I am sending some books also to Mr. Kuo, and you must share with him whenever you find it desirable, for the common good.

I am glad to hear that the *Critical Review* is flourishing, and wish that I would achieve my own views to be deserving of your kindness and trust in contributing them in one of its numbers.

I wish here, if you will permit me, to try and make clear what seems to me for the place and the function of the study of Greek in your own life and learning, we must not put it on too high a pedestal; nor separate it from other endeavours to achieve clearness and simplicity and beauty of thought and act, such merits are to be found in your own classics and your own art in higher or lower degree. And it should be the endeavour of all of us who care for true education, to bring together the various treasures of human endeavor after the absolute values of life—Truth and Goodness and Beauty—whether in Greece or in Chinese or (as they are more recently found) in the modern western literature:—to lift out the excellences, and discard the weaknesses, of all, western people, and in all our western history, the ancient Greeks, and Athens in particular, have been rupture in this pursuit, and have never nearly attained to those ends which we all recognize as Highest. And therefore I think it particularly necessary that China should seek there for the inspiration and the confidence which this study must give her; and I think she will find then that her own classics and her own life affectionate more nearly to the absolute values, than do the more showy values of the modern western civilization.

Thus she will remain the confidence to stand on her own feet, and to proclaim her own conditions and ideals to the world; and to know these to be better than any common possession of wealth & power.

I leave England again on December 6th, and expect to be back in Hong Kong about the middle of January; and I shall hope then to be able to give further assistance to any Chinese students who care to try this hand nut Greek. Only sometimes I think that I may one day come into China—perhaps somewhere in your neighbourhood— and fill myself up more enriched and whole-heartedly to reaching the Chinese and learning from them.

I shall consider this possibility further when I am back in Hong Kong, where I shall be much pleased if I receive a further letter from you about your studies. My address could be: Government House Secretary's Office, Hong Kong.

With kind regards to Mr. Mei and others—also to Mr. Kuo; and with all good wishes to you.

Yours sincerely,

G. N. Orme

隆翰路 22 号

上诺伍德区

伦敦，东南 19

1923 年 10 月 21 日

亲爱的吴宓先生：

我高兴地得知您正在学习希腊语，希望您能在众多职责和兴趣之中找到时间，坚持学习希腊语直至获益满满、兴趣盎然。我将会乐见在您对这个学科感兴趣时，能时与郭斌龢先生组织一个希腊学会来研究普通希腊文学、艺术和理念。

我收到您寄来的包裹和五英镑，并已买了一些二手书寄给您。一部分书来自珀罗氏，一部分则购于蜉蝣肆书店①，其他很多的二手书书店位于伦敦查令十字街。我先去的珀罗氏，不过我想您会觉得蜉蝣肆是伦敦最好的二手书店。如果您将来还需要二手书，我建议您写信与他联系。我尚未去牛津，我期待在那里可为您找到一批最好的书。不过几天后我将去那里，届时会向您推荐所有消遣的书籍。我也会寄给郭先生一些书，当您感觉合意时，请务必与他分享，这是为了共同兴趣。

很高兴得知《学衡》在蓬勃发展，希望我能完善我的评论，以不负您的美意和信任，并投稿于其中的一期。

如果您允许，我希望在此试着解释清楚我所认为的学习希腊语在您自己的生活和学习中的地位和作用。我们切不可将其置于太高的位置上；也不可将其与其他为了达到思想与行为的清晰、质朴及美的

---

① 蜉蝣肆书店（Foyle's Bookstore，又译福伊斯书店），伦敦最著名的旧书店，代购各种书籍。1904 年建于伦敦西区的塞西尔街（Cecil Court），1906 年迁至查林十字街。1925 年，仅查林十字街店售书高达 80 万册。

努力分割开来，在您自己的经典和艺术中可以或高或低地发现同类功德。我们所有关心真正教育的人都应努力，将人类努力追求人生绝对价值——真、善、美——的各种宝藏汇聚在一起，不论是在希腊文还是在中文中，抑或在（最近出现的）西方现代文学中，以在所有西方人中去粗取精，而在我们所有的西方历史中，古希腊，尤其是雅典，在这个求索中一直处于断裂状态，而且从未达到我们所认可的最高目标。所以，我认为中国特别有必要在那里寻求这种研究，以必须给予她的灵感和信心，而且我认为那时她将发现，她自己的经典和她自己的生活更接近于绝对价值而不是西方现代文明中浮华不实的价值。

因此她将保持自立的信心，并将向世界宣告她自己的国情和理念；并且了解这些比任何一般地拥有财富和权力都要好。

我于 12 月 6 日又将离开英国，预计将于 1 月中旬回到香港；我希望届时能为想要尝试学习希腊语的中国学生提供进一步的帮助。只是有时我想，有一天我可能会来到内地——也许在您家附近——以让自己更加充实，全心全意地接触中国人并向之学习。

我回香港后将进一步考虑这一可能，在港如能收到关于您学习情况的信，我将非常高兴。我的地址是：香港，港督公署秘书办公室。

谨向梅先生及其他人——还有郭先生致以亲切的问候；祝您万事如意。

您真诚的，

G. N. 沃姆

二

St. John's College,

Oxford University

Nov.20, 1923

Dear Mr. Mi Wu,

I am ordering for you another instalment of books to be sent out by Blackwell's of this town. I think you will find them to be the best shop for supplying you with any future books that you may require, though for more elementary or school tests, you may still find it better if you write to London, naturally Blackwell's cater for university needs. I am telling them to send their catalogues to you.

I have asked the office of the World Association for Advanced Education in London to send you some publications of their doing, and I know that and they will be grateful by any support that you can give them, and they will be pleased to do anything they can for you in return. We want to try to bring the world together in these good aims.

I have not yet heard the result of the Hong Kong University Vice Chancellor's election, but hope for the best.

I have however been making a plan, a plan of my own, independent of that—to take 4 Chinese students in my home 10 miles from Hong Kong, to teach them Greek and to learn from them the Chinese classics, and generally speaking to help one another towards reading and understanding the good in everything.

This is my idea at present. Do you think you would find such students for me? It would however depend somewhat on my work in Hong Kong, and I shall be able to tell you better when I get back. Could you mention to Mr. Kou and ask him what he thinks.

If it were a success, the idea might be extended to a large number.

With good wishes for your success, and regards to my friends at the university.

Yours sincerely,

G. N. Orme

圣约翰学院

牛津大学

1923 年 11 月 20 日

亲爱的吴宓先生：

我正在为您订购另一批书，由本城的布莱克韦尔出版社寄出。我认为您会发现，它是为您提供任何您将来可能需要的书籍的最佳书店，虽然书店更多的是小学或学校考试的书，但如果您写信去伦敦，可能依然会发现更好的，布莱克韦尔自然会满足大学阅读需求。我告诉他们把目录寄给您。

我已经要求世界高等教育协会在伦敦办公室给您寄一些他们的出版物，我知道，他们会对您的任何支持表示感激，他们会很高兴为您做任何他们能做的事情作为回报。我们希望以这些美好的目标将世界团结在一起。

我还没有听到香港大学校长的选举结果，但希望是最好的。

　　然而，我一直在制订一个计划，一个属于我自己而独立于其他的计划，——在离香港10英里的家中带四名中国学生，教他们希腊语，向他们学习中国经典，一般来说是互相帮助，以阅读和理解一切事物的美好。

　　这是我目前的想法。您会为我找到这样的学生吗？不过，这多少要看我在香港的工作情况，我回来后会告诉您更多详情。能不能跟郭斌龢先生提一下，问问他的想法。

　　如果这个想法成功，它可能会扩展到很多学生。

　　祝你成功，并向我那些在大学的朋友们问好。

您真诚的，

G. N. 沃姆

梁启超^①（一通）

雨僧吾兄足下：承　示研究院发展计划意见书^②，仆大致赞成。若校中维持一月五日决议原案，则仆自愿辞去研究院教授一职；若仍留学校，则宁愿在大学部任职而已。其理由如下：

（1）若以研究院为教授研究机关，则仆自己研究学问，当然以回家为便利。不独起居饮食较适而已，即舍下书籍亦较校中为备，我何必徒糜校中数千元之供养，于己不适，而反招物议？

（2）所谓高深专题云云，界说本难确定。若严格的论之，我可谓一无专长，实难与此决议，名实相副，合在"陈力就列，不能者止"之例。

（3）勉强找一专题，虽未尝不可，但我根本不以此种办法为然。例如要我专授佛教史专题，虽或有一日之长，但试问费数年工夫，养出一两个研究佛教史之人，于国家有何益处？我虽自己对于此门学课有特别嗜好，然殊不愿多数人糜精力于此。在学校方面，尤不应废许多金钱，专为此三两个学生造特别机会。

（4）假使我因为喜欢佛教史，在研究院专以此为教，然而事实上国内青年，与我同好者，恐未必有人。若因其无人而特设津贴，以招罗学生，则我以为现在应提倡之学科，不止一端。如佛教史，如方言学之类，以学科之先后缓急论，恐须排列在第十几名以后。学校究以何为

---

①　梁启超（1873—1929），字卓如，号任公，广东新会人，清举人，与其师康有为倡导变法维新，并称"康梁"。学识渊博，著述涉及政治、经济、哲学、历史、语言、宗教及文化艺术、文字音韵等，编为《饮冰室合集》。

②　清华学校校务会议于1926年1月5日匆促通过张仲述君之提议，而骤然改变研究院性质宗旨。时任清华学校研究院主任的吴宓并不同意，特于同年1月10日撰《研究院发展计划意见书》，致校务会议诸会员，要求复议此案。

标准，别的学科不补助，而独补助此一两科？

（5）严格的论之，现在中国学界，实不配设研究院，因为根本没有研究生。例如虽出津贴，以招致研究佛教史或方言学之人，恐亦未必可得；应津贴而来之人，未必便可以裁成。

要之，一月五日之决议，在理论上适当与否，别一问题；在事实上决然办不出成效，实为我之确信。故若依此决议，我实不愿在院中虚靡校中金钱，及我自己之精力。

我两月前，为院中诸生讲演，演题为"我为什么来研究院当教授"，大意为两件事：（一）养成做学问的良好习惯；（二）指导做学问的良好方法。我对于研究院事业有兴味，对于本院前途有希望者，即在此。以现在半年间成绩而论，实属不坏，也可以说超过我的希望。现在三十人中，我认为可以裁成者，实占三分之一以上。其中有三五人，研究成绩实可以附于著作之林而无愧。其所研究者，固皆专题也，但专题却非由教授指定。我不以我自己所研究者强彼辈，彼辈所欲研究者我若绝对不能指导则谢之，若相对的可以指导，则勉强为之帮助。我以为若循此办法办下去，明年招考稍加严，则成绩必更优于今年，前途发展，未可限量。今骤然欲根本推翻，真所不解。鄙意谓研究院以现在精神及办法，继续下去，而教授个人专门研究，原亦不妨同时并存。若经费充裕，则将一两门特别稀奇功课，设津贴以招致学生亦未始不可，何必将现在办法根本变更耶？校中决议，仆殊不愿以个人意见破坏，惟自己进退，应有自由，故研究院若果然如决议所采之方针，仆惟有引退而已。公提出计划书时，望并以此意，代达当局。

启超

十五年（1926）一月十三日

[编者附]

吴宓《研究院发展计划意见书》①

校务会议会员诸先生钧鉴：

本年一月五日校务会议匆促通过张君仲述②之提议，此后研究院应改变性质，明定宗旨，缩小范围，只作高深之专题研究，而不教授普通国学。教授概不添聘，学生甄取从严，或用津贴之法，冀得合格之专门研究生。又研究院应与普通科专门科完全划分，各不相涉云云。宓当场亦曾表示意见，此种办法，实不赞同。迨一月七日，研究院教务会议开会，宓报告之下：对于校务会议所通过之办法，王静安教授未置可否，梁任公教授表示反对，赵元任教授及李济之讲师则赞成。窃念此事关系本校前途极为重大，知而不言，是为不忠；明见其非而不图补救，是为自私。故特请校长召集临时会议，复议此案，并陈述宓一人对于研究院宗旨及办法之意见，以供参考。

按此次研究院向校务会议提出之明年发展计划，及预算大纲、招考办法全案，其中诸条皆系由研究院教授会议讨论通过者。该计划之优点，厥为兼营并进，委曲求全，由现时研究院实在情形，而逐渐导入正轨。故一方注重高深之专题研究，一方并拟讲授普通国学。既使已在院之各教授，各得有充分如意之发展；而又添聘海内精深宏博之著

---

① 此意见书后为《清华周刊》收入 1926 年 1 月 17 日出版的该刊第 371 期。刊出时，周刊编者之一、清华研究院学生吴其昌，于吴宓意见书末尾，附按语数语，谓："此事已成过去。虽为研究院风潮之根源，然与此次风潮，实丝毫不相关涉。存之特以见本末而已。至于此次研究院风潮发生之近因，实由于'清华改组委员会'之改组草案，突然欲将研究院取消所致也。"

② 张彭春（1892—1957），字仲述，天津人。美国哥伦比亚大学文学硕士。时任清华学校教授、旧制留美预备部及大学普通部主任兼教务长，旋于清华研究院风潮后离校。改任南开中学部主任，南开大学、西南联合大学教授。后为第一届国民参政会参政员。1940 年起从事外交工作，曾任驻土耳其、智利公使，驻联合国代表。

名学者为教授，以为清华学校树立国学之声誉，为本院培植强固之根基。即招考办法，分科选考，实侧重研究专题之人才。总之，此计划全案，固拟逐渐改良研究院，使之趋于正途，成为有声有色之国家研究院，而对于国学，实取广义，不废专门研究。按所规划，已在院之教授各能用其所学，充分发展进修，两全其美，无往不宜，未见其不可采用也。至按此计划，添办种种事业，增聘教授二人，学生由三十人增至五十人，而经费仅较今年增多一万一千元，安得云多，胡严靳于此？而新拟学生数人之津贴，已占五千元，此岂经济之道哉？

夫既不赞成此委曲求全、兼筹并顾之办法，而欲认明宗旨、根本改组，斯固是矣。惟宓以为研究院正当之宗旨及办法，只能有二：一为国学研究院，一为科学研究院。今欲根本改组，只能就此二者择一而行，不容丝毫混淆假借。除此之外，凡所设施皆是补苴敷衍，因人为政，既耗经费，又贻笑柄者矣。而抉择于斯二者，则宓极主张办国学研究院，而不取科学研究院。理由详下，今分述之。

（一）国学研究院　今之国学，紊乱残缺，不绝如线，亟待提倡，以资保存，而发挥光大，固人人能言之矣。然国内提倡国学之机关甚少，而又办理不善，人才缺乏。或则陈腐，嫌其过旧；或则偏激，强名曰新；或则但务琐屑之考据；或则徒事浮华之词章；至于编查档案，征集歌谣，如北京大学研究所国学门所为者，固亦有其相当之价值，而究未尽国学主要之能事也。窃以为今日研究国学，急宜以下列二事悬为目标：（1）则整理全部材料，探求各种制度之沿革，溯其渊源、明其因果，以成历史的综合。如梁任公之《中国文化史》之体例，及其他急宜编著之中国文学史、哲学史皆是也。（2）则探讨其中所含之义理，讲明中国先民道德哲理之观念，其对于人生及社会之态度，更取西洋之道德哲理等，以为比较，而有所阐发。以为今日中国民生群治之标准，而造成一中心之学说，以定国是。如梁任公所拟讲授之儒家哲学，即合于此类也。进而观之，由（1）则中国之文明，可以昌明树立世界；由（2）则中国对于解决全世界之迷乱纷争，或可有所贡献，则其关系之重大，与其事之有价值，盖可知矣。然以如此目标讲授国学之机关，在今中国，尚无所见。清华设备及经费，均已足用，又有王梁二先生在此，更逐渐添聘精博宏通之教授，则为此也甚容易。是清华对于国学、对于社会、对中国之前途，实负有此重大之责任，而不当懈怠规避者也。况提倡国学，清华已早有此决心。自研究院开办以来，外界之奖评、社会之观察，悉认此为研究国学之地，甚至通函者，亦径用"国学研究院"字样。而考取之研究院学生三十余人，其中十之九，皆为研究国学而来，屡有所陈说表示。经宓晓以本院所谓国学，乃取广义，举凡科学之方法、西人治汉学之成绩，亦皆在国学正当范围以内。故如方言学、人种学、梵文等，悉国学也。彼等方以研究院中国学科目未尽完备，有待未来之扩充，今乃谓本院初非为国学而设，此层实由误会。国学二字，急应铲除云云，殊为骇异。夫即使此层由于误会，而若清华以此误会而无意中博得社会之美誉，增高本校之地位，及声名，则其事亦有益无损，又何必急谋改辙，对社会失信负约，自贬损其资格，使今年之学生失望以去、下年之学生裹足不来，使外人疑清华当局不特毫无卓识，抑且毫无一定之政策，忽起忽灭，出尔反尔，弹指楼台，袖中妙计？外人失望轻视之余，真有百思而不得其解者矣。

若今校务会议，确定宗旨，认清华研究院为国学研究院，本此进行，则自下学年其，即当以"国学研究院"五字永远定为研究院正式之名称，章程亦宜酌加修改。普通与专题研究同时并进，方言学、人种学、梵文等，仍定为国学研究院之研究科目。招生办法，亦可分为二种，使普通与各门专题，各得合格之学生，均可充分发展。惟国学教授，必须添聘；而普通国学之课程，须另为筹划。清华教授之教授高等国学课程者，自当将其课程划归研究院，作为兼课性质。学生仍定为五十人，经费略如前所提出之预算案。惟若行此办法，更当注意二事：（1）国学研究院，专以国学为范围。故其性质为独立，而并非清华大学院（即毕业院）。举凡自然科学、社会科学等之高深研究，将来或将另设各该科研究，或即于大学院中行之，均与国学研究院无关。（2）专门科可不设国学各系，普通科毕业学生，欲专修国学各门者（如中国文学、史学、哲学等），即径入国学研究院（将来院中普通课程，不止一年）。按此则国学研究院性质虽属特别，而实与大学沟通。普通科以上所有之国学课程，均归国学研究院专办，机关虽系分立，事业却无重复，既便行事（如购买中文旧籍等），尤省经费。窃以为为清华全局计，如此办法，实胜于此次校务会议所通过者万万也。

（二）科学研究院　若谓研究院之设，顾名思义，为作高深之专门研究，不应牵入国学，则亦不当专办现有各科而遂止。应仿照各国成例，添设各种自然科学、社会科学之研究，并不仅以中国之材料为范围。如物理学、生物学等，均在首应举办之例。惟如此办法，亦须修改章程，规划细目，非可将就敷衍。科学研究院之重要，及其价值，固人人所知，惟院中应先举办何种科学之研究，尚待慎重磋商，且尚须注意者三事：（1）本校大学专门科尚未成立，各种科学尚未有专门科之毕业生，而即设立科学研究院，不能衔接，实嫌太早。（2）校外如中国科学社、中美文化基金会、地质调查所等，均努力提倡科学之研究。清华今欲办科学研究院，似当接洽考察，俾免重复，而致人才难得，仪器不备，瞠乎其后，实为失策。（3）设立科学研究院，经费所需极多，清华现时是否有此财力？今年开办，明年以经费拮据而取消，是否为得计？即今但办一二种科学，亦当先定为某种，并预计经费若干，由校中当局努力筹出，而未可以改组已有之研究院，即为尽筹备科学研究院之能事也。

以上所言，研究院之宗旨性质及其大体办法，只能有二。今欲确定抉择，亦只能于国学研究院及科学研究院二者之中，明取其一，此外更无别途。若仍依违于二者之间，此附摽窃，所办既非国学，又非科学，而但以专题研究为号召，冒研究院之名，实理之至难通，而势所至不可者也。此次校务会议所通过之办法，实即犯此"四不像"之病。局外之人，固茫然不解此畸形研究院之用意，即实行办事，亦有困难。外界以糜费相责，一也；学生因失望而裹足不来，二也；现有二三科目，中国学生对之发生兴趣，而有预备工夫者实为甚少，即特设津贴学额，恐亦难得合格之人，三也；何以现今研究院独设此三数科目，而校内各种科学已有高深研究之教授，则不得参与，凭何标准，以为划分，四也；政策多变，使人疑清华当局为儿戏，此后措施，随时可改，将何以取信于人，五也。凡此皆实察事势之所必至，而不敢参以一毫之私意也。

综兹所论，比较而观，利害分明，轻重大别，孰去孰从，不待烦言而解。宓之私意，以为（1）清华急当办国学研究院（办法略如上述）；（2）科学研究院亦当办，但须详为筹划；（3）非国学非科学之"四不像"式之研究院，则决不宜办，不如将研究院径行取消之为愈。此事关系重大，故今特以研究院主任之资格，条陈意见，请求校务会议复议一月五日所通过之案，另行辨明宗旨，决定办法，实为至幸。又附陈者，宓忝任研究院主任一年，原冀徐图改良，引入正轨，故慎重将事，委曲求全。今兹根本问题，亟待明白，决定公布，以为后来办事之方针。若此次复议结果，仍维持前议，或条文虽有更变，而犹是非国学非科学之"四不像"式之研究院之办法，则宓愿谨先此声明，下年决不肯在研究院任事。即目前照此方针筹办下年各事，亦宓所极不乐为。如寒假后，能由校中觅得替人，甚愿早卸研究院主任之仔肩也。爱校心切，措词但求明显，披沥以陈，尚希鉴察。此启。

民国十五年（1926）一月十日　研究院主任吴宓谨启

赵元任　杨步伟^①（一通）

羽笙吴胸：

名挽漆玷中鼹盗敝愈来赤鼲褥锅紫，熙忘拟益锭来。

肇源认　　铜尚
洋布纬

编者注：以上为时任清华学校研究院教授的赵元任先生及夫人杨步伟女士，致该院院长吴宓先生的一纸请柬。赵元任特使用其所擅长的"方言学"专业用语书写此柬，测试吴宓是否能明了其所书意。吴宓解为：

---

① 　赵元任（1892—1982），字宣仲，江苏武进人。哈佛大学哲学博士，时任北京清华学校研究院教授，讲授现代方言学、中国音韵学、普通语言学。杨步伟（1889—1981），曾任女子中学校长，日本东京大学医学博士，回国后与人合办过私立医院。1921年与赵元任结婚。

雨僧吾兄：

　　明晚七点钟请到敝寓来吃牛肉饺子，希望你一定来。

赵元任　杨步伟　同上

　　此柬落款处未书明时间，然为吴宓夹存于其 1926 年 6 月上旬的日记篇页中。据吴宓 1926 年 6 月 1 日日记："是夕 6—10 赴赵元任夫妇招宴。盖李济病后移居此地也。十时后始散。"故编者疑为此柬书于 1926 年 5 月 31 日，而将该请柬置于此处。

庄士敦 Sir R. F. Johnston^①（三通）

一

Liddell's Buildings,
Taku Road,
June 23, 1926

Dear Mr. Wu,

I have just received your letter of the 21st.

Professor Soothill was quite right when he told you that I was so busy that I had no time to see my friends. The task of writing the "Report of the Indemnity Delegation" was handed over to me, and as it runs to nearly 300 foolscap pages and necessitated reading through and analyzing great masses of documents in English and Chinese, you

---

① 庄士敦（Sir Reginald Fleming Johnson, 1874—1938），英国苏格兰爱丁堡人，先后就读于爱丁堡大学、牛津大学，获牛津大学文学硕士学位。毕业后进入英国政府殖民部，1898 年被派来华。开始在香港殖民地政府任职，曾任港督私人秘书。1904—1918 年在英租界山东威海卫行政公署任职。1919 年被聘为溥仪的英文及西方文化教师。1927 年任英国驻威海卫最后一任行政长官。1930 年 10 月威海卫租借期满，庄士敦代表英政府参加威海卫归还中国仪式后，返回英国。1931 年任伦敦大学亚非学院教授，主要研究汉学。1938 年在爱丁堡去世。庄士敦仰慕中国传统文化，尤崇奉儒学，因喜读《学衡》杂志而与吴宓结交。在吴宓 1930—1931 年游学欧洲期间，庄士敦曾多次邀请往其庄园宴叙晤谈，并为吴宓举行茶会，以结识英国学界人士。

may perhaps not be surprised that during the last few weeks before Lord Willingdon's departure I had to work all day long. That was why I did not communicate with you while I was last in Peking and could not even accompany the delegates in their visit to Yenching and Tsing Hua.

The Report is now finished, but I have to go to England in connection with the Indemnity business, and am devoting these last few days in China settling my private affairs and packing up. I came to Tientsin with Lord Willingdon. He has gone to Europe by the Siberian route, and I am going via Canada, leaving Tientsing at the beginning of next month. I cannot say at present when I shall return, as that depends on various circumstances, including political conditions in China. If we English are always to be looked upon by the Chinese people as villains and scoundrels, it might be better for me to stay away altogether.

I enclose a letter of introduction to Soothill, though I think he is about to go to Peitaihe, if he has not gone there already. He also is going to Europe by Siberia, but not till the middle of next month I think. I rather doubt whether you would find conversation with him very profitable. He is first and foremost a Christian missionary, and his views about China are coloured by his religious bias. Personally, I do not find myself in sympathy with him, and he and I have avoided each other as much as possible during the tour of Indemnity Delegation.

I wish there was some prospect of seeing you appointed a member of the Board of Trustees which will administer the Indemnity Fund. I cannot think of any appointment which would give me greater pleasure. Unfortunately the selection of members of the Board does not rest with me, and I have very little influence.

I greatly enjoyed my conversation with you when we met some months ago at the Peking Hotel, and I hope we shall meet again when or if I return to China.

I should like to purchase two sets of the reprint of the *Critical Review*, and enclose a cheque for $20. I will take them to England with me, and try to make good use of them. I also enclose $10 as subscription to the *Critical Review* as it comes out, because it has not been sent to me for a long time, and probably the reason is that my last subscription has run out. Will you kindly cause the reprints to be sent to me here? Future numbers of the *Critical Review* can be sent direct to England. My address will be c/o J. Mc Kelvie, 59 Mark Lane, London, E. C. 3.

With best wishes,

Yours very sincerely,

R. F. Johnston

利德尔大厦

大沽路

1926 年 6 月 23 日

亲爱的吴先生：

我刚收到你 21 日的来信。

苏慧廉教授[①]告诉您我非常忙，忙得都没时间见我的朋友，他说得很对。他们把为赔款代表团写报告的任务交给了我，由于报告长达近

---

① 苏慧廉（William Edward Soothill, 1861—1935），英国在华传教士，在中国温州传教 26 年，亦为牛津大学中文教授，英国知名汉学家。

300 页[①]，所以我需要阅读和分析海量中英文文件，您可能也不会感到太惊讶，在威林登勋爵离开前的几个星期，我不得不整天工作。这就是为什么我上次在北京时没有与您联系，甚至不能陪同代表们参观燕京和清华的原因。

现在报告完成了，但我必须前往英国处理赔偿事务，在中国的最后这几天，我得料理我的私事及收拾行李。我与威林登勋爵到了天津，他已经由西伯利亚路线前往欧洲。我将在下月初离开天津，经加拿大去欧洲。我现在不能说定何时返回中国，因为这取决于各种情况，包括中国的政治情势。如果我们英国人总是被中国人视为坏人和恶棍，那我还是避而远之为好。

我附上了见苏慧廉的介绍信，我想他如果不是已经到了北戴河，就是正准备去那里。他也将经由西伯利亚去欧洲，但是我想要到下月中旬才去。我怀疑您是否能从与他的交谈中受益很多。他首先是一位基督教传教士，他对中国的看法带有宗教偏见的色彩。就个人而言，我并不同情他，在赔款代表团访问期间，我和他已经尽可能地避而不见。

我希望有机会看到您被任命为管理（庚子）赔款基金的董事会成员，我想不出有什么任命能比这个更让我高兴。不幸的是，董事会成员的选择权不在我手中，而且我的影响力很小。

我非常享受几个月前您与我在北京饭店时的交谈，我希望我们能在我再次来到中国后见面，如果我能来的话。

我想购买两套重印的《学衡》[②]，并附上 20 美元的支票。我将把这

---

① 原文 "Foolscap page" 为欧洲及英国传统的纸张尺寸，约为 33 厘米长、20 厘米宽，长于现在 A4 纸。

② 《学衡》杂志在出版已满五年之际，复将以前各期（第 1—50 期，第 1—60 期）重印出售。

些杂志带到英国, 争取好好利用它们。我还附上 10 美元作为未来出版的《学衡》的订阅费用, 因为我已经很长时间没有收到《学衡》了, 可能因为我上次的订阅款已用完。望您能好心地将那些重印的《学衡》寄到我这里来。今后出版的《学衡》则直接寄到英国。我的地址将为: J. Mckelvie 转 59 Mark Lane, London, E.C.3。

最好的祝愿,

你非常真诚的,

R. F. 庄士敦

二

Government House,

Weihaiwei,

March 24, 1928

Dear Mr. Wu,

I have not written to you for some time, but I have often wondered how you are and how things are going with you.

Recently I had some correspondence with the British Legation and with the Governor of Hong Kong—Sir Cecil Clementi—who is a very old friend of mine (we were at Oxford together), on the subject of the future appointment of an Anglo-Chinese Committee to manage the Boxer Indemnity Fund. I have mentioned your name and said that in my opinion you should be asked to become one of the Chinese members of the Committee. I don't know whether you would care for this, or whether my recommendation will be accepted, but I thought I ought to let you know what I have done. I do not know when the Committee will be appointed. We are waiting till there is something like peace in China and a recognized Government of the whole country, and who knows how long we may have to wait for those very desirable things?

I have been told that there is a possibility that before very long the Hong Kong University may create a new post—that of Professor of Chinese, with control over a new Department of Chinese Studies. They want a man who is both a good Chinese scholar and also an accomplished speaker and writer of English. I have strongly recommended you for this post too, though I have added that I have no idea whether you would accept it if it were offered to you. I have suggested that the Vice-Chancellor of the University, Mr. W. W. Hornell, C. I. E., might perhaps invite you to go to Hong Kong some time when you are engaged in other work, and give a lecture, or a few lectures, at the University, in order that you might have an opportunity of getting into personal touch with him and the rest of the staff before the question of the professorship came up for serious consideration. I do not know, of course, whether this suggestion of mine will meet with approval, but if you do receive an invitation to visit the Hong Kong University you will know the reason. Perhaps you would not like the job of Professor of Chinese at Hong Kong, but in my opinion the University would be very lucky if they managed to secure your service.

Of course nothing may come of either of my recommendations, but I hope you will not quarrel with me for having made such free use of your name!

If you ever happen to be in the neighbourhood of Weihaiwei while I am here, I hope you will spend a few days here as my guest.

With best wishes,

Yours sincerely,

R. F. Johnston

行政长官公署

威海卫

1928 年 3 月 24 日

亲爱的吴先生:

我已经有一段时间没有给您写信了,但我经常在想您怎么样了,您情况如何。

最近,我与英国公使馆和香港总督——金文泰爵士^①有一些通信交流,他是我的一个老朋友(我们曾在牛津大学一起学习),主题是未来任命一个英中委员会来管理义和团赔款(庚子赔款)基金。我提到您的名字,并说我认为您应该成为该委员会的中国成员之一。我不知道您是否愿意这样做,也不知道我的推荐是否被接受,但是我想我应该让您知道我做了些什么。我不知道委员何时会被任命。我们在等待,直到中国出现类似的和平局面,以及有一个全国公认的政府,谁知道我们要等多久才能等到这些非常理想的事情?

---

① 金文泰爵士(Sir Cecil Clementi, 1875—1947),1925—1930 年任第 17 任香港总督。其热心推崇中国文化,设立香港首家中文学校,并支持香港大学增设中文系。

我被告知，香港大学有可能在不久后设立一个新职位——中文教授，主管一个新的中国研究系。他们需要一位既是优秀的中国学者、又是有成就的英语讲演者和作家的人选。我也已经极力推荐由您担任这一职位，尽管我已补充说明我不知道如果有此任命，您本人是否愿意接受。

我向港大校长①霍内尔先生②建议 C.I.E.③可在您从事其他工作时邀请你去香港，在港大作一个或几个讲座，以便在教授职位的问题被认真考虑之前，您有与他或其他工作人员有个人接触的机会。当然，我不知道我的建议能否被采纳，但是如果您真的收到访问香港大学的邀请，您会知道原因。您也许不会喜欢香港大学中文教授的这份工作，但依我之见，如果能请到您，香港大学将非常幸运。

当然，我的推荐可能不会有什么结果，但我希望您不会因为我如此随意地推荐了您的名字，而与我心存芥蒂。

我在威海卫时，如果您恰巧在此附近，我希望您能作为我的客人来这里住上几天。

> 最好的祝愿，
> 您诚挚的，
> R. F. 庄士敦

---

① 香港大学校长一般由香港总督担任（名誉性的），主事的校长称为 Vice Chancellor。

② 霍内尔（Sir. W. W. Hornell，？—1950），时任香港大学校长，1931 年封为爵士。

③ C. I. E.，全称 Committee of Imperial Education，英国帝国教育委员会。

三

Government House,

Weihaiwei,

August 11, 1928

Dear Mr. Wu,

Your letter of July 31st, written at sea, only reached me this morning. I am replying to it at once, but this letter will have to wait for the next chance to Shanghai, and as you say you expect to leave Shanghai for Canton on August 12[nd](tomorrow), there is of course no possibility of your receiving this letter till you reach Canton. Perhaps it may arrive too late in any case, as you say you must be back in Peking on September 1st.

However, on the chance of you being able to visit Hong Kong I enclose a letter of introduction. I suppose the University will be closed for the summer vacation; and I believe that Mr. Hornell, the Principal and Vice-Chancellor of the University, is at present in England. The Governor of the college(Sir Cecil Clementi)is also in England. So my letter of introduction is to the Hon. Mr. W. T. Southorn, C.M.G., who is at present acting governor. I am sure he will be glad to give you every possible facility for visiting the University and meeting any of the professors who may be in residence there during the summer.

I duly received No. 62 of the *Critical Review*, with its excellent translation by yourself of "La Crise de l'esprit", and am glad to hear that you are also editing the weekly *Literary Review* of the *Ta Kung Pao*. If you will tell the publisher to send me, the more I shall be glad to become a subscriber.

For a few months things seemed to be greatly improving in China and a more modest & reasonable spirit prevailing among the Nationalists; but at present there seems to be a recrudescence of Extremism and loss（？？）of Bolshevism. It is all very discouraging.

If you can arrange to break your journey here on your way back to Peking（or must I say Peiping？）I shall be very glad if you will come & stay with me.

Yours very sincerely,
R. F. Johnston

行政长官行署
威海卫
1928 年 8 月 11 日

亲爱的吴先生：

您 7 月 31 日写自海上的信，我今日上午方始收见。我立即着手回复，不过此信要等到下一次到上海的机会才能寄出。而您说您预计于 8 月 12 日（即明日）离开上海去广州，如此，您自然没有办法在抵达广州之前收到此信。也许此信在任何的情况下都会延迟，因为，如您所说，您必须于 9 月 1 日回到北京。

不过，为了您可能赴香港访问，我随信附上一封介绍信。我估计香港大学在暑假将会关门。香港大学的校长霍内尔先生目前在英国，香港的总督金文泰爵士现也在英国。所以我的介绍信是写给萧敦①先生，C.M.G②，目前他代理总督。我确信他愿为您提供一切可能，以访问香港大学，并会晤夏季仍留在校内的任何一位教授。

我及时地收到了第62期的《学衡》杂志，内有您出色的翻译文章——《论理智之危机》③，并很高兴得知您也在编辑《大公报》的每周文学评论，如果您愿告知出版者可送达我在的地方，我就越发地乐意成为订阅者。

几个月来，中国的情况似有很大改善，在民粹主义者（或国家主义者）中，盛行一种更加谦和与理性的精神，然而目前看似有极端主义的复发和布尔什维克主义的迷失。此则令人十分沮丧。

如果您在返回北京（是否我必须说北平？）的旅途中安排来此稍做休息，我将非常高兴您能与我共处。

您极诚挚的，

R. F. 庄士敦上

---

① 萧敦（Wilfrid Tomas Southorn, 1879—1957），时任香港殖民署理总督。

② C. M. G. 为荣获圣迈克尔和圣乔治勋章者的简称。萧敦当时尚未受封爵士。

③ 指吴宓所译的韦拉里（Paul Valéry）于1919年4月5日所作与人书二通，其后题曰《论理智之危机》；又1922年11月15日韦拉里在瑞士苏黎世大学之演讲稿，改题曰《附记》，盖续阐前二函未竟之义者。吴宓以韦拉里生平立说之大旨，具见于此三篇中，故逐一译出，以谂国人。

葛丽英Elizabeth Green[①]（二通）

一

Mr. Wu Mi

Faculty Quarters

Tsing Hua College

Hsi Chi Men Wai

Peking China

It has been a great grief to me to have had my works in China so disastrously interrupted & to have been obligated to lose contact with all my many valued friends there. My very serious illness of last summer in Peking has left me still incapacitated for all active—mental work as well as physical—though I have been here since the first of October slowly recuperating in this ideal climate, yet I am only beginning to regain my degree of strength or hope of later health. I shall remain here indefinitely, to accomplish some writing when health permits & would

<hr/>

① 葛丽英（Elizabeth Green, 伊丽莎白·格林），美国女记者和作家, 生平不详。据《吴宓日记》, 葛丽英于1925年以美国人民援华会代表访华, 10月至北平, 吴宓因清华留美同学童锡祥特函介绍, 曾与张歆海、李璜等先后往访, 并在清华接待, 介见对梅贻琦校长访谈。葛女士热爱中国, 原拟留在华工作一段时期, 终以患病而不得不中断工作回国休养。

so much appreciate any news of yourself & friends & China conditions which you would give me. I am sincere friendship with you.

Elizabeth Green

Box 780 E

Honolulu T. H.

December 26, 1926

吴宓先生

教师宿舍

清华大学

西直门外

中国北京

亲爱的吴教授:

我在中国的工作被灾难性地中断了,加之我与在那里的很多尊贵的朋友失去联系,这对我来说是一个巨大的悲痛。去年夏天,我在北京患了非常严重的疾病,这使我仍然无法从事所有活动——脑力的和体力的——虽然我自10月1日来到这里,在这个理想的气候中慢慢恢复,但我才开始恢复体力或以后健康的希望。我将无限期地留在这里,在健康允许的情况下完成一些写作,并将非常感谢你愿意把关于你自己、朋友们以及中国情况的任何消息发给我。我是你真诚的朋友。

伊丽莎白·格林

邮箱 780E

檀香山

1926 年 12 月 26 日

二

To Dear Prof. Wu,

ALOHA FROM HAWAII

Out of Hawaii To Wish You a New Year

As full of radiant promise as the rainbow of Manoa,
As glowing with cheer as the red flower of the Lehua,
As vivid with health as the green kukui against the mountainside,
As sturdy with strength as the rugged trunk of the koa,
As brilliant with success as the emerald glitter of the surf at Kailua,
As tender with happiness as soft Hawaiian moonlight over palms
and languorous ocean.

Aloha!

Elizabeth Green
Honolulu
New Year 1929

123

致亲爱的吴教授：

由夏威夷来的问候

来自夏威夷的祝福，新年快乐

像马诺阿的彩虹一样充满光辉的承诺，
像乐华的红花一样欢快雀跃，
像山腰绿色的库奎一样健康生动，
像考阿树粗壮的树干一样坚实有力，
像凯鲁瓦的翡翠色闪光的海浪一样辉煌成功，
像洒向棕榈树和慵懒海洋的柔和的夏威夷月光一样温柔幸福。

问候！

伊丽莎白·格林
檀香山
1929 年新年

张尔田[①]（二十二通）

一

雨僧先生道席：沧萍[②]来，道达

尊旨，得悉动定。今又奉

惠书，藉知种切。静安云亡，同志中失一良友。其遗书允宜编定。批本校本诸书，大半为弟所寓目。如仿吴昌绶辑劳氏碎金例，条分件系，可成一书。此虽良良之璞，然使学者见之，必可得老辈治学方法，非持扯醨贩者所能望其项背也。

所书四诗，其前三首以格律论之，（吴宓注：指静安先生国维自沉前数日为门人谢国桢所书扇诗七律四首。见《吴宓诗集》卷末，一四六页）似是近代人作。弟素不蓄近人集，殊无以定之也。

静安之殉，外间议论颇多，皆不可信。以弟所知者，前岁（吴宓注：1924）今上出狩。弟曾与一书，责以大义，劝其为水云之南归。彼时复书，即有

---

① 张尔田（1874—1945），字梦旂，号遁堪，浙江杭州人。清举人，曾任刑部主事、知县。辛亥革命后，闲居。1914年清史馆成立，任纂修。1915年曾应沈曾植邀请，参加编修《浙江通志》。1921年起，先后在北京大学、北京师范大学、中国公学、光华大学、上海交通大学任中国史学及文学教授。晚年为燕京大学历史学系教授，不久兼任国学总导师。著有《史微》，《钱大昕学案》，《清史稿》中之《刑法志》、《地理志》江苏部分、《图海李之芳列传》、《后妃列传》，并有《遁庵乐府》《遁庵文集》《玉溪生年谱会笺》《蒙古源流笺证》《蛮书校补》等。

② 李汉声（1897—1949），字沧萍，广东潮安人。1923年毕业于北京大学，师从黄节（晦闻）。先后任北京大学、北京女子师范大学教授，广州市教育局长，岭南大学教授。

身殉之志。其后勉就清华，盖出于不得已。静公之就北大研究院导师之聘，系弟与马叔平为之道也。后因彼辈对于皇室有不谨之言，所送薪俸，卒辞不受，此事惟弟知之最详。外间谓其任北大导师，非也。去秋其长君病故，又触动其宿感。固非罗氏子（吴宓注：罗振玉）所能使之出此也。愤时嫉俗，本其天性。故公谓其半由殉君，是也。虽然，殉君乃所以殉道，未有不忠于所事，而能忠于所学者。十五年中，弟所见之人，至于读圣贤之书，敢于訾毁圣贤，问之其人，则固皆受故国养士之泽者也。呜呼！安得静公有灵，起而诛之。弟胃病至今未愈，近已屏除药饵，听其自然矣。专复，敬颂

暑祺

弟尔田顿首

（吴宓注：1927 年六月。）

中华书局闻已歇业。《学衡》能按期出版否？念念。

忆静安初应南书房之召时，弟与之书云："此事在前人为稽古之荣，而在今日又当存毁室之戚。"静安执余手，曰："非兄，不能道此语。"其后自京来书，云："此间讲学问者，有之。至能知我胸臆，惟兄一人。"呜呼！此情此景，思之腹痛。我辈若不能努力文化事业，何以对亡友？公之誓言①，弟诚钦之敬之。顷与晦闻②一书，平生志业，略具于是，固

---

① 指吴宓于 1927 年 6 月 4 日夜，在王国维先生灵前所作誓言。详见《吴宓日记》第三册，生活·读书·新知三联书店 1998 年版，第 346 页。

② 黄节（1873—1935），字晦闻，广东顺德人。早年受业经学家简竹居；两年归里，独居海幢寺读书十年。20 世纪初，参与创办《政艺通报》，编撰《国粹学报》。辛亥革命后，任广东高等师范监督。1919 年起，任北京大学文学史及诗学教授。1928 年 6 月，任广东省政府委员兼教育厅长及广东通志馆馆长。1929 年春，辞职居澳门，秋间返北京大学任教授，兼清华大学及北京师范大学讲师。著有《兼葭楼诗》《汉魏乐府风笺》《阮步兵咏怀诗注》《曹子建诗注》《诗律》《诗旨纂辞》等。

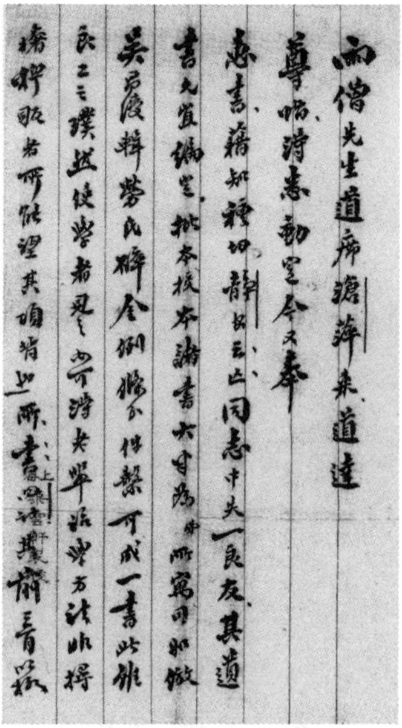

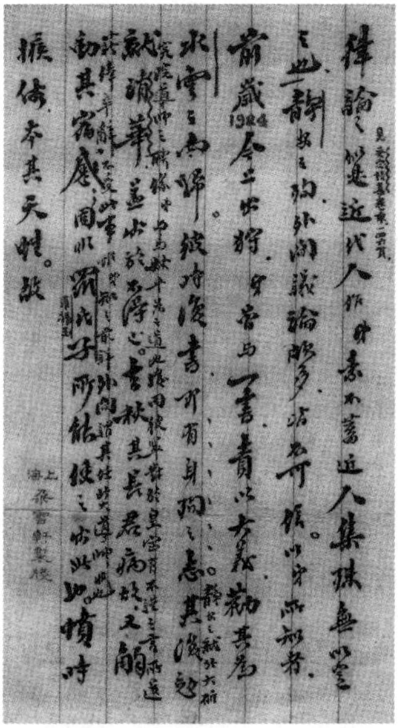

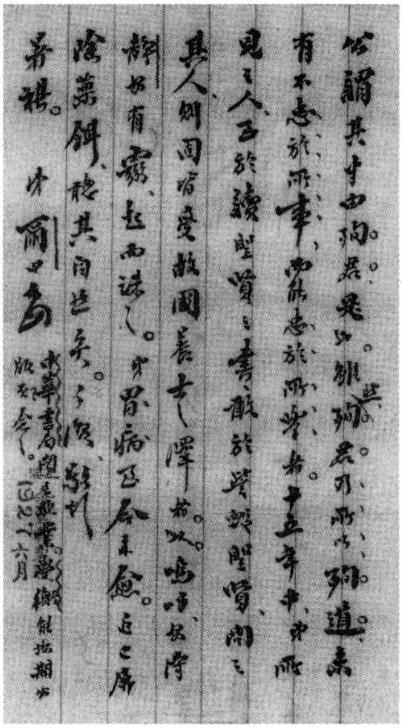

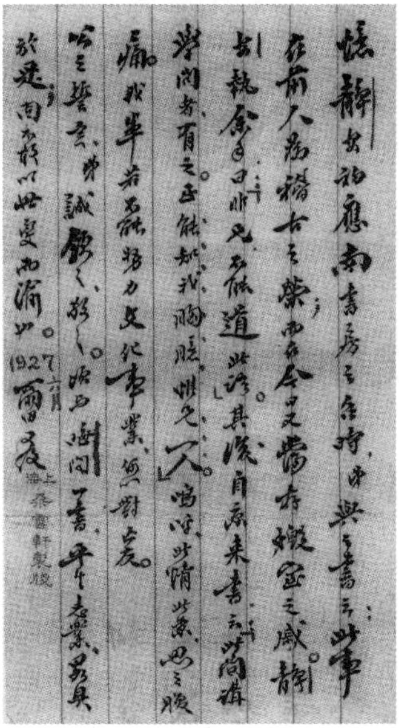

1927年六月，张尔田致吴宓

不敢以世变而渝也。

尔田又及

（吴宓注：1927年六月。）

二

雨僧先生有道：久疏笺候。忽奉

手毕，并《落花》佳什，旷若复面。尊诗潸泪哀断，读之辄唤奈何。宗教
信仰既失，人类之苦将无极。十年前，曾与静安言之，相对慨然。静安
云："中国人宗教思想素薄，幸犹有美术足以自慰。"呜呼，今竟何如耶！
《大公报》评《清史稿》文，能便一示否？此次都中所印史稿，不满人
意处甚多。弟之所撰，大都为人审改殆尽。惟《乐志》八卷，系弟一
手修成。此篇非通算学，不能妄改，或尚留一二真面目耳。《后妃传》
稿，弟已副行，与史稿大有出入。尹君硕公为我刊木，已刻大半。经此
次兵事，不知能继续无阻否？尹君任北大教授，住西安门大街六十五
号。久不得其消息。

公倘有暇，祈代弟一访，便询其近况，示知。如何？拜托！拜托！晦闻到
沪，盘桓数日。广中教事，弟力劝其就。狂澜虽不能障，亦孟子所谓"强为
善而已"也。闻彼已允接事矣。姜叔明①君常晤否？祈便道念。专复，敬颂
道祺

弟张尔田顿首

（吴宓注：1928六月。）

---

① 姜忠奎（1892—1945），字叔明，山东荣成人。北平大学国文系毕业，擅书法。
曾任中州大学、北平大学、山东大学教授；1940年复任北平大学教授及国学书院教授。
日伪政府多次强命其出任伪职，不从。1945年2月18日被日军逮捕，惨遭杀害。

三

雨僧先生左右：承寄杂报评史学三份，感感。评《清史》一篇，[①] 全属空谈，是局外人议论而不知此种甘苦者。他不具论，即如彼评《乐志》一条，谓算术技艺部分，皆系专科，宜删去；不知推算技术乃清代乐律成立之历程，岂可不述。此乃述其历程，非述专科者比也。若删汰此类部分，但有乐章，直一部《乐府诗集》耳。后人又安知清乐与古乐之不同？清代乐章皆有旁谱，当日弟曾力主全载。馆中人以前史无此体例，遂去之，深为惋惜。岂可并推算技术部分而亦删汰之乎？观此数语，则其人殆一无史学常识者。《清史》固有可议，但非浅见寡闻所得而批判也。

史之为学须注重实际，最不可空谈方法。弟见近人以空谈方法为学问者，实深耻之。前著史变研究法，颇为世人所欢迎，弟则敬谢不敏。即最近《学衡》所载张君荫麟历史将来一篇，[②] 亦犯此病。此种空思想最易蹈袭，最为真实用功者之阻碍。弟从前也空思想之一人，近年研究既深，方知空思想全不济事。后辈青年无论议论一事，或批评一书，皆当引以为戒也。

公以为何如？如静安之学，为近人持扯殆尽，体无完肤。口众我寡，直无从为之辩谤。将来学风一转，静安必首为众矢之的，此可断言，然又岂静安之本愿哉！清华不乏静安知己。祈以弟言谂之，或不河汉也软？尹硕公消息如何，望便中一访示及。[③] 弟深欲知其所刻拙著《后妃

① 指1928年5月21日《大公报·文学副刊》第20期所刊燕雏《评清史稿》一文。
② 指张荫麟所撰《论历史学之过去与未来》一文，载《学衡》第62期。
③ 据吴宓1928年7月10日日记："9-10访尹炎武（硕公）于西安门大街六十五号寓宅，为张尔田先生《后妃传稿》事。尹言词闪烁，殊不可信。即据以复张先生。"见《吴宓日记》第四册，第87页。

传》进行状况也,拜托之。专颂

道安

弟尔田顿首

（吴宓注：1928 春。）

[**编者附**]

张孟劬论《清史稿·乐志》体例书[①]

张君来信云：清圣祖定乐，为三百年中一绝学。从前言乐者，多疏于算学。于黄钟度数，但据大略。虽宫律不必用密率而亦合。而异说之岐，实亦由此。又以管音律吕，应用于弦音，而不知其分合，益纷乱不可究诘。隋唐二代，阴用龟兹乐，但以琵琶弦叶之，不用累黍之法。其律吕名目，特借之以欺人耳。后人不察，混为一谈。欲求密合，其道无由。

圣祖本通西洋乐谱，又长于畴人之术，始以密率考定黄钟之管度数。黄钟之管定，损益之，以定十二律吕。复以管音比较弦音，始知弦音之比管音全半，取声各异，五声二变，有同者，有可同者，有不可同者，各列为表。其最精之语有云："以弦度取声，全弦与半弦之音相应。而半律较全律则下一音。"盖弦之体，实藉人力鼓动而生声。全弦长故得音缓，半弦短故得音急。管之体虚，假人气入之以生声。故管之径同，其全半不相应。求其相应，必径减半始得。此实发前人未发之覆。虽未必即是古音，而于理理则密矣。后来钱溉亭《述古录》、凌次仲《燕乐考原》、陈兰甫《声律通考》，考定古音，日益精邃，实皆自圣

---

① 此文节自张尔田 1928 年 8 月 11 日致吴宓书，后以《张尔田君来函论〈清史稿·乐志〉体例》为题，刊于 1928 年 9 月 17 日《大公报·文学副刊》第 37 期。

祖一人启之。有清一代，有此特殊，岂可不纪？

史之为道，重视变而不重视常。清乐既创前代所未有，尤不可不特纪。且此又是清乐成立之历程。史家叙其历程，固与述专科者不相妨也。若将此类部分悉行删汰，但有乐章，不过一部《乐府诗集》而已。阅者又安知清乐与古乐之不同？倘后人又执此以责，史家将何以对？若谓此系新史体例，恐专载《乐府诗集》之体例，新史亦未必有，如此直可将《乐志》一门废除矣。

修史须注重事实，相体裁衣，故《乐志》详叙推算部分，虽变例，实正例也。等而上之，修《明史》即可以不必；再等而上之，修《元史》益可以不必。何则？二代典乐所司，本无此种殊特也。即如《汉书》有《艺文志》，亦以刘向校书，为奉诏整理之第一次，关系学术最大，故史家不可以不纪。若在太史公时，即是画蛇添足，以彼时尚未发生此等事实。此亦一定之理。虽然，《汉书·艺文志》虽全本于刘向，而又与刘向《七略》《别录》自属专科者不同。盖专科之书，既经史家要删，则去取之责，史家独任之。章实斋《文史通义》言之綦详，必参透此意，方可与论史。不然，若《宋史·乐志》，全以朱子、蔡元定诸人私家议论，未经颁行者，充补成篇，则真述专科矣。与随手乱载者何以异？后人谓《宋史》芜杂，良然；此固非所语于清史也。

前见报登评《清史稿》一篇，语多造微。惟评《乐志》数语，认为尚有可商者，故一及之。

按以吾人所闻，《清史·乐志》，系张孟劬君（尔田）君一手修成。张君素治算学，当时定稿，曾几费经营。将大部头官书百余卷及私家奏稿数种，撷精取华，约之又约，乃成此数卷，亦可谓谨严矣。曾有凡例八条，说明所以必须详载之理由，惜印本去之，遂使人无从考见张君纂修之旨趣，不无遗憾云。今得张君来书，照登如右。谅亦读者所愿知也。

（《大公报·文学副刊》）编者识

四

雨僧先生左右：昨得书，曾奉一缄。今日读 君《落花诗》，偶有所感，辄题一律，另纸写上就 教。弟迩来多病，颇有盛孝章不能永年之叹。所撰《清列朝后妃传稿》为十七年未死孤臣一重心愿。尹君硕公集资付刻，已成一大半，闻尚欠二三百番，故未能即成。兵火扰攘，中废可惜。祈公便中携弟函一访尹君，并询其近况及刻书进行如何，随时示及，拜托之至。尹君住西安门大街六十五号。至恳　祗颂
道安不一一

弟尔田顿首

（吴宓注：1928 六月。）

五

雨僧先生左右：顷接到《学衡》六十二期，欣知杂志继续不绝。襄世得此，极佩毅力，或为吾道一线之云光欤？东西两文化，至今日，几几有不能支配宇宙之势。此实无可讳言。沦胥以铺，不知所届，奈何！奈何！语云：多难兴王，殷忧启圣，意者殆在今日乎？惜持乐观、醉心西化者，不知之耳。
前题《落花》佳什一首，略为改定。兹再寄上。久不弄笔，心如百卄矣。尹君消息如何？亦往访否？念念敬颂
道安

弟尔田顿首

（吴宓注：1928 春。）

六

雨僧先生左右：在沪（吴宓注：八月，上海）款洽，极慰劳结。

行旌，此时想已返燕矣。顷尹硕公有书来，云《后妃传》事，近与金息侯① 磋商。息侯索观下卷。倘有成议，事亦自佳。尹君书语诚挚，似非有意推脱者，实因外界影响使然。弟亦不忍过于催迫。此书若在上海重行排印，亦须五六百元不办，费亦不赀。以此戋戋者重累　知交，心殊不安。鄙意且作缓图。

叔明处，前已有信去。晤时，祈以此意告之。肃颂

道安不一——

弟尔田顿首

（吴宓注：1928 九月。）

七

雨僧先生有道：十月九日寄上一快函，内附"论史例"一书。此文　公如欲在报上发表，请将其中"实亦不在乎此"句改为"实亦不专在此"。其下"只以形其学识之浅薄不知改断耳"一句，则请将"学识之浅薄"五字删去，语气较为浑圆。祈　公代为酌定。生平行文素谨慎，

---

① 　金梁（1878—1962），字息侯，浙江余杭人。清举人、进士，曾任清京师大学堂提调、民政部参议、奉天新民府知府、奉天政务厅长、洮昌道尹等职。后任清史馆校对。"九一八"事变后，任奉天维持会委员、奉天通志馆总管。著有《四朝佚闻》《清帝后外传外纪》《清宫史略》《满洲密档》《黑龙江通志纲要》等。

而此篇则未免锋芒太露，修辞之功老而荒疏，亦以见病夫心力之不任也。近日学者不走理智一路，专动感情，所发表与人讨论之文字，殆无一而非病态者。古人一种徒善服义之公德，渺乎难睹。天下滔滔已成不治之症。弟端居深念援手无从，愧生斯世，惟有日日祈死而已。奈何！奈何！

粤中传言晦闻偏重保守者，噫！时局破坏至此，青年学子相率趋于自杀之轨，而尚忍言不保守耶！弟自断此生不再入教育界，实早有鉴于此也。叔明久无消息，见时祈以此字告之。白首离群，得　公等一二人互相濡响，道虽孤亦无憾矣。静安先生闻有为之作年谱者，　公见之否？耑肃祗候

道安

弟尔田顿首

（吴宓注：1928。）

八

雨僧先生左右：奉到副刊（吴宓注：《大公报·文学副刊》）感感。弟前曾有一书寄至　尊寓，想早尘览。尹公承刻拙稿，拟与息侯（吴宓注：金梁字）谋进行，未知顺利否？乱世著书难，刻书尤不易。我辈精力已不及古人，而物力又复限之，奈何奈何！

《清史》竟于戎马倥偬之际告成，不可谓非幸事。虽尚有不满人意处，而大体既定，后人修改，亦易为力。所谓不满人意处，指其材料去取分配之未当。至于体例之出入，犹其小焉者也。无论何种材料，皆可选择入史，而总以不破坏史体为大坊。质言之，即所取之材料，必须受史家洗礼是也。

史之天职，最注重者为人类一期绵延之迹。一方面纪录正确表现而不虚伪之事实，一方面又为研究学术者供给其材料。人类之思想无穷，既得空间材料而运用之，又欲得时间材料而综贯之。时间材料有连锁性，非继续纪录不为功，此乃历史成立之一动因。故为史学者，于各种专科之学，皆须略知其概；然断不许其取各种专科之学越俎而代之。即其所谓正确表现者，亦仅就历史上一时之事实而言；所谓不虚伪者，亦仅就事实必有凭据，而此凭据并非牵合及伪造者而言。宇宙奥藏，日在进化之中，安知所表现者不过一二，而不能表现者不有千万乎？且又安知所表现者，因环境种种之变化，与不表现者不更有貌同心异、互相乖违乎？此则有待乎各种专科之学之研究，在史家固可不必过问。史非刺探隐微之书，亦非心理批评之业。事之苟属正确而不虚伪者，但使如其量而载之，即已尽其天职。如《春秋》书两观灾，其如何而灾及灾时救火之情形若何，或详或略，史家不妨随所见而载之，即不载亦无害。盖所重原不在此。若两观未灾而书灾，则史家不能不负其责，所谓如其量者此也。又如王宏祚在康熙时曾预修《赋役全书》，而作传者竟以圣祖永不加赋归功于彼。此虽于事不虚，然已逾其量。何则？永不加赋乃圣祖独断，宏祚不过奉旨修书之一人耳。若于宏祚传载其预修《赋役全书》，而以永不加赋之谕归之《圣祖本纪》，则适如其量矣。他皆仿此。

其或经史家再三审定，而仍有疑而未决者，则又有两载之法，留之以待后人之存参。如太史公于《老子列传》，用几个"或"字，即是其例。凡古人用"或"字"盖"字，皆疑而不敢确定之词。疑与伪不同。太史公于老子本事，不过因所得证据不甚充分，略为参以活笔耳，并非谓老子为无其人也。《墨子传》或曰并孔子时，或曰在其后，亦是疑其生年之未定。此等处，读者皆不可误会。倘后人能有真凭实据，为之考出，固亦史家所欢迎也。盖观察之不同，指目见言。与传说之各异，指耳闻言。亦事实也。此等异同之处，苟无史家纪录，信固无从，而疑又安托？其有事实真属虚伪，经史家削而不论者，不在此例。又古人著成一部大书，一人精力有限，亦自不能无疏漏之处，纠之补之，正赖后人，但不能因此而推翻其大体也。乃今之攻驳古史者，抉瑕摘釁、辨伪辨真，一若以此为史学之要点者。无论其所辨之未当也，即使其所辨而当，而史之所以有立于世，实亦不在乎此。只以形其学识之浅薄，不知限断耳。上古史体明而未融，又彼时搜集材料亦不容易，传说异同，容或有之。而考古家乃专喜于此等处吹毛求疵。诚所谓画人难画鬼易者此欤？

又史之为用，一方面既以供给研究学术之材料为标准，则对于已往表现之事实，凡非材料所必需，或寻常之事、载之不胜其载者，自不能不加之以选择。如邻猫生子之类是也。反之，如邻猫生鸡，则史家又不能不载。古史所以多重灾异者，盖于以此。此等灾异，或有经学者之发明，变为不灾不异者，然不可以此追咎史家。即如《汉书》有《五行志》，自刘知幾以后，诘难纷纷，不知班固此志，亦不过纪载当时有此一种议论耳。其理之是非，史家本无容心也。然此又须视各种学术发达之进程如何，从而伸缩之。中国历史大都专纪治乱兴衰、古今存亡之道，以供宰世者之用，居大多数，与历史哲学较为相近。此指古史而言。若后代族史，已渐离其本质而偏重于叙事矣。此后科学繁兴，又须加入其他之新成分，或且分散为各小部分，亦未可知。即分散为各小部分，亦必衷乎史载，若今所行哲学史、文学史等等，摹仿外人，空论居多，以严格论之，实皆不成为史。即有注重材料者，其正确与否，又自难言。非重经史家审定不可。不然，中国此后殆将无史矣。至于叙述事实，关系艺术，有文学上之价值。此在史家视之，犹属第二义，何则？文质异尚，各因时世。时乎尚文，则非文不足以行远；时乎尚质，则非质不足以存真。以齐梁之笔札，而欲其朴如陈寿，此固不能。以元明之案牍，而欲其丽如蔚宗，亦属匪易。即如太史公《项羽本纪》，衡以文学，岂不优美于班固之列传乎？然二篇在史学上，固亦未见孟坚之必减价于子长也。史必统全体观之方能有用，载笔者亦必统全局筹之方能成其为史。即作一部分之史，亦必于其他部分通观博览，方能使此一部分圆满。盖宇宙间事，如帝网交光，无有不互相影响者也。若但作一人之传记，此不过文学小品耳。仅足以备史家之要删，又非所语于史学也。

意有所属，拉杂书之，以代面析。近词
采览。祗颂
道安不一一

弟尔田顿首

（吴宓注：1928。）

减字木兰花

金梁相送，人世恍然真一梦。何处笙歌，水殿风来散晚荷。　　饥
乌啄肉，回首都亭三日哭。泪洒晴空，国破家山返照红。

雨僧先生吟正

尔田写呈

（吴宓注：1928。）

九

雨僧先生左右：昨有一函寄清华，书中痛论修史之法，乃仓猝写成，不
赅不备。恐
公欲将此以充报料，兹另纸写上一通，就正
有道。如有未妥之处，无吝改削为要。
晦闻来书颇有去志，彼中情形亦可知矣。信到，望复我。祗颂
道安

弟尔田顿首

十

雨僧先生有道：得

手教，病目久未报，歉歉。《南游诗》至佳。少时最喜诵龚定庵《己亥杂诗》，以为学业、襟抱、交游、时事，无不毕具，可作一人之史观；　尊诗乃极神似也。

论史书，　尊意拟充报幅，未尝不可。此篇盖感于某君历史将来之说，而为异日修史者说法。然此亦是概略，譬如药剂师之方案耳，临证时未尝不可加减。若不用切实临证工夫，而但辨论方案，即辨至千百年，亦恐无有是处。近日谈学者多有此派此种空议论，若不裁制，中国学界殆永无创造之可望，奈何！奈何！

闻友人言：新会（吴宓注：梁任公）近作《清代学者地理出产》一文，以弟与夏穗卿[①]并列，归入浙派史学之内。生平著述多不表社会同情，不能不感此公予我以相当之称誉也。虽然，弟之学，从浙派出，不从浙派入。清代史学家最服膺者，乃为竹汀、星伯、石洲，而于石洲尤笃好之，亦以志趣略相近耳。穗卿诚为近今一大思想家，然非史学。其所著书亦空论居多，不甚参考事实，必不得已，或称之为中国经院派哲学较为恰当也。

歌谣白话，皆原人无文字时代产物。今日苗猺虽无文字，然未尝无歌谣语言，盖即以歌谣语言代文字也。大学而以此为正课，不能不令人兴率有之叹矣。弟昔与沧萍书，谓中国人种，五百年后将与禽兽同群。

---

① 夏曾佑（1863—1924），字穗卿，笔名别士，浙江杭州人。清举人、进士。曾任吏部主事，天津育才馆教师，与严复等创办《国闻报》，戊戌变法失败，《国闻报》停刊，夏亦被育才解聘。1899年后任安徽祁门知县，随清政府五大臣赴日考察，后任泗州知州，充两江总督署文案。1912年任北京政府教育部社会教育司司长，后调任北京图书馆馆长。著有《最新中学中国历史教科书》（后改名为《中国古代史》）。

此虽谰言，然社会种种，皆足予吾人以先兆，而尤以教育印象为最显，意者悬谶或有时而中耶！

《兼葭楼诗序》，弟处已无副稿。舍弟允译之件，因一时难得钞手，容缓寄上手复。敬颂

道安

弟尔田顿首

十一

雨僧先生有道：前复一缄，想邀

渊察朱君少滨《清史稿·艺文志》稿，尚未之见，多有议其义例不合者。此志体裁本难尽善，而尤易舛误者，但据书名著录而不悉其中藏，则部居必致凌越。如《书目答问》以《宣和遗事》入史部，而不知其为小说也。即以寒家而言，先高祖仲雅府君讳云璈，著书满家，《选学胶言》《四寸学》《垂緌录》世多有之，类别不难，《清吟阁书目》载有钞本《人事投瓶录》，有六册之多，但云内分三十二类，竟不知为何书！以子孙著录祖父书，尚且其难若此，何况他人！

清代之书，译籍如制造局所译西书，外国进呈者如《朔方备乘》所载俄文书籍外，尤以禁毁一类，最难理董。除一二后来有复本者，大都有其目而无其书。间或禁网疏漏，出之灰烬之余，亦不过沧海之一沤耳。释道二藏，前人所译，固不必列。而清代著述，又不宜略，且佚经舶来及敦煌出土者，尤以释藏为多。藏文佛经，明内府已有之，《酌中志》所载番经一藏一百四十七函是也。清代又续有增译。《卫藏通志》曾列一目，然亦未备。他若八旗文人之著述，《杨雪桥诗话》所言，大都从各书中展转剌取，亦未必真见其书。以及满洲蒙古未译之书，殆非先事采访不可。

《副刊》所评辑佚之书，善矣。辑佚固有再辑三辑者，孰详孰略，岂可漫无区别。有辑本在前而原书晚出者，当略辑本而载原书。亦有辑本在前原书晚出而仍不完者，则又不能不两载。又有原书具在而但辑其佚文者，其原书不甚通行，辑者于其中抽出数类别本单行，则又不得以佚论矣。晚季著述，名于艺苑可入著录者，实难偻指，虽其人尚存，而一生事业已毕，即亦可以见收。盖不传其人者，所以示断限之严。而存其书者，亦所以弥未济之缺。又如杨守敬辈，曾挂名新代仕版，自不应滥入传中。而遗书传世，实亦有其不朽者在，岂可因其人而废其书？且诸人所著，大都成于清代。《全唐文》于徐铉之作，凡在南唐者一字不遗，入宋以后则不录，必援往例，固亦未尝无其比也。至于不入列传著家，详注爵里，隋唐二《志》，成规可循，关系史体最大大。全谢山《上明史馆说帖》曾详言之，惜乎不用。总之，此评实足为朱君之诤臣，后有续修者，所当奉为圭臬也。

惟评中称，于清史馆编纂官某君处见《清史稿》十数册，仆则以为史局佣书，似未可遽目之为官。当日史馆初开，同征诸人皆由馆长以礼敦聘馆中服务，虽分总纂、纂修、协修、校对兼协修四等，而实与政府官制不同。友人有以清史协修署衔者，仆尝规之，谓今之府厅州县开局修志，亦有纂修、协修诸名目，未阅自署府志局纂修、协修者。明修《元史》，所征聘皆草泽之士，如胡翰诸人，载记具存，亦未闻人以元史馆修撰称之也。而杨维桢以修礼乐书聘至京，叙例既定，即乞还山。宋濂送之以诗曰："不受君王五色诏，白衣宣至白衣还。"清风亮节。又岂兴朝所得而官之者。此虽涉笔之偶疏，然评家方以史学论世，绳愆匡缪，则于史法宜素讲。当时馆友固有以政府要职兼史务者，而白衣领史，实亦不乏其人。近拟辑《兰台同征录》一书，尚未成。仆客游京洛将及十年，载笔东华，授经北冑，存遗献于皇余，庶斯文于圣灭，砭砭自矢，未尝受霸廷一阶一级，诚以亡国子余，名在旧府，义不可以贰也。

今之修史与清初大异。清初修史，非授官翰林不得入局，即无职人员如姜宸英等，亦支七品俸，称翰林院纂修官。惟万季野馆于总裁所，不署衔，不支俸，往还名刺，但称布衣而已。仆不洁去就，徒以文献所寄，勉就絷维。虽谢石园之高，差免娄东之愧。异时知旧，倘哀我之不辰，幸勿以此衔加我，则冢中枯骨霑惠多多矣。公知我者，辄复言之。

世祖行遁，晚近艳传。仆于拙编后传，力辨其不然。顷读梅村《清凉山赞佛诗》，乃得一佳证。此诗前二章皆叙董鄂贵妃事。第三章前半假天人传语，劝其脱屣尘寰，后云："房星竟未动，天降白玉棺。惜哉善财洞，未得夸迎銮。"据《史记·天官书》"房星"注："主车驾乘舆，未驾而玉棺遽降。"洞既未号迎銮，山岂曾传驻跸，尚得谓袈裟新换弓剑虚埋耶？故第四章末句，以"色空两不住"作结，全诗主（要）〔旨〕可谓微而显矣。盖章皇信佛，当时或有讹为不死之说者。如《木陈和尚语录》等书雍乾时以其妖妄禁燬，关涉斯秘，当必甚多。宫监闲谈，诗人雅咏，瑶池黄竹之谣，苍梧白云之想，妙笔写来，疑是疑非，是皆文章狡狯处。若以鸿都方士之寓言，解作西山老佛之信史，梅村有知，宁不齿冷？自《集览》"房星"注引《晋书·天文志》云："房四星为明堂，天子布政之宫。"后人不察，遂误以帝座未移解之，传兹缪说。考《晋书·天文志》，但云房为天驷，其明堂天子布政之宫，乃指角外三星，不知靳氏何以混而为一？此不可不辨也。

曩岁尹石公（吴宓注：名炎武，又名文）为言，京师有发见"顺治二十一年题本"者，题本为寻常咨达内阁之件，断无圣祖践阼已逾四年，仍署先皇年号之理。纵使重晖在上，而金銮密记，外廷无得预闻，岂宜章明较著，形之章奏？颇疑本是"顺治十一年题本"，好事者于其中添加"二"字以欺人耳。近世谈杂事秘辛者，最喜影附野闻，增成故实，冀炫庸众。俗语不实，流为丹青，此皆稗官脞说阶之厉也。吾独奈

之何！一诗附上，祗颂

道祺不一一

弟尔田顿首

书甫就，适得姜君（吴宓注：名忠奎。）叔明来函，知渠又到京寓石驸马后宅。承以后传杀青为念，甚感。拙编近方在沪谋之，尹刻殆成泡影。不欲再累知友矣。晤时祈代候可也。

无题

　　夜漏迢迢昼漏徂，罩纹薪竹水平铺。烧船破栈徒为尔，比翼连襟是所须。　　未必将缥能比素，转令看碧更成朱。酒家也有金茎露。渴病年来救得无？

　　雨僧先生诗家正之

尔田写呈

十二

雨僧先生左右：前上快函。谅尘

藻鉴书中论梅村《清凉山赞佛诗》，以证章皇出世之诬，自谓颇有新意。惟关于"房星"注解，尚有剩义。靳氏引《晋书·天文志》"房四星"为明堂天子布政之宫，虽误，然房星近心，心为明堂。故宋均注《诗纬汜历枢》云，房既近心为明堂，又为天府及天驷也。是房实有明堂布政之称，但非本谊。本谊则仍以主车驾为正训耳。此篇请

公不必披露。如欲披露，则请将其中"不知靳氏何以混而一"句，改为

"不知靳氏何以引彼而不引此"，则语意方为无病。近来批评家太多，笔墨发表不可不慎重也。生平著书非十年定稿，不出以示人。亡友静安尝笑我不惮烦，然亦性习自然耳。专颂

道安不一一

弟尔田顿首

十三

雨僧先生有道：前日裁书报讯，今又奉到《副刊》，甚慰甚感。《清史稿》又见数卷，然亦未全。《图海李志芳列传》一卷，亦弟所纂，尚无大更动。此传叙述战事，自信殊有精采。

公试取阅，以为何如。

《艺文志》关系章式之（吴宓注：名钰）师修成，[①] 不知何以归入朱君少滨名下？[②] 此志体例本难尽善，同人等皆不敢著手。《副刊》所评，固甚允当也。弟当日在馆，曾力主宜遵隋唐二志，将不入列传著家详注。爵里又当仿隋志。梁有例，凡不经见之书及现代最喜称道者，如散曲、院本等等，虽不列入正目，亦存其名于注中，以免指摘。又清代之书，尚有译籍一类，如制造局所译者皆是。而朔方备乘所载俄国进呈

---

① 指张尔田之姨甥山阴平毅（颉刚）君，以《清史稿》之《后妃列传》但就张君之初稿删改而成，乃为张君编辑其所撰《清史稿·后妃传》原稿成书，并出资铅印出版。

② 吴宓收读张尔田撰《清列朝后妃传》后，作文评介，题曰《清列朝后妃传稿》，载于1929年12月16日《大公报·文学副刊》第101期。该文称张君此书"仿毛西河彤史拾遗，不虚美，不隐恶，据事直书，体例谨严，文采斐然，尤为晚年经意之作"。并指出"此书卷首，列引用参考书目凡九十三种，其近人笔记，语或诬妄，及坊间所行清代野史，牵合增饰、未足为据者，张君则于书中随处驳正，而不作为参考书"。"张君于作史之方法与艺术，常为究心，有精到之见解，历见本刊各期（37、42、74、75）通讯。张君于此书，自谓根据可靠之材料，遇事直书，不为曲讳。惟于清初（一）太后下嫁（二）世祖出家两大疑案，则断为必无其事。"

俄文书籍,其目繁多,应否广收,亦宜讨论。此皆关系体例,非疏漏可比,岂宜草率了事,留此缺点为人口实?弟从事史局十年,于故国文献不可谓不尽力;而吾道不行,吾言不用,浩然而归,又岂无故?古人不作,来者难诬。此太史公所以欲藏之名山、传之其人也。此后倘尚有评清史之文,祈无吝见告。弟拟以十年为期,以一人之力,将清史全部重新修改,俾成一家之言。但未知苍苍者,能偿我之弘愿否耳?

《后妃传》,硕公处承刻殆成泡影,颇有人劝在此间先排印数份,以便分赠同好者。我方仪图之矣。然亦不欲重累知契也。

晦闻久无书。彼中情形,宰平(吴宓注:林志钧字)到京,当可具悉。大约亦无甚发展,乱世苟全,陡吾所好,如是而已。专肃敬问

道祺不了——

弟尔田顿首

十四

雨僧先生左右:久疏笺候,实以入春以来,旧病大发,至今尚未全愈。想勿罪也。

近见《东方杂志》有一文,题为《历史上人物心理之研究》,系译自美国杂志者。阅之可发一笑。研究心理,当研究活人。历史上人物皆系死人。死人之心理,如何可以轻易研究?吾恐研究之所得者,非历史上人物之心理,而为研究者个人之心理,则真滑稽之至矣。彼其所据以为材料者,不过自传及同时人信札与环境种种。此等断烂不完之残片,研究其人事实,尚且苦于单简,何况心理。

(一)从来作自传者,皆是隐恶扬善,毅然不讳。举生平秽迹,暴露于纸上,仆敢保其必无。即偶然有之,亦多是掩其重者,而枚举其轻者。

其不可告人之隐私，研究心理家乌从得而知之？曩在北京，有人以孙原湘《双红豆图》索题。双红豆者，原湘所恋爱之二女，一为其友人之妻屈宛仙，一为其侄妇今忘其名。二人皆随园女弟子。又孙星衍《问字堂集》有《祭钱大令汝器》，文中云"传曩以燕游，妨君小节。桃分瑕子之筵，手进襄城之袖"云云。是其人乃娈童一流，曾与星衍相狎者。试问使屈宛仙、钱汝器自作传记，肯据事直书否？

（二）同时人信札，除寒暄琐事外，有作谀词者，有作规劝语者。而此等谀词及规劝语，则又视其人主观为转移。仆藏朋友手札最多。好佛学者则称誉我之佛学，如黎端甫等。好史学者则称誉我之史学，如梁任公等。好考据者则称誉我之考据学，如王静安等。亦有好宋儒之学，以我之著述违反程朱家法移书以相责备者，如金甸臣等皆是。若而人者，不可谓非生平之知己，然谓其全得我之心理，自问尚未敢断言。朋友与我之信札如此，我与朋友之信札又何独不然。庄生有言："使同乎若者正之，既同乎若矣，乌乎正之？使同乎我者正之，既同乎我矣，乌乎正之？使异乎我者正之，既异乎我与若矣，又乌乎正之？"然则欲据同时人信札，以断定其人之心理，岂非梦呓？

（三）环境之说，诚为研究历史事实之必要。但以此法应用之于心理，则有可凭，有不可尽凭。光武少年见执金吾威仪甚盛，叹曰："仕宦当作执金吾，娶妻当得阴丽华。"曹操亦尝言："欲望封侯，题墓道曰：'汉征西将军曹侯之墓'，此其志也。"是此二人最初心理所希望者，不过如是，而其后乃竟至大异。似此者或可以环境解释。若据此研究心理，则仆以经验言之，又有可以证其不然者。仆之少时，所处之环境，实一八股之环境。今老矣，所处之环境，又为一新文化之环境。然仆不但不工八股，抑且未受新文化之毒。三十岁以前，虽以父命为官，闭户读书如故。民国以后，主讲北京大学，而所谓赫赫有声之北大派，仆亦未尝有所附丽。凡我同好，如黄晦闻诸公，皆可为我证明此言。由是观之，环境之说，其不能确定人之心理也，审矣。无已，则姑上溯之家庭教育乎？他人家庭，仆不敢知，请再以仆为例。仆少年家庭，实一最和蔼之家庭。我母贤明慈善，我父优于文学，以画家而兼词家。仆之文学天性，可以说得父之遗传。至于画，非但未学，且并不好。而幼时所最喜用心者，乃系干燥无味之考据。仆今尚生存，以此方法研究生存人心理，尚不免有多少缺点。乃欲据此以研究死人之心理，吾无以名之，名之曰游戏而已矣。

凡天下事，其能成就及能表现与否，大都因果复杂。一因生一果之说，在今日已不适用。既是多因多果，则外烁内薰，缘起非一，有非算数所能量者，岂区区之智力可以逆测而保其必无一误耶？

事迹譬如物，心理则构造其事迹之原质也。物之原质有定律，故可以分析。心之领域较物尤广，分析已若至难。然使其人尚存，则或可有法为一试验。若其人已死，仅残留一二事迹，大体已不甚完，分析直是无从下手。故研究死人之心理，等于研究灵魂，其结果亦终归于失败已耳。欧美现代之文化，已渐离乎理智之正轨，而驱于畸形，是殆文化将衰之先兆欤？吾人讲求异邦学术，似当读其名儒伟著。此等浪人议论，何国蔑有，岂可不加之以识别？不幸近今留学者，不能与彼中名儒接近，所耳濡目染者，大都是此等议论。而此等议论又最普通，最适合于好奇而不识货者之口味，今已混入于我国矣。使不知西学者诧为奇货，以为海外真正学术不过尔尔，则近今留学者不能不负其责也。

拟恳

公著一论说，痛加驳斥，以晓国人，以为何如？手颂

道安不一一

弟张尔田顿首

（吴宓注：1929 民国十八年四月十三日。）

十五

雨僧先生左右：前寄一书，略论研究历史上人物心理之不可能。诚以今日学者治学之轨道全失，标新领异，惟怪之欲闻。得一奇说，不问其了解与否，即滥用滥传，久且兰变为茅，桔化为枳。名为欧美之学，而实非欧美之学之本然。此风近已弥漫于全国矣。尤以治国学者，此病为多。仆有恒言，吾人治学，总不宜持宣传态度，此区区学鹄也。

历史之学，最重要者在求真相。历史之事实，本系一堆散片，无意义可言。但既经吾人之手，连缀排列，或轻或重、或抑或扬，几微出入之间，则无意义者，不能不一变而为有意义。试问此意义何从而生？谓非吾人之主观不可。及其书之成，吾书不变，而观者万变，则又有读者之主观渗入其间。而欲于此中研究古人之心理也难矣！故古人心理不易研究也。作史者惟求不失其真相而已。

求真相之道，第一须将吾人主观中感情意见，设法提出。纵使提之不净，亦当范围至一极小部分。而此外所显者，吾人固可假定即为古人之真相。此假定如佛书俗谛是假之意。盖假未尝不实也。虽真相，无不有心理为其背景。然在史家，则但可谓之真相。心理自有专科，史家无容包办。譬照相馆之影片，或肥或瘦，肥瘦之理当问之医家，照相者岂能代为诊候耶？真相之说明，须量其材料之分配如何。搜集材料时，即须预为注意。有用积极方法说明者，亦有用消极方法说明者。消极方法，吾人可名之曰负号之记载。负号记载所用以为审定之具，乃人类一种综合事实之经验判断。经验判断之正确与否，则全视乎其在论理上能成立与否以为衡。盖历史事实，当初如一整碗，今已打碎，欲为之补全。其有缝可合者，固无问题；但终不免有破碎无从凑泊之处，即不能不用吾人经验判断所推得者，弥补完成。虽然，此等弥补，究与显著之事实有别。史家为慎重起见，不能不用负号记载以说明之，使历史上显著之事实，与吾人经验判断所推得者，界划分明。古人云，应书不书，即是书法。此类是也。其或此类判断，在论理上尚有然疑，在事实上又多牵合，则负号记载即不许其滥用。反乎此者，非属感情，即是意见。负号记载，乃一种缺席裁判办法，故必须慎用。宋儒史学妄效《春秋》，多有此弊。

故欲用负号记载，有二条件焉。一者必具有一种综合事实之经验判断。综合事实愈广，抽象愈密，判断乃愈近真。经验判断，人人同具。但欲其正确，非见事多、读书富、析理细不能养成。乱世狂潮，尤无法养成。黠者敢于颠倒是非而不顾者，即利用庸众此等弱点，而欺死者无人为之辩护也。二者又须有一种最纯熟最精美之艺术，方能用以表现。艺术上之工拙，实与求真之道有密切关系。譬如称天秤者，手势不熟，或高或低，即是弊端。是故史家所用之艺术，与小说家所用之艺术实同一源，特小说事实可以虚构、修改任意，而历史则不能耳。小说事实虽云虚构，但其背后亦必有本事，方能托起。非是则不能感人。盖事实理论实系不可分者，亦犹《春秋》一经，有具体之《左传》，而后方有抽象之《公》《穀》也。史家非必借重于艺术，乃是无从避免者。此如算学上等分术之零分，非此则不能还原。此理极是平常，独笑我国人自轻家珍，拾外人之牙慧，大惊小怪。语曰，未之思也，夫何远之有？此之谓也。

久不得公书，甚念。拙编后传，现由姨子平君[1]集印，俟成当奉上采正。不尽，专肃敬颂

道祺

弟张尔田顿首

（吴宓注：1929 民国十八年四月二十三日。）

---

[1]　章钰（1865—1937），字坚孟，又字式之，江苏吴县人。清举人、进士，以主事分刑部湖广清吏司行走，历入南洋、北洋大臣幕府，加四品衔，调外务部，充一等秘书庶务司，帮主稿，兼京师图书馆编修。1911 年武昌起义时，弃官离职，旅居京、沽，从事雠校工作。1914 年聘为清史馆纂修，撰修有清乾隆朝《大臣传》《忠义传》及《清史稿·艺文志》等。

囊病，笔墨荒废，此信及前一书，倘有可取或可充 《副刊》材如何，乞酌之。

十六

雨僧先生有道：顷奉

惠函，如获良晤。拙书第二篇题目， 公所拟极妥极美，决请如此用之。《列朝后妃传稿》，由姨子平君排印，幸告成功。兹交邮寄上一部，呈 教。此书印成覆阅，尚小有疏略。然有疏略，而无错误。古史如子长、孟坚，盖皆如是也。其中皆据事直书，不下论断。自信尚无感情意见掺杂其间。惟宣统帝，用太史公义法书"今上"，此二字似可谓之曲笔。若依前史例，当书"末帝"或"少帝"，方合书法。但此乃弟人格所关，不可改也。语曰：观遇知仕，斯之谓软！书到后，望便 覆我一简，尤感。弟近拟补修清史成一家言，而衰病日甚，终恐未能如愿，奈何！粤中兵事，晦闻及沧萍皆久无消息，殊念念。复颂

道安不一一

弟尔田顿首

十七

雨僧先生有道：前寄上新印《清列朝后妃传稿》两册，想早收到。[①] 未得 惠复，殊念。

拙编出版，颇受此间学者欢迎，而好持异议者亦间有之。有谓清初太

---

① 指 1928 年 10 月 22 日出版之《大公报·文学副刊》所载蠡舟《评朱师辙〈清史稿·艺文志〉》一文，将《清史稿·艺文志》纂修者章钰（式之）误为朱师辙（少滨）。

后下嫁一事，本满洲旧俗如此，似可不必讳言者。不知拙编于此事，以其苦无显证，故暂尔阙疑，非讳之也。考张煌言《建夷宫词》只云"大礼恭逢太后婚"，本无"下嫁"字样。记得亡友王静安曾言，罗叔言（吴宓注：罗振玉）处藏有内阁档案，系顺治八年审讯睿亲王近侍供词，内一条略云"去年睿亲王到宫中，在皇太后前出言不顺"云云。惜记忆不甚清楚。弟累欲向叔言借钞，阅其所藏悉已转售，遂未果。据《建夷宫词》，太后大婚为顺治七年正月，而睿亲王墨尔根王府则在南池子，吴梅村诗所谓"七载金縢归掌握，百僚车马会南城"者也。使太后果下嫁，当在王府，何以仍居宫中。且详味供词，暧昧无礼之事，容或有之，亦不似堂堂下嫁情形。虽《建夷宫词》有"慈宁宫里烂盈门"之句，此乃煌言在海外传闻之误，岂可为据。故弟颇疑睿亲王以皇父纳其侄肃亲王妃继正宫，当时所谓太后大婚典礼者，因多尔衮既为皇父，则其妻自当尊称之为太后耳。满人朴略无文，当时号太后者，如苏古太后、囊囊太后等，殆不一而足。遍考诸书，别无下嫁之显证。则孝庄下嫁之说，或者因煌言一诗而传之失其真也。虽叔嫂通婚，满俗不禁，但历史事实最重凭据。苟无真凭实据，而但信传闻之说，则史家未敢负其责，固不如暂时阙疑之为愈矣。

拙编关于清初史料，搜讨殆近十年，始敢付之杀青。惟一人见闻有限，甚愿海内通人，别出佐证，匡我未逮，但必真正重要史料方足据以定案。若牵合附会、考而不据，甚且不足为据，此等技俩，孰不能为？近世考据之学日精，凡古书事实出于传说者，且多持怀疑态度。乃独至于近史，反而轻信传闻流俗之言，是亦学者之大弊也。大抵传闻之言，无不事出有因，而再传之后，又无不浸失真相。固不可一概抹杀，然又岂可一概轻信？若欲使人信从，必须于此传闻之外，别寻铁证。当此铁证未寻到以前，无论其事为真为伪，皆当暂时存而不论。弟所谓怀疑态度者如此。况历史是非当与天下以共见，不能以一人好恶颠倒其间。尝见今之治学者，恶之，虽古史有因之口说，必议其伪；好之，虽近世无稽之谰言，亦认为真。此乃全属意见用事。所谓科学方法者，果若是浅稚乎？则吾不知之矣。

又有谓我书于晚清政变记载太略者。实则拙编孝钦一传，于当时秕政，何尝不掇载无遗，所以不及详叙者，则后传体例宜然。国家大事自有本纪，不能以一部分之书，强占全体篇幅也。盖彼辈见拙书语无褒贬，遂疑有意删略。不知修史最忌褒贬，褒贬即是主观。据事直书，见仁见智，一任读者，方为良史。凡真正具体之史，皆不以褒贬为重。即小说家吴敬梓辈，且尚知遵守此例。惟宋人史学，妄效《春秋》，高谈书法，弟方恨之，而谓肯躬自蹈之耶？至若近代西洋史体，喜发议论，好下评判，不善为之，则去事实愈远。虽可取悦于一时，未必能传于永久。弟非以著述营利者，不如其已也。

拙编成后，自知此二点必为当代掊击，今果然矣。虽然，立言不为一时，姑留此一段公案，写质于　公，以待论定。　高明以为如何？专肃敬颂道安

弟张尔田顿首

十八

雨僧先生有道：顷奉

惠示，祗悉。李文勤公，名霨，字景霱，直隶高阳人。《清史稿》先书事略均有传。其诗集则素未见也。

弟衰病日甚，惟以看说部书度日。所校《蒙古源流笺证》颇为东洋学者赞许。现又作大规模修改，容印成呈　教。

尊诗何日出版？

报中见悼志摩一诗，（吴宓注：悼志摩诗，见《吴宓诗集》卷十三，二十九页）渐入纯化之境。

此古人诗，所以必以晚年为胜也。复颂

道祺

弟尔田顿首（1934）

（吴宓注：中华民国二十三年十二月初四日收读。）

十九

雨僧先生左右：尊集（吴宓注：《吴宓诗集》），浏览数过。派别、格律，姑不论，窃谓情感真挚，于名言哲理，均有所悟入。足以传矣。

国殆将亡，而学术名流，依然横冲直撞，不知改弦易辙。新者谈现代化，旧者讲考古学。不必言创造，即求一能摹仿古人，而深入其神髓者，且不可得。此亦一主张，彼亦一主张，横执意见，侵略他人，谩骂嗤摘，终日斗口，不谓之"妖孽"不可。一意孤行，如

公等，乃不幸而生此乱国，可叹也。既已不可谏矣，惟愿

公异日者多添数篇《哀郢》之章、《闵周》之什，留以为后人凭吊之资。如是云尔。

得暇，望常过我长谈。肃颂

著祺，不一一

弟尔田顿首

民国二年，陈焕章在沪创办《孔教会杂志》，余应沈培老[①]之命，为撰文数篇。其中论文，如《政教终始篇》《释鬼神篇》《说群》，世人论孔教是宗教书，皆精心结撰之作。惟《释君》一篇，见理未卓，尚未免囿于当时见解。今此杂志，外间已少，而亦不留稿。　公倘能访求，为我存之欤？庶几身灭而言不灭也。

无题

碧藓红扉牡蛎窗，卷帘看画对秋江。乌龙睡足娇难稳，青雀归飞怪自降。玉作弹棋仍败局，金为落带亦空缸。若教得结同心侣，栀子钗头戴一双。

晦闻所知即此首，今亦默出。然意殊浅，不过字面新鲜耳。一并写呈雨僧先生正之

尔田

（吴宓注：1935。）

（吴宓注：中华民国二十四年一月二十九日收读。）

二十

雨僧先生足下：

最近胡氏（吴宓注：胡适）在燕京讲颜李学派，引戴东原学说为证。东

---

① 沈曾植（1850—1922），字子培，号乙盦，浙江嘉兴人。清进士，曾任清刑部主事、员外郎、郎中，居刑部十八年，专研古今律令书。1898年，两湖总督张之洞聘其为两湖书院讲席。旋调外交部，授江西广信知府，擢安徽提学使，赴日本考察学务。1908年署安徽布政使，寻代理巡抚。在皖五年，又兴实业。1910年病归，1911年武昌起义后，闲居上海。著有《汉律辑补》《晋书·刑法志补》《还日楼文集》等。

原之学，实从孟子发端得来，未必蹈袭恕谷。恕谷偏重于行，东原偏重于知。此两家学派大不同处。东原能知理为当然。其聪明绝特，实远出诸朴学家之上。理，条理也。如南上之屋，牖必北向；北上之屋，牖必南向。此条理也，即当然也。《孟子》："可欲之谓善"，全重在"可"字，"可"即当然，"欲之"当然者，乃谓之"善"也。"善"，宜也，谓如此则宜，不如此则不宜。但惜东原知理有当然性，而不知理无必然性也。东原之言曰："理也者，性之德也。言乎自然之谓顺，言乎必然之谓常，言乎本然之谓德。"此"必然"正应作"当然"。吾故曰，东原之学，尚未彻底也。惟理无必然性，故可以变易。天下无必然之理。心发狂者，是可为非，非可为是；目有病者，红可为绿，白可为黄。凡论理上所可证明者，皆其当然者也。上智所不用，下愚所不喻。故论理之范围人心，远不及宗教也。惟理有当然性，故虽变易，而终必复其当然之则。当然之则，所谓中也。欲知中，须辨时位。以时言，一时有一时之中；以位言，一物有一物之中。固执当然，即成必然，所谓"执中无权，犹执一也。"《诗》曰："天生蒸民，有物有则。民之秉彝，好是懿德。"彝，常也。懿，美也。失其常，则不美。故曰："好是懿德。"

有物有则，《内典》所谓"法尔如是"，在儒家则谓之常。变之中有不变，故曰常。常就体言，中就用言，实一指也。圣人道其常，不语其变。圣人之意，是欲使人循乎当然轨道，逐渐提高，遂渐扩充。变则失其常，反为提高扩充之阻。故圣人不语变，非不知变也。仆尝认为，天下事理，只有提高扩充，无所谓进步。此理极长，容异日再谈。万法皆从性空而起。性空故可变。虚空无相，而不碍论相发挥，即是此意。释家之性空，老子之所谓"无"也。"无"为儒家雅言所不及。《中庸》赞圣之书，而其终篇曰："上天之载，无声无臭。"则儒家亦未尝讳言"无"，但不以此立言教人耳。故东原之说，可以语宋儒，亦只能打破宋儒一部分，其全部分仍是不能打破。段玉裁有东原配享朱子祠议，正不知其如何措词也。而不可以议老氏，更不可以议释氏。然其言实足以代表儒家一派反形而上学者之思想。此儒家指荀孟以下。圣人之道，彻上彻下，有始有卒，非东原所知。自有东原而后，言学者始不为玄妙之谈。而致力于制度、文物、训诂、声韵书本上之探讨。考据学之基础，于是乎确定。论其成绩，在有清一代，允当推为第一人。此其所以风靡一时欤？

东原之学，行乎天下，既百余年。后进循习，渐趋固定，甚或取片面证据以意联之，而不问论理学之有无例外。遇有不通，不惜滥用反证，而务伸其己之说。反证方法，最为危险。如见《论语》无言《春秋》语，即反证孔子无修《春秋》之事是也。此种方法，东原尚所不用。又不知古今语有时代之不同，而不深察其本谊与其内容。即如，今日有争辩说儒者，谓儒亦一职业，不知古之所谓官，今之所谓职业也。百家如官守，班固早言之矣。故考据之学至今日，除一二校勘古本，可以目验有真凭实据者外，一遇推理，无不流弊百出。使东原复生，亦当悔其言之太固，而叹息痛恨于末流之至于此矣。语曰："穷则变，变则通，通则久"，是所望于继东原而改进者。因近日讲科学方法者，率崇尚东原，而实不知东原。故为

兄略言其概。以为何如？专肃，敬问

文祺

张尔田顿首（1936）

近日读戴东原书，颇有所悟。此信请在《国风》上发表，如何？或其他报中披露亦可。祈　酌之。

再，弟近移居北平城内西四大喜胡同一号。有信，请寄该处可也。

二十一

浣溪沙

　　枝上三分绿渐成，闲随流水绕花行。粉墙低处记曾经。　　早是宿妆匀面了，谁家闻打筑球声。暖风迟日不胜情。

偶思为词，辄成小令一章。

雨僧先生笑正

尔田寄上二十五年（1936）六月二十六日

二十二

浣溪沙

闲整花冠出绣屏，雪肌新换六铢轻。慢妆低髻镇盈盈。　　故榭有香经雨发，疏帘无缝碍云行。今宵风月两牵情。

雨僧先生词家正

尔田初稿

（吴宓注：二十五年七月二十六日收读。）

编者按：张尔田先生此二阕词，皆书于明信片背面邮寄吴宓。张先生于 1936 年 7 月 25 日所发的明信片正面，尚书有附言，云："《新学商兑辨证》本已刻就，颇得意。公何时入城，当然以此示之也。"

刘永济①（六通）

一

雨僧老兄侍者：奉到

新什，诵读再三。北海八言，似于皇居壮丽不尽相称。寄吴一章，项腹两连，颇能道出碧柳之情首尾，足见朋友交谊之笃、相思之深。

兄本性情挚厚，故每遇此等题目作来自然肫至，非寻常可以及也。谬论未知当意否？勿罪。承

问宜赏玩何帖？弟意此事自在各人平日所爱。颜固大家正宗，欧褚虞则其先导，三家之中，欧尤与吾

兄书法相近。新出土之"泉男生碑"，乃小欧佳作，锋芒尚新，把玩无斁。不知

兄亦同此论否？　梅缄缴上，缄中所谓叔存是否姓邓？弟与此君亦属旧交。闻其在京，未知居止何处，能　示我否？　碧柳决来。则诗笺可以不寄，何如？此复，顺候

秋祺

弟济顿首（1928）十月廿六日

---

① 刘永济（1887—1966），字宏度，又字弘度，号诵帚，湖南新宁人。曾入上海复旦公学、天津高等工业学堂、北京清华学校学习，后退学从况周颐、朱祖谋研习词学。历任长沙明德中学教员、东北大学、武汉大学教授，武汉大学文学院院长。

二

雨僧吾兄侍者：得

复教，益增怅惘。吾

兄迩日心境之苦，乃至于此！相知若弟，竟无以相慰，为之奈何。然以愚见筹度所及，则如洽周所云固是一策，否则以全力作诗或以年来经验所得写之小说，亦必精采。此二事皆足寄托心神，

兄且曾致力而亦优为之，何用长此郁郁自致绝境。千古才人不得志于一时者，必有以表见于后世。纵然天下不能容、世人不相谅，一室之内，固惟我独尊；四壁图书，固我之良友。再进一步言之，中国纵有危亡之痛，文化必无澌灭之理。吾辈不能荷枪杀敌，独不能延此将绝之文运，传之未来邪？至于室家之乐、男女之情，以此比之，岂不细哉！又诵

来教，每以朋友诟訾为恨。弟于此亦有愚见，姑为

兄一言之：盖以佛家业力言之，人有同业相感者，有异业不相感者。同者，彼此易于了解；异者，虽剖心腹，往往不得人之同情。朋友之间，此其限度。苟必踰此限，则每生误会，或易致责难。故弟生平，遇此等事，遂亦不求人谅。朋友固然，骨肉亦然也。

兄之以前种种原无愧对友朋之事，而

兄年来所为，或不得友朋称誉，而反致诟訾者，岂非业力不同，不能相感邪？

兄思此言，其亦释然于怀否？山川多阻，书不尽意，千蕲

珍重为上

弟永济顿首（1935）八月十五日

三

雨僧老兄左右：昨复上寸笺，计已登览。承

示感事八章①，情辞真朴得未曾有。其续感四诗中，刘君②所酌数字，鄙意"轻忍"似不如"近利"。"贤"似不如"老"，因"贤"尊而"老"亲，父子之间，以亲情为上。"暂"与"略"无上下，"狂寇"四字与"敌势"四字亦然。"伤心衰病"四字较"艰危病苦"四字句调较顺，因"艰危"四字乃平列之词，在句中嫌硬也。"瓯"字"壁"字自比"影"字"堡"字好，弟与尊意正同。至

来示所指各章同字之处，弟意则以为绝无妨碍。古人往往一章之中，亦不忌同字，别章则更非所禁也。感事第三章"立威成霸"四字以改定者为佳。第二首"客"不如"中"，"千端"似不如"深心"。鄙见如是，不知有当否？敬复并候

起居

弟永济顿首（1944）

大作二纸附上，乞　收。

四

雨僧老兄左右：得见致君超兄长缄，详悉

---

① 指吴宓1944年所作《感事四首甲申闰四月》及《续感事四首五月甲申》诗，见《吴宓诗集》，商务印书馆2017年版，第393—395页。

② 指刘文典。

近况，极慰。远怀山谷老人有诗云"金沙滩头㵲子骨，不妨随俗暂婵

娟"，殆

老兄之谓也。弟尚不能到此境界，一笑。承

委代购稿纸。据千帆告我，此类稿纸已用罄。如再印出，当为代购。

弟最近应中南广播电台"伟大的祖国讲座"之请，播讲爱国诗人屈原，

颇得好评。将来如印成小册，当奉寄一本。屈子被侮已久，此举可为

屈子吐气。近见朱东润在《光明日报》登出论《楚辞》之文，极荒谬，

郭沫若曾著文论斥之。

兄见之否？复候

教安

弟永济手启（1949）六月十三日

五

雨僧老兄左右：日前奉　赴告，惊悉

老伯仙逝，道远无以表哀。谨此奉唁顺礼节哀为幸。顺候

礼安！不及一一

弟永济顿首（1950）八月十八日

［吴宓注：1950 九月四日（重大）到。］

六

雨僧我兄左右：久不通问，然想念之情与日俱深，料　兄亦同此况也。

顷得　宴池海上寄缄及诗，嘱寄　左右。兹录如左：

在沪安善，甚念老友，意在诗中不多说。雨僧如通问，请以此函及诗与观，好知弟近况，驰思亦到巫峡之西也。

寄弘度东湖经岁未通问
凌宴池

一别湖山十五年，青镫绛帐想依然。有言怕说堪知世，无辱能加独得天。光入疏棂黄卷里，心驰短棹白鸥边。洞箫吹凤谁能解？料卜东吴上水船。

凌诗末韵，弟所未喻，乞　示。顺候
教安

弟济顿首（1953）四月五夜

（吴宓注：1953 四月十三夕到。）

刘奇峰（一通）

雨僧兄：

近状如何为念。弟来广州后，两遭不测之祸，几至殒命，心身大受亏损，迄今尚未复原。自去岁兼任文科学长，俗务繁迫，光阴虚度，苦恼益甚。暑假决意北返以图良晤。

昨与岭南大学中国文学教授冼玉清女士谭，彼极钦佩《学衡》，弟为之大悦。冼女士中文根柢极好，诗词尤工，英文亦甚佳。请送彼《学衡》一份，并向其征稿。《学衡》在岭南必渐有影响也。匆匆不尽，敬候教安

弟奇峰（广州　中山大学）十八年（1929）三月十二日

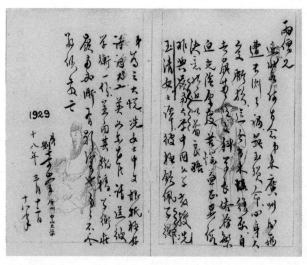

1929 年三月十二日，
刘奇峰致吴宓

汪玉笙（一通）

雨生先生函丈：前上一函，谅邀

青及。《学衡》《甲寅》各一钜册，并顾词两本，想亦早台

察收。顷读

大作《西征杂诗》，体制崇闳，义意敦柔，在近代诗中，允称杰作，真堪

与汪、龚两作，鼎足并传，甚感甚感。惟篇中平仄，未属谐适，想系手

民排错。日月之食，亦无伤其明，但白璧微瑕，究终可惜。俗论之于七

言，每谓一三五字可以不论，其实不然。细读千古名篇，殆无不致严于

第五字者。

先生一代宗匠，素以厘正文体自期，于此宜三致意。顾

质劳鞅掌，簿书委积，忙忙付刊，未遑细校，偶有讹夺，自所难免。曩承

不弃，敢擅代劳。兹将玉笙所校

大作，并附说明，恭列于后，如或揣摩失实，还乞

示知。又笙前《沁园春》词，一时疏忽，亦有误脱，今再录呈，恭求

鉴正，并乞将此清稿粘附于尊处《文副》之上为叩。此请

钧安

　　　　　　　　　　　　　　问业汪玉笙谨上（1930）一月廿一日

先生对于旧诗词中之音韵格律最有研究，《学衡》《文副》之中尤三致

意，且

大杰作如《落花八首》，除"惜独抱"三字，"惜"字或系手民误排外，

无不音韵铿锵。单以韵律言之，亦决不在杜工部《秋兴》之下。故知《西征》大作必由手民误排，不揣谫陋，妄自逞亿，如非本旨幸勿赫然。

第十五	崖会煤质蓄财富	蓄字疑系藏字之误
第二三	莫以强弱判是非	强弱疑系刚柔之误
第二九	颇爱舆夫兴致好	兴致好疑系闲兴致之误
第三六	鸡虫生计逐蜗角	逐字疑系争字之误
第七八	爱深竟许入宵梦	入字疑系迷字之误
第九三	孤栖最喜读书好	读书疑系书声之误
第九七	全身自幸越雷岸	越字疑系登字之误
第百〇四	料峭春风入铁户	入字疑系侵字之误

又，放假期中，书还何交？ 盼　示

陈寅恪[①]（三通）

一

雨僧兄左右：孟老[②]手书读悉。温君文虽未见，诚如　孟老所言必不可过也。自来研究义山诗者莫精于　孟老，其年谱、会笺实一模范著作，弟曾细读一过，故知之甚确也。若弟前作之短篇，则其间除误字甚多未及改正外，仍多解释及推论不确者，故不欲存稿，早已将印本弃去，而　孟老尚以为有可取之处，恐是老辈奖励后学之意，读之弥令我惭慄也。匆覆。即请

晚安

弟寅（1930）三月廿一

编者按：此函乃寅恪先生亲笔所书。由清华园内邮局送达。

---

①　陈寅恪（1890—1969），江西修水人。留学德国柏林大学、瑞士苏黎世大学习语言文学，于巴黎高等政治学校习经济，于美国哈佛大学习梵文及巴利文，于柏林大学研究院梵文研究所习东方古文字。历任清华大学、西南联合大学、燕京大学、岭南大学、中山大学教授，中央研究院语言研究所研究员兼历史组主任，中央研究院院士，中国科学院哲学社会科学部委员。

②　指张尔田。

二

雨僧兄左右：昨日读　兄致高棣华夫人①、程仲炎兄②书，甚念。弟交陈
永龄兄两万元作为奠仪，聊表微意而已。唐稚松③君函及诗均佳，信是
美才也。岭大情形亦与蜀中相似，弟教书生活恐只有一年矣。现已将
拙著《元白诗笺证稿》约十六万万字十一月底出版。当寄呈一部求教，
并作为纪念。因以后此等书恐无出版之机会故也。《儿女英雄传》第
三十回"敦古谊集腋报师门"，今日四海困穷，有财力足以济人之急者
皆已远走高飞，而《儒林外史》中作八股之徒触处皆是。吾辈之困苦，
精神、肉体两方面有加无已，自不待言矣。

前报载有整理《红楼梦》之说，岂以此事属之于　兄而致传闻之误耶，
可笑。李哲生前来函，欲在广东谋事，盖未能知广东情形之故。前寄
金蜜公④一信中有近作一首，未知蜜公转寄上否。兹再附录于下，若遇
邵潭秋⑤君，请便中交与一阅。邵君近寄《庚寅七夕》诗十二首，未能
奉和也。专此敬叩

著安

弟寅恪敬启（1950）九月十八日

（吴宓注：1950十月九日夕到。）

---

①　高棣华（1915—2016），女，北京人。清华大学外文系1937年毕业。曾任职北
平图书馆，任教于岭南大学、华南工学院、中国科技大学。时任教岭南大学，为岭南大学
教授陈永龄夫人。

②　程曦（1920—1998），字仲炎，河北文安人。燕京大学中文系毕业，留校任助
教。1950年任岭南大学中文系助教。后去美国，曾在爱荷华大学任教。

③　唐稚松（1925—2008），湖南长沙人。清华大学哲学系及研究生毕业。在中国
人民大学任教数年，1956年调中国科学院，先后在数学研究计算机研究所及软件研究
所，从事数理逻辑、计算机科学及软件工程的研究，为中国科学院院士。

④　金蜜公，湖北汉阳人。上海美术专科学校毕业，久任中学教员。能诗善绘，为
吴宓主编《武汉日报·文学副刊》时所结识的诗友。

⑤　邵祖平（1898—1969），字潭秋，时任重庆大学中文系教授。

编者按：此信系寅恪先生口述，助教程曦笔录。

三

雨僧兄左右：七月卅日来书，顷收到，敬悉。因争取时间速覆此函，诸事条列于下：

（一）到广州火车站若在日间，可在火车站（东站即广九站）雇郊区三轮车，直达河南康乐中山大学，可入校门到大钟楼前东南区一号弟家门口下车。车费大约不超过二元（一元六角以上）。若达①公共汽车，则须在海珠广场换车。火车站只有七路车，还须换十四路车来中山大学。故搭公路车十分不便。外来旅客颇难搭也。若搭三轮车，也要排队，必须排在郊区一行，则较优先搭到。故由武汉搭火车时，应择日间到达广州者为便。岭南大学已改称中山大学。

（二）弟家因人多，难觅下榻处。拟代　兄别寻一处。

兄带来米票每日七两，似可供两餐用，早晨弟当别购鸡蛋奉赠，或无问题。冼玉清教授已往游峨嵋矣。

（三）弟及内子近来身体皆多病，照顾亦虚有其名，营养不足，俟面谈。

（四）若火车在夜间十一点到广州，则极不便。旅店由组织分配，极苦。又中大校门在下午六点以后，客人通常不能入校门。现在广州是雨季，请注意，夜间颇凉。敬请

行安

　　　　　　　　　　弟寅恪敬启六一年八月四号下午五点半

　　编者按：此信由寅恪夫人唐篔女士代笔。寄武大刘永济教授转交正在武大访问的吴宓收阅。

---

　　①　达，疑误，当系"搭"。

吴达元[①]（一通）

雨僧先生：

在哈俄领签字手续极简单，在平时所传闻麻烦者全属子虚。只须当时填写请求书三纸，将护照缴入，二十四小时后即可发回矣。俄领署通华语者有人，殊不费事。所谓须电请者，诚属庸人自扰矣。往俄署时当带照片三张，金卢布五元（合哈洋十三元八角——市价）。

波兰领署签字尤易，二小时内可完事，须手续费哈洋十元五角。

自平至哈途中最好带些日金，南满路需用。路费（自哈至巴黎）洋一百八十二日金，以能在平买好日金最佳，因哈市价较平为高。途中（在外国）宜带美金。

生大约在十日与　汪君[②]等仝行，哈地松花江一带风景绝佳，大可盘桓数日也。

哈地旅馆在道外者较贱，在道里者则极贵。

匆匆不尽欲言，在法想可畅谈。此请
著安

生吴达元上（1930）八月七日下午哈尔滨

（吴宓注：中华民国十九年八月十六日到。）

---

① 吴达元（1905—1976），广东中山人。1930年清华大学研究院毕业后留法，入巴黎大学、里昂大学研习法国文学、拉丁文学、比较文学。1934年回国，任清华大学外文系教授。1952年转任北京大学西语系教授，先后兼任法语教研室主任及副系主任。此时正在赴法国巴黎大学留学途中。

② 指清华外文系同级毕业同学汪梧封君。

汪梧封①（一通）

雨僧先生大鉴：

　　生等于三日晨抵哈。俄领签证事极易。先至国民政府特派驻哈交涉使署第二科填写履历书三张，附交相片三张，然后亲赴俄领署请求签证，隔日即可将护照取回矣。交涉署第二科科长为黄丹廷先生。人极和蔼可亲。

　　以同伴丁君而汉在哈忽患痢疾，病势凶猛，故多留数日。现其兄已到哈，生等付托有人，即搭明日下午三点五十五分车离哈。赴欧列车每星期三次，星三、星五及星期日。交涉署办公时间为上午十点至下午二点，俄领署同。

　　专此奉告，即请

暑安

生汪梧封敬上（1930）八月九日哈尔滨

（吴宓注：中华民国十九年八月十七日到。）

---

① 汪梧封（1905—1983），江苏宝山人。1929年清华大学外文系毕业，留学法国。回国后，曾任蓝田国立师院英文系主任、院长，湖南大学教授。

李文斯敦 R. W. Livinstone^①（一通）

The Queen's University of Belfast

Elmwood House, Belfast

October 10, 1930

Dear Sir,

It is with great pleasure that I have received from the Rev. G. N. Orme a copy of your periodical, which includes part of *The Legacy of Greece*. Unfortunately, I am no master of Chinese, but it is pleasant to think that a book in which I am so interested should have been translated into your language, and, what is more important, to feel that something has been done to make Europe more intelligible to your great nation. Thank you for your courtesy in sending the book.

If you are in Belfast, I hope that you will give me the pleasure of seeing you. We had a Chinese guest staying with us a few years ago is the person of Mr. Hu Shi, who gave us a most interesting lecture at the

---

① 李文斯敦（Sir Richard Winn Livingstone, 1880—1960），英国古典文学学者。就学于牛津大学，并在该校任研究员、导师及图书馆馆长至 1924 年。曾在古典文学委员会工作，为《古典文学评论》编辑之一。1924—1933 年任贝尔法斯特女王大学副校长。1933 年回牛津，直至其结束学术生涯。李文斯敦坚决捍卫文科教育的价值，特别强调古典文学的重要性。

University.

Believe me,

Yours faithfully,

R. W. Livingstong

P. S.　　I may possibly be in Oxford in December, and if I knew your
address there we should have an opportunity of meeting.

贝尔法斯特皇后大学

爱姆伍德厅，贝尔法斯特

1930 年 10 月 10 日

亲爱的先生：

　　我非常高兴地从沃姆牧师那里得到一份您的期刊，其中包括《希
腊之留传》的部分内容①。遗憾的是，我不懂中文，但想到这样一本我
如此感兴趣的书被翻译成你们的文字，这让我很高兴。更重要的是，
我认为，这是为使您伟大的国家更理解欧洲而所做的事情。感谢您好
意赠书。

　　如果您在贝尔法斯特，我希望能有幸见到您。几年前，我们这里
住过一位中国客人——胡适，他在大学里为我们做了一次极有趣的

---

　　①　李文斯敦所编《希腊之留传》（ *The Legacy of Greece* ）一书，于 1921 年牛津大
学印书局出版。该书集英国硕学名士所为文 12 篇，各就其生平所专精，分论希腊哲理、
文章、艺术、科学之大要，并及于后世之影响，陈义述学，引古证今，异常精湛。《学衡》
同人分译该书，贡献国人。吴宓所译李文斯敦为该书所作之序及该书之第一篇——牛
津大学希腊文教授、英国学会会员穆莱（Gilbert Murray）所撰《希腊对于世界将来政治
价值》，刊于《学衡》杂志第 23 期。沃姆教授所赠李文斯敦者，即该期《学衡》。

讲演。

相信我，

您忠实的，

R. W. 李文斯敦

又及，我可能会在 12 月到牛津，如果我知道您在那里的地址，我们应该有机会见面。

黑尔K. M. Hile^①（一通）

FABER & FABER Limited PUBLISHERS

24 RUSSELL SQUARE

LONDON. W. C. 1

Professor Mi Wu

University Holel

Gower Street

W.C. 1   Oct.10, 1930

Dear Sir,

    Mr. Eliot was extremely sorry to have missed you this morning, and has asked me to write to and thank you and Professor Pin-He Kuo for your call. He has already heard of you from Richards, and much looks forward to meeting you. Would it be possible for Professor Pin-He Kuo and yourself to call in here again, on Monday or Tuesday next, at about twelve o'clock? If so, Mr. Eliot would be very glad indeed.

Yours faithfully,

Kaura Monde Hile

Director's Secretary

---

① 黑尔（Kaura Monde Hile），伦敦费柏书店主管，T. S. 艾略特的秘书。

费伯·费伯有限出版社

24 罗素广场

伦敦 W. C. 1

吴宓教授

大学旅馆

高尔街

W. C. 1　　　　　　　　　　　　　　1930 年 10 月 10 日

亲爱的先生：

艾略特^①先生对今早错过与您见面而非常抱歉，他让我写信以对您与郭斌龢教授的来访表示感谢。他已经从瑞恰兹^②那里听说过您，并且非常期望能见到您。有没有可能请您与郭斌龢教授在下星期一或星期二的午间 12 点左右再来一次？如果可以的话，艾略特将非常高兴。

您忠诚的，

卡柔·曼德·黑尔

董事秘书

---

① 艾略特（Thomas Stearns Eliot, 1888—1965），英国诗人，剧作家，文学批评家和编辑，对两次世界大战期间的文化产生了极大影响。艾略特在美国哈佛大学就读时，曾从欧文·白璧德受学。

② 瑞恰兹（Ivor Armstrong Richards, 1893—1979），英国评论家、诗人和教师，对发展新的诗歌欣赏方法有很大影响，并促使新批评派的出现。先后在剑桥大学、哈佛大学任教授。吴宓与瑞恰兹于 20 世纪 20 年代末在清华大学同事。瑞恰兹请吴宓助其研究中国学术，而愿代吴宓授清华第一年英文课。

凌其峻①（二通）

一

雨僧兄长足下：刻望音讯者三年矣。九月间赴比利时一行，得峻哥②自北平来书，欣悉我
兄有欧游之举。预料必有于最短期间相见之一日，匆匆于十月中旬返法，坐候渴慕欲见者来巴音讯，而始终寂然无闻。盖弟两年来僻处一隅，从未移徙一步，以为
兄必携有弟之住址也。十月二十日左右，弟以工作便利起见，决迁居大学附近。忆及 郭君斌龢尚在巴黎，或得有
兄之消息，及至旅舍访问，方知 郭君业已赴英。前郭君来法，曾由友人朱孟实③君介绍，托为招待，时适弟已整装作赴比之行，致与 郭君竟无一面之缘，心中时以为歉！最近赴旧寓探望，得睹新来寓客秦君④，谈起履历，方悉我

---

① 凌其峻（1905—1933），字爽轩，号梦痕，上海人。年少时失学，曾从吴宓受学。后赴法国留学，1930 年毕业于巴黎大学研究院，获博士学位。归国后，任中央大学哲学系教授，兼注册部主任。

② 凌其峻（1897—1968），字幼华，上海人。吴宓清华同学，凌其峻之兄。清华学校毕业留美。俄亥俄州立大学毕业后，任美国通用电气公司研究所科研工程师。归国后，任教上海大夏大学、商科学校。1926 年参加北京仁立公司，与朱继圣共同领导改建仁立。1949 年以后参加中国民主建国会，任北京分会主任。

③ 朱光潜（1897—1986），笔名孟实，安徽桐城人。

④ 秦善鋆（1906—1998），字宣夫，广西桂林人。清华大学外国语文学系 1929 年毕业，留学法国。在国家美术学院习西洋画。在卢佛学院研习西洋美术史。曾任清华大学外文系讲师。

175

兄曾以弟之寓址问及，并得闻

兄足迹，喜跃奚似，惜已晚矣！夫复何言！

出国三年，素抱独善其身之志，身在巴黎，竟同生活沙漠之间。末世可怜人，早年即无厚望于前途，生性不能与世苟合，来欧研学，无非满足知识欲望而已。不知

兄尚忆及昔日梦想来法之计划否？弟过千百年如一日，兄之于弟，不啻云霓之于大旱，虽世境无常，人事变迁，弟无忘

兄长之一日也。近况如何？精神生活如何？物质生活如何？《学衡》如何？来欧计划如何？此皆弟所欲倾耳听闻者也。东亚大陆，不浮即沉，文华扫地，民生涂炭，吾辈占优裕地位特殊生活，闻心即不堪回首，国是更无忍心谈矣！弟之近况，可以简略数语述之。

去年夏初，弟即毕业于索鲍纳①，得一哲学高等研究毕业文凭。继筹得维持款项，即决意进备哲学博士考试，迄今已及一年。所以迟迟不进者，以弟落磊性成，不兢兢于空名学位，总望多得读书阅历机会故也。今岁金价暴涨，经济突遭巨大损失，不得（不）谋早日结束论文工作，俾得早日回国。现在工作已成十之八九，约于十二月左右可经所有考试。返国之期，当不出明年一月间也。我

兄尚有来大陆之机会否？此弟现在急欲得知者也。此书匆匆作成，以舒念忧。日后当另详呈一切。附最近照像一纸，乞哂呐。切盼赐音。即祝
旅祉

弟嵽拜上（1930）十月二十日

---

① 为Sorbonne音译，法国巴黎大学。

二

雨僧我哥伟鉴：接奉十二月十九日手示，欣慰奚似！弟之所以敢于前函中直陈一切者，实因不忘夙昔恩助，始终敬爱到底故也。弟不敏，然常自命为能了解　哥之思想性情而至于深处者，所以到处推重，逢人宣扬，自觉以情谊论，非可与普通人同日而语。故　哥事即为弟事，凡对　哥可以加慰有所益之处，莫不愿悉心力为之。总之，　哥非凡俗人物，弟亦孤僻者流，虽斤斤于义理道行之说，所见不必尽与人同。弟决不以揣测闻说为据而相苛责也。

蒙询数事，谨答于后：

（一）论文工作因修改屡屡，郑重其事，最快将于明年二月终完结。故原定明年一二月返国之行，不得不延长至三四月后矣。如　哥亦于彼时返国，则或有同道之希望也。

（二）一月二十日前正在工作紧张时间，无来英之可能。

（三）　哥来法到巴后，如不即离开，聚首畅谈机会极多，届时即弟因工作羁身，必能抽出相当时间奉陪。过二月后，弟即能空身完全尽引导之责也。

（四）三四月间，弟最后考试必早已结束，并在整装返国之时，当然有结伴同游意、瑞各国之可能，问题只在孔方兄有办法与否耳。

相见非遥，恕不多赘。即祝

心身康泰，旅程安宁

弟嵦谨上（1930）十二月二十日巴黎

〔吴宓注：凌君其嵦，字爽轩，号梦痕，上海人。清光绪二十九年癸卯十二月十五日生，民国二十二年十月十三日殁。君赋性笃挚，既富热爱，又秉坚诚，中怀和婉而风神威厉。居常深思锐感，好学勤业，讷于言而敏于行，陈义高而赴事勇。盖其人感情实极丰富，喷薄流涌若不能止，顾乃处处以道德真理为归，律己责人并严。如此之人，无时无地不显其成绩与价值，亦无时无地不大感失望痛苦，其交亲知友深知者莫不敬爱，而不永于年也固宜。古之诗人，如屈原，如弥尔顿，如安诺德，近若白屋诗人吴芳吉，其性行莫不兼具（一）情感（二）道德之二方面，含光与热，相反相成。而凌君亦竟早殁，此其为可悲也。]

潘耀思（一通）

Dear Mr. Wu,

The Sir Basil Zaharaff Lecture will be delivered by Harold G. Nicolson on Saturday, 8 November, at 5:30 P. M., in the Examination Schools. It is a very distinguished lecture and we should not miss it. The subject is "Swinburne and Baudelaire". I wonder if you and Mr. Koh will kindly come round to take tea with me in my lodge at 4 o' clock this Saturday, so that we shall have a joyous talk before the five, and after tea we would go together to attend the lecture, being so near from the Examination Schools. I do hope both of you come.

Yours sincerely,

Yü Si Pan

1930 年 11 月 4 日

亲爱的吴先生：

巴斯尔·扎哈罗夫爵士^①讲座定于 11 月 8 日（星期六）下午 5 点

---

① 巴斯尔·扎哈罗夫爵士（1849—1936），希腊军火商和实业家，在牛津大学设有以其命名的讲座。

30 分在考试学院①举行，由哈罗德·乔治·尼克尔森爵士②讲授。这是一个非常杰出的讲座，我们不应该错过。讲座的题目是"斯温伯恩和波德莱尔"③。我想知道您和郭先生④是否愿意在本周六下午4点到我的寓所来一起喝茶，愉快地交谈至 5 点，茶后再一道去听讲座，考试学院离我的住处很近。我希望您二位都能来。

您真诚的，

潘耀思

---

① 牛津大学考试学院，位于英国牛津高街第 75—81 号。

② 哈罗德·乔治·尼克尔森爵士（1886—1968），英国外交官，作家。

③ 斯温伯恩（Algernon Charles Swinburne, 1857—1909），英国诗人，批评家。波德莱尔（Charles Baudelaire, 1821—1867），法国现代派诗人。

④ 指郭斌龢，时在牛津大学研究。

周煦良①（八通）

一

雨僧兄：

　　得信，久不报，系学子常情，想能见谅。开学后，伦理学及英国文学均有论文须作，前者于上星期始完成。当此期中，百事俱废矣。英文"Plot"一文，煦凭理想为之，然颇自得，日后或寄呈就正也。煦致学，于考试殊不经意，然于课外论文，辄以全力为之，思索之余，虽不能以理自圆，每得知纠结之所在，嗣读书听学乃更得启发，而恍悟学识之不及处。昔读书务博览而不能一精，及今思之，皆"七宝楼台，拆下不成片段"耳。西学之长在系统完整，其结论往往亦常人所云，或见诸我国先哲之著述，然高下殊矣。煦意谓在未得系统前，宜致力于"思得误处"，不求真理之所在，而求真理之所非在。不知　公意以为然否？

　　乙（吴宓注：指彦）事②固可伤，然两电若成事实，亦安知非苦恼之

---

　　①　周煦良（1905—1984），安徽东至人。英国爱丁堡大学文学硕士。1932年回国后任教暨南大学、四川大学。1940年赴上海翻译英国文学。1943年蛰居扬州。1945年再赴上海，与傅雷合编《新语》半月刊，与施蛰存合编《话时代》，并任教光华大学。1947年以吴宓之召，任武汉大学外文系教授。1949年重返光华大学。1951年任华东师范大学外语系主任。1958年调上海市哲学社会科学联合会，任《文摘》月刊副总编。1962年起，任作家协会上海分会书记处书记和上海文联副秘书长。
　　②　指此时正在英、法访学的吴宓，收到时在美国留学、行将毕业的毛彦文女士的电报"允婚"事。

原。权衡利害如乙者，非 公之偶。苶电所云，足证其情感之稀薄。丙（吴宓注：指贤）事[1] 不急进，自是常理。目前在渐忘乙事，以减悲意。

此信数日未续，疏懒极矣。笔谈不及口谈者，以无辩难之机，欲求完备，必得深思出之。文言久不作，求达意乃更苦矣。 公苟不嫌恶者，日后或以白话为之。

近日英文学班讲及英文诗音韵问题，煦以余暇涉思我国诗中之音韵，数日不得好睡亦以此。手中无华文书籍论此者，虽有微得，不足以污君目。且夫诗宜朗诵，纸笔不足以传其真，他日相晤北平，当倾竟夕论之。

伦理学本期所习有Butler之学说，其系统有似王阳明之"良知"说。日前函家姊，嘱购阳明《传习录》及近人读王著作，拟于暑期攻之。煦本年九月可告一段落，使仍从事研究者，将仍留爱城，然不再以学位为目标矣。归国之行尚未能决，然相晤不在今秋，必在明夏也。

巴黎日月如何，想能得趣。前岁游法，颇怯至古博物院，盖学识不足故。文化之中心如巴黎者，不知古文字、不熟其历史、不了解其民情、不悉其现势，虽涉其地，览其名区，亦"盲人论象"耳。昔Boswell岁月追随Johnson，及Johnson死，七载后始完其Johnson传。知一人已难若此，况一国哉。然游名城亦如读史，东坡所谓"四面受敌"，而只攻其一面。故煦常谓铁塔可一登而不可再至，露佛宫可常造而不必遍到。如此，其庶免"纽约黑人蹀躞街头"之讥乎？（此喻可意选。）

居法舍（吴宓注：此处漏一字）现久未来信，想已易址，或返国矣。 公友朋盈握，想无行路难。巴黎城中空气满布车油气，不宜久居。巴黎大学区附近有玫瑰村， 朱光潜君曾僦居焉。其地近城而无

---

① 指吴宓与燕京大学女生陈仰贤女士的友情。

车马之喧闹，似于 公极宜。巴黎之玫瑰时节在三月，郊野触目皆是，村以玫瑰名，亦我国之"牛顶山""狮子山"耳，一笑。此颂

文祺

弟周煦良顿首（爱丁堡）廿年（1931）二月廿日

二

July 24, 1934

Shanghai

Dear 雨生，

It is another long time since I received your letter. You were very kind indeed to put the blame upon yourself for not writing to me, but it was really I to blame. I should have written to you long ago, as I have written quite a number of letters to Peiping friends. But every time when I come upon the thought of writing to you, I found it a much harder task, for it is one thing to write an ordinary letter, and another to write one's life truly and fully. This latter one is not always attainable; it is seldom possible while living in this city of such unsettledness. Here many things were laid aside for tomorrow and another tomorrow, and so delayed forever.

I was not as you imagined living in a happy dream. The dream was too short-lived, and the dream was quite simple. I thought the girl loving me very much, but she was not. So that's that. Funny to say, I found this out as early as in the end of the first week of my arrival.

No, I am not down-hearted. I know too well about myself to blame the girl alone. If I could be a little crazy for her, she will be back to me at any moment. But I won't. I have my own sorrows which she will never understand and work which she will never appreciate. When I was disappointed to her, I turned to do something to help my helplessness. You never know how helpless I have been these years. I have had no privacy of my own; I have been living either with my brother or my sisters and met people whom I only like to meet half-heartedly. In a word I have been living in the shadows of other people's life. My flexibility secures for me open arms everywhere, but few happy hours.

If there is any cause preventing me meeting the right girl for me, this fact which I found out about myself is perhaps the essential one. Living as I am now there is always the discord between the present manners and the future plans. A girl might fit in my present manner of living, i.e. other people's manner of living, but she will then not fix in my plans for the future, which is my own. The contrary is the same.

As you have learned from that long letter I wrote, I did not really like Shanghai very much. But Shanghai is the freest world, it has the higher degree of reality than Peiping. After arriving at Shanghai, I found that by living in Peiping, I was really avoiding reality. As I said before, it was the financial means which prevents me to stay in Shanghai, but if I can set my finance aright, I don't think Shanghai will have any bad effect on me; I'll be able then to maintain my own ways of thinking and living, and meet someone whom I have been looking for all my life.

The last few weeks, I was trying to secure myself a teaching job in 暨南, and it was now quite attained. Mr. 郑振铎, the new dean of the faculty of arts, consented to give me six hours a week, of which three hours will be on the Romantic Poets. I hesitated to accept this because I was no scholar in English literature, but since there is no room in the philosophy department, and I was eager to set myself free by this means, I consented at last. And then it occurred to me that you have been teaching this course for many years, so perhaps I can get some advice and help from you for a start. So do clearly do write me back and tell me all about this course. It is really very important for me. I have to get quite a number of books on this subject; mere opinions, however sound it may be, is not enough for teaching. I have to know the details about every poet, and about the opinions of others upon these poets. So unless I put labor in, I shall certainly make a bad job out of it.

The other three hours might be aesthetic, which is another strange subject to me, but perhaps not so very hard for me to try. At present I am trying to figure out a course of moral philosophy or general philosophy, if so I might give up the aesthetics. I did not attempt to teach more than six hours a week, for this will be my first experience in teaching, which will certainly require a lot of preparation.

So much for my own affairs. Now let's tell something else.

Mr. 许思园, my school-mate in 大同. I have only mentioned one sentence from that book to you before. But I myself had not finished his book. Life has deviated my interests from the line. I intended for myself; when I shall go back to that road is very hard to say. But I am glad that you appreciated that book, and I am sure that your appreciation is justified. I had a talk with Mr. 许 two years ago in Nanking, and I found in him the real quality of a student of philosophy. It was rather surprising to find our views agreeing so well on the ordinary matters of life. Mr. 许 has also asked me to write a review of his book when I have time, but since he well knows that this world gives people very little leisure and choice, I think he will not be very much annoyed at my delay.

I think your criticism of 沈 is very penetrating indeed. Mysteriously intellectual and not personally warm! And that is because his philosophy is a mere modern chess game which has not "Man" in it. Because of this, his conception of ultimate value will be hard fast truth and abstract formalistic beauty, and his affection for man will be either those who will partake his instinctive gratifications or share his interest in the pursuit of those values, i.e. philosophy and music. He is therefore the extreme contrary of the modern man of sentimental morality who cares men for their own sake. I personally think, a normal man and a preferable one should be the one who has both an ideal view of life's values and the "man for man" affection. Without the former men will be no better than the unconsciously gregarious animals; without the latter men will not even service his own purpose, however high he may esteem it; for no value is realizable by one tiny soul alone. Only an omnipotent god can say, "I just am and I don't care you if you don't care me"; only an omnipotent god can demand men to adjust his ways absolutely to his, no man can. Hence no man can claim that he is absolutely right and those who are contradictory to his views and ways are wrong; hence no man can neglect his duties to other men (since they can also be right), or be a little useful to them.

If what is said above is right, I think Mr. 沈's negligence of trivial man-to-man relations is a real blemish in his character. It is because he never thinks of living useful to others; and if this is true, his view of love will be of the ego-centric type and even instrumental. A man of this type will be liked by those, like us, who are sick of the false relations created between men in this world; but only a world-hater, who hates a principle, will give permit to such negligence.

In a sense the modern world is mysteriously too intellectual too. The shift of modern philosophical outlook from problems of life, morality and religion to epistemology（认知论）and logic is a mysteriously intellectual shift. Modern world seems to encourage everything pursued for its own sake; philosophy for the sake of philosophy, science for the sake of science, art for the sake of art, and even the existence of man for the sake of the existence of man, which first appeared in Rousseau's Romanticism but maintained throughout our century chiefly because it is a blind revolt to a world of disorganized values; yet even this revolt takes the same form of expression, the expression of naturalism, or a naturalistic belief. Naturalism believes in everything left to itself or its own way. Individual competition is encouraged because by lifting everyone to his own way it is the best way to the best good possible. For the same reason, anything which is done for its own sake is more natural than done for other reasons and is thus to be encouraged. A multiple standard of personal perfection is set up and each is acclaimed loudly as another. Today the phrase "Great man" is lavished on politicians as well as motor kings, to men of science as well as movie stars, to Hitler as well as Lenin, to Kipling as well as Romain Rolland and Shaw. Mere success and personal distinction, whatever success and distinction it may be, carry in itself the command to respect, and everyone who is confident of his success in anything is assured of the superiority and worth of his personality. In this sense, the brutal secular economic man, the sentimental moralist or politician or revolutionist, and the mysteriously intellectual and morally cold philosopher are all modern products of a world of disorganized values.

I am glad that you can get over with your emotional remnants; it is really the hardest thing to get over, as I once more experienced it recently. My poem, which I showed you partly, is an illustration of this state of feeling. I now enclose a finished version to you, because it was sent to 沈从文 and never published. Personally I like my poem very much and have a very high opinion of it. So let me hear your opinion.

I heard from other source that the amalgamation between 清华 & 北大 will not be going on. That is something pleasant even to my ears.

I think a trip to Shanghai will be still good for you, though I am not very sure of the after effects, for I'll be most probably staying in Shanghai for the coming academic year, and will not be able to watch you closely. Still I think the good of a change will be felt when you start to work; you will then feel refreshed. I do not think you can be so above your emotions, for it is also a very fundamental (fact) of our nature. The place must be filled by someone; we leave it vacant for someone forthcoming and never intend it to remain empty. At present I don't think I myself can be so very entertaining and helpful to you as I was in Peiping; it is because I am also involved in a bad mood, but if the one prospect—not the job—will develop and go aright, I might be a very happy man. Besides I need your presence too; it will be a help to my affairs, I am sure. In Shanghai I find it very difficult to get the right company, and therefore the right enjoyment, which is certainly very important if you want to approach someone and give the right impression.

Make decision, quick and telegram your arrival. You must decide before August, for it is the only month left now.

Yours,

H. L. Chow

（吴宓注：周煦良　上海。）

1934 年 7 月 24 日
上海

亲爱的雨生：

我已经很久没有收到你的信了。你竟好心地自责没有给我写信，实际上应该怪我。我也早就应该给你写信了，因为我已经给北平的朋友写了不少信了。但是每次当我想给你写信时，我都觉得是一项更为艰巨的任务，因为写封普通的信是一回事，写出个人真实和全面的生活又是另外一回事。而后者并不总是能够实现的；生活在这座不安定的城市里，这种可能性极小。在这里，很多事情被搁置到明天、后天，就这样永远地拖延下去了。

我不是像你想象的那样生活在快乐的梦中。这个梦过于短暂，也过于简单。我以为那位女士非常爱我，但并非如此。所以就这样了。可笑的是，我早在到达后的第一个星期结束时就发现了。

189

不，我并不是垂头丧气。我太了解我自己了，因此不会只怪那位女士。如果我稍稍疯狂一点地爱她，她随时都会回到我身边。但我不会。我有自己的悲伤，这点她永远不会理解；我有我的工作，她也永远不会欣赏。当我对她失望时，我转而去做有助于我克服无助的事情。你永远不知道这些年来我有多么无助。我没有自己的隐私，我不是跟我的兄弟姐妹住在一起，就是去见那些我只愿敷衍的人。总而言之，我一直活在他人生活的阴影里。我的灵活变通确保我到处受欢迎，但欢乐时光却很少。

如果有任何原因妨碍我遇见合适的女士，我发现的事实也许是最重要的。如我目前的生活，现在的举止和未来的计划之间总是存在着不和谐。某位女士可能适合我目前的生活方式，即其他人的生活方式，但她将不适于我未来的计划，那是我自己的计划。反之亦然。

正如你从我的那封长信中得知的那样，我并不是非常喜欢上海。但上海是最自由的世界，它比北平更现实。到达上海后，我发现住在北平，我确实在逃避现实。正如我之前所说的那样，财务因素使我无法留在上海，但如果我可以解决财务问题，我认为上海不会对我造成任何不良影响；那时，我将能够保持自己的思维和生活方式，并遇见我一生都在寻找的人。

最近几周，我试图在暨南找一份教学工作，现在已经接近成功了。艺术系新任主任郑振铎先生同意每周给我六个小时的上课时间，其中将有三个小时是关于浪漫派诗人的。我犹豫着是否接受，因为我不是研究英国文学的学者。但由于哲学系没有空缺教职，而我渴望借此获得自由，因而我最终同意了。然后我想起，你多年来一直在教这门课程，所以作为课程开始，也许我可以从你那里得到一些建议和帮助。所以，请务必回信，告诉我关于这门课程的所有信息。这对我来说真的非常重要。我必须获得关于这门课程的很多书籍；如果仅是观点，无论多么合理明智，它都不足以用于教学。我必须知道每个诗人的细节，以及其他人对这些诗人的看法。因此，除非我勉力为之，否则我肯定无以胜任。

其他三个小时可能是美学，这对我来说是另一个陌生的学科，但也许不是很难的尝试。目前，我正琢磨能否开设一门伦理哲学或哲学概论的课程，如果可行，我可能会放弃美学。我没有尝试过每周授课六个小时以上，因为这将是我在教学中的第一次经验，所以肯定需要做很多准备。

我自己的事就这么多了，现在我们来讲讲别的事。

许思园①是我在大同的校友。对此，在我之前给您寄去的书中，我只提过一句。但我自己并没有读完他的作品。生计已使得我偏离了自己的兴趣爱好。我正为自己打算何时能回到正轨还不清楚。您很欣赏他的这本书，为此我甚感欣慰，我也深信您的欣赏是公正的。两年前，我在南京和许先生有过交谈，在他身上，我发现了正统哲学系学生的品质。我很惊讶地发现，我们对许多人生琐事的观点一致。许先生请我在得空之时为他写个书评，但他深知这个世界给人的闲暇和选择并不多，因此，我认为他不会因我的拖延而气恼。

我认为你对沈的评论入木三分。神秘的知性，而不带私人温情！那是因为他的哲学只是一种现代的国际象棋游戏，其中没有"人类"。正因为如此，他对终极价值的看法将是明确的真理和抽象的形式主义美，他欣赏的人要么愿意分享他本能的满足感，要么对他所追求的价值观（即哲学和音乐）有共同兴趣。因此，他与富有感性道德的人完全相反，那些人关心人是为了他们自己。我个人认为，一个正常的人和一个更可取的人应该兼具理想的人生价值观和"以人为本"

---

① 许思园（1907—1974），号思玄，江苏无锡人。肄业上海大同大学，游学法国。曾任中央大学、无锡私立江南大学哲学研究所教授。1949年后，任教山东大学历史系。

的情感。如果没有前者，人就不会比无意识的群居动物强；如果没有后者，人甚至不会为自己的目的服务，无论他如何推崇它；因为仅靠一个渺小的灵魂无以实现价值。只有万能的神可以说："我就是我，如果你不在乎我，我也不在乎你"；只有万能的神才能要求人类绝对地调整他的方式，没有人可以如此。于是，没有人可以声称：他是绝对正确的，而那些与他的观点和方式相左的人是错的；因此，没有人可以忽视对他人的责任，（因为他们也可能是正确的）或对他们有所用处。

如果以上所言正确，我认为沈先生对琐碎的人际关系的漠视是他的性格中一个真正的瑕疵。因为他从未想过要活得对别人有用，而如果真的如此，他对爱的看法将是以自我为中心的类型，甚至是工具性的。这种类型的人将会被像我们一样的人喜欢，他们厌倦这个世界上人与人之间的虚假关系；但只有痛恨原则的世界仇恨者才能允许这种漠视。

从某种意义上说，现代世界也是令人不可思议的过于知性。现代哲学观从生活、道德和宗教方面的问题转向认知论和逻辑，这是一个不可思议的知性转换。现代世界似乎鼓励为所有事物为本身而追求；为哲学而哲学，为科学而科学，为艺术而艺术，甚至为人的存在而存在，这首先出现在卢梭的浪漫主义中，但持续了整个世纪，主要因为它是对一个价值观紊乱的世界的盲目反抗；然而，即便是这种反抗也采取了同样的表达方式，即自然主义或自然主义信仰的表达方式。自然主义相信一切都由自己或自己的方式决定。个人竞争受到鼓励，因为通过以每个人自己的方式提升自身是获得最好可能性的最佳途径。出于同样的原因，任何为了自己本身而做的事情都比为其他原因更自然，因此是被鼓励的。个人完美的多重标准被建立起来，每个人都被高声赞誉为另一个人。今天，"伟人"这个词被滥用于政治家、汽车大亨、科学家、电影明星等人物，也被用于希特勒、列宁、吉卜林①以及罗曼罗兰和萧伯纳等人身上。只要是成功和个人荣誉，无论是何种成功和荣誉，本身都值得尊重，每个对成功充满自信的人都对自己人格上的优越和价值确信无疑。在这个意义上，冷酷的世俗经济人、感性的卫道士或政客或革命家，以及神秘知性和道德冷漠的哲学家，都是一个价值混乱的世界的现代产物。

我很高兴你能带着你的情感残余渡过难关；这确实最难逾越的事情，因为我最近再次体验过它。我的诗作，上次只给你看了一部分，就是这种情感状态的一个诠释。我现在附上一个完成的版本给你，因为它被寄给沈从文，但从未发表过。我个人非常喜欢自己的诗，并对它有很高的评价，我想听听你的高见。

我从其他渠道获悉，清华与北大之间的合并将不会继续。这对我而言不啻为好消息。

我觉得来上海一趟对你来说还是不错的，虽然我不太确定后续效果，因为我极有可能在下一学年留在上海，而无法密切关注你。但我仍然认为，当你开始工作时，会感受到变换一下的好处；那时你会觉得神清气爽。我认为你不可以超越你的情感，因为它也是我们本性中一个非常基本的事实。这个地方必须由某个人来填补；我们为即将到来的那个人空着它，从不打算让它一直保持空虚。目前，我认为自己不会像在北平那样，令你感到愉快有趣和有所帮助；因为我也心情不佳，但如果前景——不是工作——将得以发展并且进展顺利，我可能会是一个非常快乐的人。此外，我也需要你在我身边；我相信这对我的事务会有所帮助。在上海，我发现很难找到合适的同伴，因此难有想要的乐趣，而如果你想接近某人并留下良好的印象，这当然是非常重要的。

---

① 约瑟夫·鲁德亚德·吉卜林（Joseph Rudyard Kipling, 1865—1936），其时身在印度的英国作家、诗人。

请尽快做出决定，并电报告知你的到来。你必须在 8 月之前做出决定，因为现在仅剩下一个月了。

你的，

周煦良

三

雨僧兄：

莎士比亚已由　大雨兄向　振铎说过。　振铎只允出二百四十元。　大雨以为最低价格为二百八十元弟以为二百七十元亦可故未再言。[①]　大雨手边无钱，否则当径向　兄购与矣。弟因独居真如，开销甚巨，乃至星期杪跳舞之费亦无着落，故本学期不得不增加教书钟点，然亦无暇管他事矣。李女士（吴宓注：素英）之英文诗甚佳，其人，弟亦见过，甚不俗，惜无机缘多相识耳。此事最好听其自然。人皆有其特殊之存在，决非文字或通信可以洞悉，故亦非不相识前，可以相爱也。暑假中若有机会或来北地一游，但以弟目前经济状况而言，此事恐亦未能实现也。

本学期在暨大任"英美现代诗"一课，对此毫无心得而勉欲为人师，诚苦事。叔昭常见否？近作新诗数首均寄彼，未知见过否。此颂

文祺

弟煦良顿首廿五年（1936）二月廿五日

---

① 吴宓拟将其留学美国时以 60 元美金所购附有详细注释之《莎士比亚全集》出售。

四

雨僧兄：

信收到。此间已放暑假。弟下年仍在暨大任教，待遇仍旧。　兄为弟所谋一切虽不成，厚意可感也。弟教书一年，反觉退步，以无闲暇任意涉览、任意思索之故。苟有其他啖饭处，必舍此他往。哲学年来荒疏已久，即执教鞭，恐亦不能胜任矣。暑假中因有两月无收入，拟卖文或诗，然文思钝极，时作时辍，自省心灵如一片荒原，且不能寻其原因所在；苟一日探得源，亦即霍然痊愈之日矣。

《人物月刊》已由景珊寄弟一份，觉内容甚不精。　兄之二文亦捧读一过。有一点愿商正于　兄，即吾人谈道德问题，不必将自己牵入。《人物》第二期《我之人生观》，篇首有"我十余年中之所行，亦未尝有违于此"一语。此言殊太肯定。吾人应承认一切行为皆有其客观之绝对是非，然此是非，虽当事人亦未必能知之不爽。吾人对于自己行为之判断，并非永远不移者。年深日久，经历与修养俱进，往往发觉前，此自命为公正光明之行为，亦有其hidden motives。一道德修养深湛者应能怀疑自己之行为是否完全合理，盖吾人决不能断定其绝对之是非，故亦不应有此种Sense of Righteousness。质之　兄以为所如。

七月八日，弟拟赴苏一行，若　兄能于该日前抵沪，甚望　兄能与弟同往。或可为介绍一二女友。弟苏州通信处为苏州卫前街十六号。真如地址为陈家宅七号。此颂

暑安

弟煦良顿（1936）六月廿九日

暑期务必来南一行。

编者注：此信中之着重号，为吴宓收阅时所加。

五

雨生兄：

友人戴望舒君现办一《新诗》月刊，拟求一T. S. Eliot诗特载。前得 兄书，言及陈梦家夫人赵女士曾译好Eliot之 *Waste Land*，不知曾发表否？如未发表，戴君亟愿得之以光篇幅。不知 兄能代为索得否？陈梦家亦为《新诗》之特约撰述员，想其夫人必慨然俯允也。

弟仍在暨大，月初本有友人介绍往河南大学教文学，弟已电允。但河南方面迄未答复，想已无望。然在暨大，亦颇清闲。今年仅授两班英文，颇有闲暇涉览思索，唯经济稍拮据耳。

近日读D. H. Lawrence: *Sons & Lovers*，甚喜其对于人性之洞察。He pays a great deal of respect to hate. In reading him, I some realized that hate makes men strong and eventually makes him a man. My weakness, and I think yours too, is that I acted too often the abstract virtuous deeds, and cares too much, in my unconscious. I should be to hate, to despise both people and things. Therefore I only refused them; I never allowed myself to hate them except when I could not control myself. I thought hate intrinsically (intricately) bad and unwholesome. The result is that I exposed myself to attach and suffering, and let myself reduced to misery. And now I understand, if I have to hold my second line of defence, I might well keep my first line of defence, i.e. hating those things. I don't care.

[近日读D. H. 劳伦斯:《儿子与情人》，甚喜其对于人性之洞察。他非常尊重仇恨。在读他的作品时，我有些意识到，仇恨使人坚强，并最终使他成为一个男人。我的弱点，我想也是你的弱点，是我在无意识中

经常做出过于抽象的善行，并且过于在意。我应该去恨，去鄙视人和事。所以，我只拒绝他们；除非我无法控制自己，否则我从不允许自己去恨他们。我认为仇恨在本质上（错综复杂）是坏的和不健康的。结果是，我把自己暴露在执着和痛苦中，让自己沦为痛苦。现在我明白，如果我必须守住我的第二道防线，我不妨竖守我的第一道防线，即憎恨那些东西。我不在意。]

叔昭[1]在清华旁听文学，可佳。I suspect she might cause you to love her, if not for the fact that you also like her husband（吴宓注：严景珊）.（译文：我怀疑她可能会让你爱她，如果不是因为你也敬佩她的丈夫。）

祝好！

弟煦良上廿五年（1936）九月十五日

六

雨生兄：

连得两书，以心绪不宁，至迟未覆。河南事失不足惜，其地闻极陋塞，生活亦苦，弟虽往亦不能久居。在暨大，虽经济稍拮据，但有闲空，可以读自己喜阅之书。秋晴甚久，弟所居小园颇有佳趣。弟日晨起，辄携爱读之书坐池上朗诵，此乐即非河南能有矣。

今夏在苏州，有人为弟介绍一女友，现已返燕京续读，至今尚未通只字。提笔欲作书，则苦无话说；不作书，则感觉内疚甚深，或者此心已成死灰已。此为弟唯一之女友。在沪暇时则涉猎旧书店，以消磨孤寂。盖沪上女子大都非弟之俦，而找彼等作半日之游乐，则又非挥

---

[1]　周叔昭，女，燕京大学社会学硕士，儿童文学作家。周煦良之姊。严景珊夫人。

霍不足以助兴，故弟宁暂时抱残守缺。来书言黎女士种种，想必为事实。其人甚聪慧，身世遭遇则可哀，心境当非浅薄之流所可拟。女子之心境有两种最美：一为热烈之渴望，一为深刻之悲哀。然此二者实不过一种性格之两种表现。黎女士若为此种人，则他日晤面时，或可投合。唯弟一时不能北来，虽有假亦无离沪之能力。乞之于亲友，则不屑。遇合之事，不应强求，盖其结果太难把握。此事仍应听其自然为上。

近来虽谓得暇，但无法作有计划之努力。作诗、翻译、作小说，或作学术研究均为弟能力之所及，然友人索一短稿，虽逾月亦无以应命。追其根源，或仍由于缺乏爱情对象之故。盖人生任何活动，决不能自身成为唯一理由。为真理而真理，为艺术而艺术，皆为自欺之谈他日当为文，详论之。今人努力于学术艺文者，或为名，或为利，我辈对此皆能看破，若再无爱情作鼓励，则一切活动皆不能鼓起兴趣。幻灭又何怪之有。

故弟目前之问题极难解决，亦非　兄能代为解决。爱情，非有极大之意义，结果必使弟避之若死刑，盖爱情已为弟生活唯一之救星已。第二之解决为憎恶之培养，盖憎恶可以促起灵魂之独立。如然，则弟或有余力从事于文艺，以文艺为报复之武器。据弟目前情形观之，第二种之解决，似为最可能。

叔昭亦有一信给我，兹不另覆，见彼望以此信示之。此颂
文祺

弟煦良上廿六年（1936）十月十六日

七

雨生兄：

近作一首寄呈。此为弟作诗以来最得意之作矣。初，一九三六除夕，弟与知友数人聚谈，忽欲还真如休息，友留弟晚餐，勉应之，卒不能留。归而作此，以报之。然意不在解释或道歉也。适函友云："如看不懂，可即视为一九三六除夕留别人间"之作。其然，又岂其然哉。卞之琳君尝欲自释其所作诗，真多事耳。

弟近来思想大进，觉宇宙为一大和谐，人亦为一灵魂之和谐，以此观物乃无往而不通。此诗篇此种灵魂观之一说耳。健吾读此诗，谓极似庄子，然弟蝴蝶之喻乃来自Jeaus："The New Background of Science"。后边鬼喻则来自《子不语》。谓似庄子，乃不期而合耳。然吾何所敢拟。

《新诗》第四期有弟《时间的节奏与呼吸的节奏》对话一则，万二千字，亦为弟得意之作，恐不易为刻舟求剑者所了解。

寒假在即，尚不能决定来平与否。沪上魔障无发展，亦未消灭。此心仍不能他去，奈何！

弟若不来平，望兄来沪一叙。此颂

文祺并祝

新禧

弟煦良顿首（1937）一月四日

除夕酬人

不要多留我，朋友！
不要捻着蝴蝶的彩翅，
你殷勤的手指是花刺似的
当它要飞去的时候。

不要当做我不高兴，
虽则你歌声是那样动人；
我心里也有只歌儿在奔腾，
不打算任何人听。

酒，我不要一滴，
如果酒也不过把人燃烧，
我已快烧成七月的斑豹：
我的躯壳要迸裂！

不要再勉强了！ 你
可知道我一刻也不能再捱，
我变出的恶相你不要吓坏——
你才知道我呢是鬼！

（1936）

编者按：吴宓于此信旁有注："（民国）廿六年一月初七日到。（民国）廿六年一月十一日覆。"并加盖吴宓印章。

八

雨生兄：信悉。　兄《牛津尖塔诗》[①]译文甚佳，音调亦流畅。"更为美丽"之"更为"二字不必，如词曲中之冒头字，尽管慢慢续去。诗的音律绝不能讲得太死也。

近作《冬郊》一诗，与前诗可合观。霍思曼诗钞二首亦附上，自谓颇不恶。近译形式益谨严，并重意译。然以不伤不增原意为主。近又草《续〈文学〉新诗专号中论文》一文，约万字，弟之思想各方面都有说到处。兄不可不阅。此文为友替《大公报》索去，约须一月后始可刊出，急甚。《新诗》第四期即将出版，《时间节奏与呼吸节奏》一文中所用之思想方法，实与弟研究人生方面之方法同：科哲岂相违成。

沪事无进展，即拟北来；款[②]望汇下。此颂

冬安

弟煦良（1937）一月八日

霍斯曼诗（九篇之二）

十七

一礼拜两次整个的冬季

　我都站在这儿守门，

　足球曾替人抵御过忧虑

---

①　指吴宓以新诗体所译英国 Winifred M. Letts 女士《牛津尖塔诗》。载 1937 年暑期《清华周刊》。

②　吴宓以煦良财困，愿汇助 200 元款，为其北上旅费。

替我这年青人的灵魂。

现在五月天我又赶出来，
　　垫子一个、球棒一柄，
看哪，愁人儿又打板球来，
　　三柱门前做着高兴。

做，我就做做，做做没害处，
　　可怪是有多大乐趣
这样拿人的骨头硬竖着，
　　不躺进泥土里去。

六十

现在已经是油短了灯光，
　　灰封了炉内的流霞，
挺起你肩膀，掀起你行囊，
　　丢下了朋友们走吧。

汉子，不须愁，莫左瞻右顾，
　　莫当做有什么可怕，
此去的一条漫漫的长路，
　　什么都没有，只有夜。

　　〔吴宓按：A. E. Houseman（一生身任大学教授，不大与世人周旋），深研古典文学，富于旧道德、就宗教之意思，而其人天性严肃诚笃，但又内蕴热情，随在而表现。至其作诗，则用旧体、旧格律，但词句却明显简单（又极精炼）——就以上各点言之，今日中国，惟吴宓可以与 A. E. Houseman 相比，相当。——假定以《新诗》月刊一派人，来比 T. S. Eliot 等新诗人（英国的）的话。我十余年前，便如此想。但今日更无人肯承认吴宓可比 Houseman，新诗人连旧诗人的地位都抢去了！

　　1937 四月（清华）。]

吕碧城^①（一通）

《大公报·文学副刊》编辑部

吴雨生先生鉴：

　　承　示欲为文评《信芳词》[吴宓注：吕碧城著《信芳词》亦名《信芳集》，"苟志情之信芳"。多年之中，几经修改。身临老境，晚年学佛，乃讳言情，遂刊《晓珠词》（为全集之名），谓"濒死乃恪佛理"也]，并已先撰入日记，谓拙集"不外一生未嫁之哀情"云云，实为武断污蔑。人与禽兽不同。人类之思想及欲望，不仅以饮食男女为限。凡中等以上之人，其思想之繁复、悲哀之深邃，率不易从旁揣测。若见他人哀感，即断为不出男女居室之情，则成为禽兽世界矣。况词之性质，本通称为哀感顽艳，词家率以此为标，向此四字做去，非如画片仅以写景为能事。其词艳，而情则幻；其词哀，而感始深。此固文人结习，亦词之通例。不得指为实"有"何事，实"因"事。

去年二月三日一百零八号之贵刊，登有张尔田君之长函^②，痛驳沪上出版之《李义山恋爱考》^③，谓"艳情并非恋爱。此乃文人结习，广泛之感情。至其托何而起，此惟义山个人能言之，吾人实无权为之代答。下等动物感情单简，往往注重于一物一事。若人格愈高，则感情愈复杂，

---

　　①　吕碧城（1883—1943），女，字圣因，安徽旌德人。工诗画，善治印，并娴声律。1903年任天津《大公报》编辑，并在天津办北洋女子公学。1912年被袁世凯聘为大总统府秘书。筹安会起，即辞去。1918年入美国哥伦比亚大学，1922年自加拿大返国。1926年再游欧美。1943年逝世于香港。撰有《鸿雪因缘》。

　　②　指《张尔田君致本刊编者论李义山恋爱事迹书》一文，载于1930年2月3日《大公报·文学副刊》第108期。

　　③　指苏雪林所著《李义山恋爱事迹考》，上海北新书局出版。

不特他人无从指实之，即作者自己亦且无从指实之。如某君评楚辞，谓屈原系恋爱一女，说得屈原如此不济，岂不可笑。"此系张君之言，不啻今日为鄙人辩诬。　贵记者将鄙人比作下等动物，谓不得男女居室为哀。全卷之词，不外此意。　贵记者与鄙人何冤何仇？将鄙人说得如此不济，如此卑污鄙劣，糟踏得一钱不值。屈原、义山皆男子，被人诬蔑，张君且为之不平，况女子乎？公论俱在，　贵记者应知自警也。

鄙人欲嫁则嫁，无人阻之，且素有挥霍之名，多为贪利者所垂涎。平生踪迹瀛寰，岂少逢迎之人？而所谓人者，充塞天壤，俯拾即是，非如祥麟威凤，世间缺此一宝。岂有以不遇为哀之理？吾之不嫁，乃出于自由决定之志。既自决定，又专为词一卷以述其哀，有是理乎？

拙词固属哀艳之体，此乃词学中诸派之一。且拙词范围甚广，生值污浊俶扰之世，国计安危，沧桑兴废，多以隐语托讽于艳词。明眼人类能见之。何以在　贵记者眼中，皆成为性之关系，谓为不出男女居室失败之哀乎？_{尊函有"失败"云云。}[1]凡读他人著作，见仁见智，固有不同。然

---

① 吴宓1931年3月23日日记云："近拟作《信芳集》序或书后，大意如下：（一）《信芳集》确能以新材料入旧格律，所写欧洲景物，及旅游闻见感想，宓今身历，乃更知其工妙（李思纯《昔游诗》及《旅欧杂诗》亦然）。而其艺术及词藻，又甚锤炼典雅，实为今日中国文学创作正轨及精品。（二）《信芳集》确能以作者本身深切之所经验感受，痛快淋漓写出，而意境却极高尚，艺术却极精工，即兼有表现真我及选择提炼之工夫。集中所写，不外作者一生未嫁之凄郁之情。缠绵哀厉，为女子文学作品中之精华所在，然同时作者却非寻常女子，其情智才思，迥出人上。其境遇又新奇，孤身远寄，而久住欧洲山水风物最胜之区。如此外境与内心合，遂若屈子《离骚》（集名亦取此书），又似西方浪漫诗人之作。所谓美丽之生活，方可制成精工之作品也。（三）人生福慧难兼。即或享受实在之幸福，一生安乐满足，而平庸不足称述。此其一途。又或身世悲凉，遭受屯艰，苦意浓情，无所施用。而中怀郁结，一发之于诗文，却产出无上作品。其生活之失败孤苦，正其艺术创作之根基渊泉。此另一途。二者不可并得，惟人所择，若如吾侪自命超俗而雅好文学之人观之，则宁取第二途径，而不顾第一途，但自亦须出之自然，非可矫揉造作耳。由此以论，《信芳集》作者，诚足自庆自慰，而不必自恨自伤矣（如罗色蒂女士之身世及诗，亦符此例）。外此集中佳篇，宓拟详作批注，以质示友朋，或质作者，不具录。（明日，复吕碧城女士一书，约会晤，并以此段底稿钞示。）"

拙词曾经海内有身份之词家评定，皆就词论词，从无牵涉兽感之问题（张君所谓下等动物之思想）而横加诬蔑者。此乃沪上新风潮中之小报纸、小书店之伎俩。　贵刊以大报之资格，应自重自爱，立言涉想，存乎高尚。谅不致冒昧加鄙人以如此之侮辱。但事关损害名誉，不得不预为警告。已撰之文请取销，未撰者不得杜撰登载。究竟如何？尚祈　示覆为幸。

《信芳词》著者谨启二十年（1931）三月廿六日

敬闻命矣。　枉顾必挡驾，不必徒劳往返。

　　编者按：吕碧城女士来书中的着重号，为吴宓收读时所加。据吴宓欧游笔记，谓《信芳词》著者吕碧城女士得吴宓复书后，嫌隙误会冰释，仍与通信联系。又据吴宓1937年5月8日日记："上午接吕碧城女士，由香港山光道12号，寄来《晓珠词》20部，索宓诗集，遂又寄一部与之。"

郭斌佳[①]（一通）

1 Cleveland Street

Cambridge, Mass.

U. S. A.

April 30, 1931

Dear Professor Wu,

I am writing to tell you that all the books asked for by you in your letter dated Paris, March 12, 1931, have been procured and sent to China（28th inst.）with the exception of P.Shorey, *Unity of Plato's Thought* which is out of print.（吴宓注：已托郭君嘱各书店代觅）The net amount I paid for those books is given in the annexed list. Prof. Babbittt has given to you his *Masters* and *Rousseau* free, because they are shop-own copies given him gratis by the publishers. So I still have with me $11.65.

Every thing is going on very well here. I am doing my work almost exclusively in History. I have not taken any course with Prof. Babbittt, but I see him quite often. He was telling me to acquaint you with a new book—N. Foester's *Toward Standards*. I hope you are enjoying your

---

① 郭斌佳，生于 1906 年，字胈周，江苏江阴人。上海光华大学毕业，留学美国哈佛大学，研习历史，获博士学位。1933 年返国，任光华大学文学院长、武汉大学教授，国民政府外交部参事。后定居美国。

sojourn in Europe, with good wishes, I am

Yours sincerely,

Ping-chia Kuo

Babbitt, *New Laokoon* $ 2.50

N. Foester, *Humanism & Amer*. $ 2.25

J. A. Scott, *Unity of Home*r $3,25

Babbitt, *Handbook of Fr. Lit.* $0.35（吴宓注：已托郭君代购清华）

克利夫兰街 1 号

康桥，马萨诸塞州

美国

1931 年 4 月 30 日

亲爱的吴教授：

　　我写信告诉您，您在 1931 年 3 月 12 日自巴黎来的信件中所要求买的所有书籍，除了那本保罗·萧雷所著的《柏拉图思想的一体性》因已绝版以外，都已全部买到，并已寄往中国（本月 28 日）。我为这些书籍所付的金额见附件中的清单。白璧德教授已将他所著的《大家》和《卢梭》免费赠送给您①，因为这是出版商免费提供给他的的书店样书。所以我这里还结余有您的 11.65 美元。

　　我在这里的一切事情，进行都很顺利。我几乎只做历史方面的工作。我没有选修白璧德教授的任何课程，不过我经常见到他。他告诉

---

　　① 当指白璧德之《现代法国批评大家》（*The Masters of French Criticism*）及《卢梭与浪漫主义》（*Rousseau and Romanticism*）二书。

我让您熟悉并阅读一本新书——诺曼·福斯特的《走向标准》。我希望您能享受您的欧洲之行，并致以美好的祝福，我是

您诚挚的，

郭斌佳

欧文·白璧德《新拉奥孔》2.50 美元

诺曼·福斯特《人文主义与美国》2.25 美元

约翰·亚当·司各特《荷马史诗的一体性》3.25 美元

欧文·白璧德《法国文学手册》0.35 美元

刘海粟①（一通）

雨生先生：

尊书悉。昨接法美术部长来函，拟由国家购拙作二帧，备藏美术院。此不仅弟个人之荣誉，实为国际文化之光耀。路易拉洛亚主席文，恳即译寄《大公报》，并希略叙开幕日情形。我　公素以倡导文艺为己任，此种事实当亦乐发表也。

当日到会之重要人物：法兰西学院会员、巴黎美术校长A. Bernard，沙龙蒂勒里会长、大画家Aman-Jean，法国中央研究院美术委员 Laudonski，教育部代表美术次长M. Mouiller, Jeu de Paume 美术馆馆长 André Dezarrois, Louvre 馆长 Paul Yamot, Victor Hugo 美术馆馆长 R. Escholier, Le Temps 主笔 André Dubosg，巴黎新闻主笔 Pierre de Colombier，巴黎大学教授Louis Lalory，基督教大学教授Maritain, L'Art Vivaint 总主笔 Fels Margoulies 等百余人。

海粟

（吴宓注：刘海粟，在巴黎举行画展。）

---

① 刘海粟（1896—1995），字季芳，江苏武进人。画家。1909 年赴上海，入布景画传习所习西洋画。1912 年创办上海国画美术院，任院长。1931 年赴德国法兰克福大学中国学院讲学，并应邀在巴黎举办旅欧美展。回国后，在上海、南京举办个人画展。1933 年赴欧洲，举行中德画展。1934 年在柏林，翌年在伦敦，举办中国现代绘画展览。抗战爆发，避于南洋，曾举行义赈展览。1942 年被日军逮捕，解送上海。1952 年任华东艺术专科学校校长。1958 年任南京艺术学院教授，1979 年任院长。

傅雷[①]（一通）

吴宓先生：

兹有意大利诗人Sales君，垂询中国诗韵律规则。弟以此道久荒，已甚模糊，不复记忆，可否乞

先生将中国旧诗之五古、五绝、七绝、五律、七律各种诗格之平仄列表示知。又五律、七律之平仄格局之变式，亦乞一并见告为感！（如五律第一句可以平起，亦可以仄起者。）

草此敬候　复音，并预申谢悃。即祝

旅祉多福

弟傅雷（1931）七月一日夜

M. Fou Nou En

40, Grande Rue

Nogent sur Marne（Seine）

---

① 傅雷（1908—1966），字怒安，号怒庵，上海人，翻译家。上海持志大学肄业，1927年赴法国留学，就读巴黎大学及卢佛美术史学校。1932年归国后，曾任上海美术专科学校教授，《时事汇报》总编辑，中央古物保管委员会编审科科长。曾与倪悠合编《艺术旬刊》，与周煦良合编《新语》半月刊。1949年后，任作家协会上海分会书记处书记，并为法国巴尔扎克研究会会员。译有法国文学名著多种。

吴宓先生，

兹有意大利诗人 Sali 君　　
甚论中国诗韵律规划。中以此道　
久荒，己亦模糊，而後记忆。可否乞　
先生将中国旧诗之五古，五绝，七绝，　
五律，七律之短诗稿之平仄韵律表　
示知。又五律七律之平仄格句之　
复式，亦乞一一见告为感！（如五律或　
以平第一句可以平起，知如仄起等）。　

　　　　　专此敬�"　美意盛顔申谢
惯，勿咎　　　　旅祉多福

　　　　　　　　　　　傅怒雷
　　　　　　　　　　　七月一日夜

M. Fou Non En
45, Grande Rue
Nogent sur Marne
(Seine)

1931 年 7 月 1 日，傅雷致吴宓

陈铨^①（一通）

Kril, Schlopstr. 2-9

雨僧先生左右：

来片接悉。敝校上课至二十九日始毕。夏藩琳女士Anna Schafhitlin（吴宓注：1925在清华授德文），现由美回德省亲，于二十九日将来卡尔。铨定于八月一号或二号与夏女士同来柏林。动身前二日，当再与贺麟^②君写信，以便请其先觅睡处，并不至于寓所大门早关不得其门而入也。余容面致。此请

文安

陈铨顿首一九三一年七月二十四日

叶先生^③及贺君请致意。

———————

① 陈铨（1905—1969），名大铨，字涛西，四川富顺人。1928年清华学校毕业留美，获奥伯林大学文学硕士学位后，赴德国深造，获卡尔大学文学博士学位。回国后，任教武汉大学、清华大学等。1952年任南京大学教授。

② 贺麟（1902—1992），字自昭，四川金堂人。1926年清华学校毕业留美，哈佛大学硕士。1930年赴德国柏林大学研究德国古典哲学。1931年回国，任教北京大学。1942年任西洋哲学名著编译委员会主任委员。1949年后继任北京大学教授，1955年调任中国科学院哲学研究所研究员、西方哲学研究室主任。

③ 指叶企孙，时与吴宓同在柏林。

张荫麟[①]（一通）

雨僧先生：

手谕到时已近三月中旬，歌德一文无法如期，故遂不作。惟今年纪念龚定庵之文，荫可任此。又杜甫纪念，荫拟有一长诗。此二专号，均请俟拙稿到时始出（拟何时出，请示知）。

前复容希的一长札，原属其情人录副交《文副》发表。渠以此书内容与《文副》性质相差大远，惧使《文副》为难，故未照办。原《大公报》之"读者论坛"一栏，以常登无价值之文，不为识者所重视。投文其中，不易得到所期望之读众，非荫所愿也。昨又复容君一长函，所论视前更为详尽，已请其速录副交　先生，不审能使在《大公报·读者论坛》外刊出否？不能则已，勿勉强也。

颇闻　先生倦游归后，尚有不释于心之事。意者深情所托，有不尽符所望耶？荫去国前后，亦尝遭此境。大梦觉后转自庆未陷网罗。"当年遥望三神山，到手不值一杯水。"世事大抵如斯。而旁观者所见，未必尽妄。士为知己者死，不为厉己者瘁。愿　先生为名山事业计，稍自节惜心力，此则凡敬爱先生者之所望也。肃此并祝
康健

学生荫麟上（1932）三月十五（美国）

---

① 张荫麟（1905—1942），笔名素痴，1929年清华学校毕业留美，斯坦福大学文学硕士。1934年任清华大学哲学、历史两系讲师，1936年任教授。先后执教清华大学、西南联合大学、浙江大学。在清华，曾从吴宓受业，并助编《大公报·文学副刊》。

周光午^①（四通）

一

雨僧夫子尊鉴：

　　碧柳师月前因讲演来渝，曾有一函寄上，想已收到。返江津后二日，感染时症，为医药所误，转成肺炎。卧床不食，业已八日，现复咯血。顷得急电，嘱往省视。准星夜与柏荣先生兼程前往，到后再报。专上即请

崇安

　　　　　　　　　生光午谨叩（1932）五月六日自重庆大学

二

雨僧夫子尊鉴：

　　昨函谅达，白屋病势已经过四度危险。手冷鼻冷，发汗气促，终日昏沉，面瘦余骨。业卧床十日矣，吉凶之数殊不可知。亲友皆已失措。特此奉闻。专上即请

---

① 周光午，字卯生，湖南宁乡人。吴芳吉早年弟子。上海中国公学大学部商科肄业。曾任重庆清华中学教务主任，江津聚奎中学校长，长沙周南女子学校教员。后任教武汉大学。1958 年病殁。

崇安

生光午谨上（1932）五月九日自四川江津县德感坝白屋吴宅

三

［快邮代电］

北京清华大学吴雨僧先生，并转刘宏度、童季龄[①]、吕谷凡[②]先生鉴：

碧柳本月青日下午一时在江津本宅病故。光午灰印。

四

雨僧夫子尊鉴：

日前在江津寄上快邮代电，奉告碧柳师不讳之讯，想必震悼。兹将此事前后再告一二。上月二十二日碧柳来渝，貌极清癯。生劝其暑假辞职来渝休养，碧柳欣然应诺。二十四日应旅渝西侨之请，在福音堂讲演。二十七日返江津。二十九日得疾。本月六日接江津县长谷醒华电，病危并求渝医。生星夜兼程偕校医前往，七日到白屋。至则热症已误作寒症诊矣，病深无救，遂于本月九日午后一时与世长辞。身后萧条，不能举葬。所遗一母一妻二子一女，亦不知如何办法。天乎痛哉！现葬事已责成江津中学举办。又拟集省内外赙增款项，为储子女教育费。收款处推定重庆回水沟三号陈家花园陈少慧

---

① 童锡祥，字季龄，四川南川人。1916年清华学校毕业留美，芝加哥大学社会学博士。曾任国民政府经济部次长。

② 吕国藩，后改名昌，字谷凡。为吴宓在上海圣约翰大学预科学习时同学，介识与吴芳吉者，业商。

先生经管其事。请告平中友人如泗英[1]、季龄诸先生。又吕谷凡、黄华[2]两公务请去函告知。如蒙惠赠赙仪，请其寄交陈少慧先生收转。

碧柳临终，嘱生为整理遗稿。现已将白屋所藏稿件一概携来，究应如何办理之处（碧柳意欲刻两种：《白屋先生遗书》《两吴生集》），请夫子从速详示为祷。又碧柳深有隐衷，并嘱为夫子转达。俟生有机会入平时当面细谈。此刻心绪纷乱，不能著笔，谅之。赐示亦请由陈少慧先生转交。此请

崇安

生光午谨上（1932）五月十八日自重庆大学

（吴宓注：附录二书，书吴芳吉君临终及近年之办学情形极详。）

［吴宓附］

刘朴与刘鉴泉书

五月十八日，朴曰，鉴泉二十四兄足下：初六夜离渝及初七晡到津（江津）两缄，必后初九晡电讣达于左右。嗟夫鉴泉！尚何言哉！朴到白屋，入见碧柳坐床前藤椅上。碧柳曰："汝来甚好，大家商量一下。"询知其病，前数日胸痛如割，鼻出血，痰包血。今皆已，惟呼吸迫，脉浮速。自始疾，即夜不安眠，呓无休已。虽貌殊瘦，目犹有神，言谈作作有势。朴告之曰："必久静养，即愈。不往中学，不辞而辞。

---

① 刘泗英，四川南川人。日本法政大学毕业。曾任重庆中学、川东师范学校教员，西南公学校长，东林煤矿公司董事长，四川省参议员，国民政府经济部顾问、代理政务次长。

② 黄华，字叔巍，广东东莞人。1916年清华学校毕业留美，达特茅斯大学文学学士，哈佛大学法学学士。回国后，在上海市政府公安局服务，后改业律师。

暑假即还重庆大学。"蒙以为然。又告之曰："为人泰多，为及泰少，所以病也。"不答，而见光午辄笑。光午自去秋累累谏其勿以孱躯受任校长。去腊已还重庆大学，今年元旦，江津县长谷醒华重扳以去。积劳成疾，心已了然。初八上午，县长及中学同事，与其家人亲友，集议择医。良医四人，三人以为热症，一人以为寒症。临诊初固皆效，然多信此一人，兼彼三人，遂更服发表药。下午朴从碧柳请，讲演东三省事于中学。碧柳后询人，演说动听乎？曰然。大悦。其夜碧柳昏迷，掌冷至肱，汗出不已。以急方救之，汗已。县长日渡江视疾议方，是夜且守吴家，与以为热症者二医，审定明日当服之药。初九上午，脉频绝，足僵冷，痰壅喉，汗出如故。碧柳去其家女客，语朴为详白其生平于世。继呼朴入，朴问何事？曰摆龙门阵，然不能出一语。时睛已上翻，朴泫然附其耳曰："碧柳著作，必为刊行。"且问听到否？对曰听到。继呼点灯，朴曰昼何灯焉？又呼，乃为点灯，遂逝。凡病十日。二子汉骧、汉骦先数日归自白沙聚奎学校，至是慰其祖母及母曰："悲哭何益？有儿等在。"朴等亦慰之曰："有后死者之友在。"朴与光午急布署人事，分科负责，省内电讣，省外航空邮讣。县长设治丧处于中学，为备衣衾棺椁及他用度。初十上午，中学生三百人渡江谒尸。朴与光午揭巾而告之曰："学生来视校长。"双目未闭，唇禽齿咬。学生一一行礼，皆反袂流涕。棺二百四十元。其夕入棺。将入棺，吕子方、邓少琴自渝得电讣赶到，犹及一见。朴与光午揭巾而告之曰："子方、少琴来视碧柳。"光午议以遗诗二卷纳磁筒，铁盖漆封以殉。属朴题其卷面。如有神助，立得四句曰："呕自君心，还于君椁。文栋倍雄，来世有作。"遂题以置其枕后。从兹何岁，再见人间？目犹未闭，朴与子方扪而慰之尽闭。呜呼哀哉！先是初八夜，中学生有起小溲，见校长进礼堂者，追之而渺。初九正午，十点半后，校钟十余年者，一击不响。再击而裂。不至江津中学，不知碧柳建设之伟，可以愧死办大学之不认真者。平日佩服碧柳能立言，岂知发愤有为，乃能若是。其位苟愈崇，其动必弥大，江津无禄，不遗此人。遗恨之深，凭钟以见。是日上午，呼家人为取长衣马褂冠履，欲往中校。朴尼止，则曰：便于养病。终不与。又呼为录耶教圣经祷词，骤无从录。窃意其欲告天而终。与西安围城内哭柳潜诗"相邀垂死际，冠带坐堂堂"之意同。曾无一语及于家事。其始病剧，曾语县长曰："我受尽磨折，乃得有此区区智慧，稍知为人。天所降任，宜不止此，则固不愿死也。"初九晨，顾朴曰危险，朴慰之。又数问人已到何时，自言下午。果下午一时，则固知将死也。共和十八年夏，碧柳出川迎朴，先游南京孙陵，与文通、光午偕，甚乐。而顾光午曰："汝记之，我死，必葬江津白沙镇黑石山。"光午对曰："我安能至四川？"碧柳既还成都大学，半年，召光午至成都，荐之能教书聚奎中学，在黑石山上。光午今乃以白与众，定葬黑石山。十一下午，朴与光午、子方、少琴等分期讲碧柳事于江津中学，冀教职员学生真知碧柳。十二朴等归渝，以大学预科毕业考试，不能久留，亦不能再往送葬。临行，皆拜灵已，朴拍棺辞曰："碧柳，我今走矣。"十九出殡，以舟载枢。中学生三百，送如白沙，二十可到。墓之图案，窃拟为圆石顶，周以石墙，高不掩冢。墙外植花。其前为门。石级下迤，其旁植柏，达于牌楼，树墓表于中。撰表众以与朴，而书必求鉴泉。当在白沙刻石。今尚未暇撰表。光午议为刻其遗书募捐。捐启一曰启，二曰像，三曰传，四曰梁任公与吴雨僧书墨迹评碧柳诗者，五曰碧柳墨迹诗文精者均影印之。遗著自其家集二网篮，已携至重庆大学整理。朴先为传与启而后墓表。朴与光午俱远人，何意能送碧柳之终，于大江上游之白屋。碧柳非永命人，平日亦可测度，然胡速止三十六。聚奎中学尝欲为置田宅，以求永长其校。谷县长亦欲代为治产。碧柳均谢之曰"吾将奔走四方，老乃归蜀，虽办小学可也。"见朴倦教，贻书相勉以唏顾黄。目料丧乱已极，必以儒生出掌师旅，如曾文正、罗忠节之立勋。今皆已矣。人生志行，决算恒或不及豫算，终无奈何命之短也。呜呼鉴泉！尚何言哉！投笔潜然，想同霭臆。

周光午致海内师友公函

敬启者，当白屋先生之噩耗一旦传出，直如半空霹雳，莫不震悼失声。至有不信其消息为真，而再三苦询之者。叹恨之深，无平日知好及志行异趋者皆然。呜呼噫嘻！请告海内师友，白屋先生其终于五月九日午后一时与世长辞矣。其得疾前后，及去年来讲学情形，有吾师湘潭刘柏荣先生（朴）致成都大学双流刘鉴泉教授（咸炘）书，述之綦详，兹录之于右，为关心白屋先生者垂览焉。

刘师此书，所谈尚有未尽，请略补之。白屋先生系于去年下期接办江津中学。立旨以身作则，以铸成人格教育。每日晨四时即起，燃电灯与学生共读，自谓由此留下真读书种子。凡各教师请假所缺课程，能补授者，先生均为代授，惟恐荒废学生学业，而自笑为补充队。遇学生有过，密函告其改悔，不予悬牌记过，以励其耻。每夜十一时后，必提手灯，亲巡寝室三匝，俟全体安寝始寝。惯例三时即醒，不复入睡。关于初中改善、高中建设诸大端，均在此详悉计划，开江津中学二十六年未有之新纪元。坐言起行，绝无疑滞。历任校长所应入私囊之款，涓滴归公。又自入学校正门所悬"校警室"三字起，讫后院止，凡校具标识、校长室布告、礼堂对联，及油印讲义，无在不有先生笔迹。自谓以办大学之道办中学，努力输入清华大学之一切设施。自一校旗一宫灯之微，至一房屋之建筑，无不由其设计。嗟乎！劳苦如此，谁谓其不以身殉哉！两月以前，合江穆济波君，避难返川，路过江津，与先生相见，告以丹徒柳翼谋先生（诒徵）有入川避地之意。柳老者，今日之史学界泰斗也。先生大喜，立即筹划为柳老结庐于中白沙之黑石山，而拟暑假偕光午东下，躬迎柳老于京。计议已定，即得此疾，吾知泉下亦不自知其忽为殂化，不克遂此意也。自非平日私挟意气疑忌先生、横相诋毁而不出于良心之评论者，断无不以先生之早逝，为全国学术界最大之损失，决非江津一县，四川一省之损失。然而先生已自不朽矣。先生遗稿，光午现正积极为之编次，再交刘师柏荣，及北平吴雨僧，巴县向宗鲁、陈季皋，成都刘鉴泉、蒙文通诸先生，详加审订，以求实传先生之美。又凡先生知好所藏先生未刊诗稿书牍及他的文字，均乞抄下一份，寄重庆回水沟三号陈家花园，转交光午手收，俾得一次编入，免有遗珠之恨。至为至祷。他若关于述评先生诗歌及其道德思想之文字，如蒙源源寄赐，汇成《白屋诗人评传》专书，尤所感盼。专此不尽，敬颂

大安

　　　　　　　周光午谨启（1932）五月二十三日，渝州客次。

王荫南^①（二通）

一

雨生先生左右：敬启者春间（吴宓注：1933）幸获识荆，兼叨盛馔，推引之谊，拳拳弗忘。仆于五月间为友人邀往张家口主持报务，旋即遭逢政变，千里归来，乞食故旧。虽北方大局略定，流民无复土之期，而耿耿此心终欲提撕警觉，冀海内胞与必有奋起而救国者，即颠顿窘迫萃于一身，而于平生之志学卒不敢废。窃以世俗所论，恒以文章为雕虫小技，又或轻文人为无用。不知一国之强弱，系于士气之盛衰。士气之所由盛，由于一二人之奋发踔厉，明示所向。是即所谓一时之风气也。郁之为道德，宣之为政事，而畅达之为文章；三者其形虽殊，本原则一。

每观西史，当中世纪黑暗臬兀，政扼于教，人惑于神，风流文采不绝如缕，而由是启近世开明之基。所谓文艺复兴者，乃其始不过三五文人之歌呼论议、自述胸臆所怀。即我国近今共和树立，亦由于戊戌前后诸君子宣导之力为多。必谓文字不可用，则英法诸国可以返于日耳

---

① 王荫南（1905—1944），名汝棠，字荫南，以字行，别署一叶。辽宁海城人。沈阳萃昇书院（东北大学前身）毕业，后从桐城吴北江（闿生）学诗与古文。任中学教员、报纸编辑。"九一八"事变后，到北平成立东北民众抗日救国会，与东北爱国人士创办《光明日报》《光明周刊》。1936 年 5 月到张学良将军西北总部任秘书，不久陪友人返北平就医，而"西安事变"发生，乃留北平任教东北流亡学校。北平沦陷后，以报馆为掩护，从事抗日活动。1944 年被日本宪兵队逮捕，惨遭杀害。

曼蛮族之獉狉，芸芸华族遂施结绳之治也。且今之所谓文人与其所述者，大都掇拾故事，联缀篇章，朝握管而夕成书，以浅薄无聊之作欺罔群众，苟获多金，钓利与名。迹其初心，本无经国之大计、爱人之弘愿；投于俗则誉远播，一见拒则败衄。至或成或否，若浮沤之起没于江海，少焉辄归散灭而已。

夫笙簧谐于众耳，非至声也；红紫悦于众目，非正色也；金玉锦绣交然杂陈于前，虽取快心意，非至宝也。然世俗且以之为真，故无聊之人与无聊之作益多，而文章遂益为世所轻。抉择剖析，必有健者，起而推之挽之，以复于雅正。昔昌黎韩子为文章于举世不为之日，备受当世龃龉；明归震川效之，卒亦见摈于七子。然二子不如是，其文字必不能斐然流传于今。国家危矣，而群言复皇惑至此。吾人于是其将随众人之汶汶，谬取一时之名乎？抑远接韩归之绪，甘受谤毁而存斯文于千载乎？夫千人皆循循，则勇者独往披群言之纠纷，执一幽而深索，是豪杰俊迈如足下者之任，而仆非其伦也。

足下近日有何著述，幸以见示否？《学衡》杂志近出至几期？此皆久怀于中而困循未发者。谨附诗若干首，乞教正。祝

近祺

弟王荫南拜（1933）九月六日　张家口

通讯处：北平宣内铜幌子胡同 9 号。（吴宓注：家寓）

（吴宓按：此下各篇之诗，皆王荫南君 1933 张家口所作。）

到张家口

戈甲当途警，风沙卷谟愁。行踪无一识，飘泊望谁收。削迹疑宣圣，呵关止故侯。黄昏穷塞下，今古几人留。

闻多伦失守，口号

到处惊烽火，吾生直不祥。燕危齐自及，虞在虢先亡。骨肉一身寄。河山千里长。飘流愧人子，何以慰高堂。

塞野云常聚。山城日易曛。明驼横巷过，哀角倚衾闻。竟去关西将，难迴蓟北军。生涯从客燕，宁惜幕同焚。

守险原长策，何关弃一隅。群公犹退食，比户自惊吁。破垒轻当塞，残兵怯抗胡。颇闻罗绮子，重币走津沽。

赠钟孟仁

客从昨日解幽燕，忽如大鸟投穷边。山荒水恶草树困，出门但见莽莽黄沙田。诗人下谪例名郡，弃掷如此天应怜。何况晦迹无一识，块然顾影心长悬。道逢绛灌乃为伍，世无李杜羞齐肩。谁能寂寞坐长日，风檐兀兀窥陈编。午夜梦回忆畴昔，似闻落日号虞渊。朝来长云吞远天，朔风寒薄衣装绵。轻车独叩道旁屋，足音空谷相回旋。眼中何幸见吾子，恍从浊水投青莲。却思眉山一老文章伯，闻名远自十年前。乱离才得住比屋，剪烛永夜恢言泉。公家父子气飙举，我适见之俱有缘。奈何风尘困奔走，骐骥乃使盐车牵。燕南赵北各蓬转，倚闾陟屺空沦涟。胡尘日迫犯近塞，咫尺骨肉愁相全。为公抆泪公无然，社稷之守谁百年。平时卫霍尚难得，古来明宋皆南迁。跃马不能死沟壑，卷书且复收丹铅。不见两辽万里久沈陷，先人庐墓污腥膻。游子相逢能有几，惟我与尔身牢坚。寒门那免堕饥馑，余生从此轻烽烟。明发楼头看大漠，饮酺还拉驺卒眠。

寄苏馨山北平

（吴宓按：当即苏天辅之尊人）

风尘早贱劳生骨，久客天涯惯离别。衡门执手一踟蹰，又使愁心鹿鹿发。人生相聚无百年，饥寒病苦长相牵。共托洪波轻弱苇，谁留青眼待桑田。胡尘滇洞暗京国，欲留不留迷南北。孤栖自是转蓬身，千里长征志亦得。此时略无儿女情，登车长啸轻死生。却思昨夜诉辛苦，念君何日逃危城。居者剧念行者苦，万叠西山眉黛古。故乡遥掷辽海波，远游频踏幽并土。却思前秋胡骑喧，兵戈相见北门间。共言此去定永诀，乱离那得复相看。岂知一角梵宫树，即是披襟惊晤处。秋来聚首春离群，身似浮云莽来去。文章报国今非时，高才亦作铅刀遗。室家流连坐困厄，烟波欲赋归田诗。我生褊性更多忤，挟瑟齐门难久驻。流连忍食五侯鲭，仓皇谁买三都赋。投掷如今宁复论，高堂久负顾复恩。瓶罍屡罄斋中米，盗寇长惊劫后魂。家书促归归未可，塞上羁栖计亦左。晓风吹漠五月冰，夜角临城千帐火。传闻胡骑窥边县，游徼饥氓争附变。已誓空山逐豸遗，苦望上将押神算。君家梁孟风谊高，总角诸郎皆凤毛。每对欢洽倏神往，更觉身世如萍飘。饥聚生离等困耳，茫茫宇宙何纲纪。胡儿万骑蹴燕郊，异地同看作馁鬼。百雉高城傍水滨，千株杨柳不胜春。此时相望陪京树，光景都如隔世人。

二

雨生仁兄大鉴：大集[1]至浔阳时，值吏事迫琐，匆匆一阅，未及细读。近来尘务稍清，独居无偶，子夜寒灯，再三抽绎，虽燕雀之智未喻天高，而麟介之伦或窥海大。又见序论附录，足下虚怀若谷，惟求增益，盖有哲士不自满假，古多其人， 公复见之。

---

[1] 指吴宓寄赠 1935 年出版之《吴宓诗集》。

弟末士也，目未睹瀛寰之大，手未接秘阁之珍。徒以肤受耳食，道听途说，窃诸一二师友及臆想于平日者，其于

足下之诗，亦聊持此以妄论焉。窃谓

足下于文学之工作，批评胜于创造。于诗，理胜于情，要以得于西人者为多。盖自海通以来，文人学士务新炫奇，虽不少稗败之说，然大抵皆扑捉光影，自己未得其真。胡适之以博雅之才，大事变革。然其所变者文体而已，所作文学诸论，殆亦未能鞭辟近里。其标八不主义，尤多疏陋，昔年已言之矣。以弟见闻狭陋，所称论文精者，独有王静安先生，又惜其后逃取考古。惟有足下起，始介绍西洋之一贯理论，在国内作一贯之批评。文学流别万千，异军时时突起，如

足下论固不敢阿其所好，谓为至圣至明。然而其为古今中外文学之一主潮，故人人而知之。足下于此努力，可谓勤矣。然而时人之排挤，诋诃愈力，岂正论终不见容于今时耶，抑乱世一切反常，固如此也。然

足下慎勿自馁。大集虽出，不过一段落，此后年华方壮，取藉无穷。甚愿本其初衷，愈益振奋，将来必成为文运中兴之先导，此弟之最所望于

足下者也。又如诗，中国情胜于理，西洋则反是。弟有时寻绎其所以异同之故，殆由于文字。汉字简单整齐，故适于用短；英文复杂曲折，故适于用长。然诗歌宜短不宜长，小说宜长不宜短。故中国诗歌，自有独特之风，不同域外。且西洋史诗，有时等于词曲，中国则不以之为诗。故弟之愚见，除长篇纪事叙史外，尚宜多重蕴藉飘渺神逸之致，若其坦易显豁、壮烈飞扬，西人所特长者，固宜多多取材，以救我诗界庸懦不振之气。要之，于他人，或可劝其大舍中而就西。于

足下，则以为已甚有得于西诗三昧。故宜反取国宝，以增光饰彩，焕发声情。总以取精用宏，兼收众美为要。

足下诗，弟以为最善者，即欧游杂诗及近年诸忏情之作。大抵游览之诗及女人之诗，较易擅扬。因山川女人，皆为美之极则、艺术之代表。

诗人在他处，或时流于矜持；惟游览山水、恋爱女人，景真情至，乐固可以畅宣心肺，悲亦足以摧丧肝肠，触物兴怀，不求工而自工。所谓第一流诗人，当然有其特具之哲学及人生观，亦惟写之于山水女人为易表见。即非第一流之诗人，如元微之言情诸小绝何等绵丽。柳子厚晨起诣超师观诸作何等幽峭。一涉山水及女人，则诗境自高、诗神自逸。以上所谓第一流界线，乃准

足下及吴碧柳（吴宓注：芳吉）之论，以杜甫为第一流，故不能不以元、柳为第二流，非敢妄自菲薄古贤。实则二公之作，亦有终身学不到者。故弟于论诗之主旨，固以民生社稷为极则，然绝不敢屏弃山川女人。何则？感时伤世之作，视之甚易而实难。句句指说时事，借用古典，非特径直，反成浅露。惟用含蓄之笔、隐讽之辞，又惧意义含糊，已既不明，何用示人。此等轻重之间取舍至难。必如杜老之诸乐府，取一端以示全体。或如阮藉之咏怀，半隐半显，自见真意。且所谓忠义者，真有积而久自见也，非所遇皆以之示人也。杜陵诗为千古忠义之祖，然集中除三吏三别诸诗、哀江头等，有题专指之作，其余十分之七皆述行役、纪风土、感节序、寄亲故。然合而观之，自有一忧国之杜甫在。古人所谓民胞物与者，非民自胞而物自与也。我即民胞之一也，故民有痛而我亦痛；我即物与之一也，物有苦即我有苦。诗人所以异于常人，惟敏感之速、同情之富耳。有敏感矣、有同情矣，随处可以作诗，随物可以入咏。故打枣之妇人、寻源之竖子、庭前之甘菊、江上之燕巢，至琐至细之事，皆可以触发恺恻之怀，寄托流浪之感；岂必规规然，申纸铺牍，攒眉扼腕，效宋玉之九歌，学张衡之四愁哉！又诗人最富于矛盾者也，惟其所谓矛盾，盖综合之矛盾，万变而不离其宗。人之观之者，不独不以矛盾而指其缺欠，反以矛盾而益见其天真。杜老丈八沟陪诸公子游二律，及江上寻春诸绝律，或描摹声色、或依附放达，皆与平日悲壮之句不甚相类。然"片云头上黑，应是雨催诗"，极兴会；"且看欲

尽花经眼，莫厌伤多酒入唇"，极兴伤。惟其于乐境如此执着，故其处悲境亦深陷而不克自持。惟其于承平如此厝心，故一旦值丧乱，亦益甚覆亡沦落之痛。此所谓综合之矛盾也。故诗人之性，淳如处女，真如婴儿，狂若疯人，僻若恶魔。其得意也，则虽天地之大亦不足以易其心；其穷愁也，则天地之大反无处以容其足。笑则致狂，哭则成疾。爱之或欲其生，恶之即欲其死。要以饥溺为本怀，恻隐为初志，博爱平等为其一生之大欲。故诗人合世界国家于一身者也。有一夫不得其所，则诗人不得安。诗人之自身咏叹，非徒叹一身也，乃叹世间所有与诗人同遇者也。诗人之感怀家国也，非徒感怀家国也，亦以感怀寄身家国之一己也。天下国家，与诗人合而为一。诗人一身，四气皆备；诗人一身，万类俱托。而当国乱之时，则以秋气为独多，悲歌为独盛。且文字以近取譬者也，感情由己及人者也。故诗人有作，以一己为出发点，而远及于天下国家者，此至顺之序也。即有徒写一己者，而如所写者真挚生动，即为此时此地国家社会之一角，此亦足以为诗矣。李太白之蜀道难，谓之为蜀道难也可；谓之为喻守险之不易、割据之多乱、守土者之不可不慎其选而辑其民，亦无不可。白乐天之长恨歌，谓之为长恨歌也可，谓之为固宠之不终、席丰之不永，虽以皇帝之富贵，而终不能保厥永爱，以见男女之情甘尽苦来，不可视幻以长为真，亦无不可。然则山川女人，亦即苍生社稷也。有大力者，居此变革之世，固可以为指事怀忠、轩天轾地之大文章，然如写山川女人不失其情，是亦足以观矣。弟于山川既未窥其万一，于女人又无从望其项背，然见足下所为之诗，自亦色飞意舞。若能以写欧洲名胜，写与海伦离合之情之笔，更磨炼洗刷，而以之写一切，或即更写山川、写女人，则足下之诗其大进矣。弟当百歌千歌以颂之。南来所任事，于诗适不相入。所接者亦多碌碌。或数月不见一人，不交一语。岁暮夜永，因读足下之所作，发为狂言如此。其亦当相逢一夕谈也。附上拙作一篇，即乞

228

教正。过旧年三二日，当为专文介足下之诗，登诸武汉报纸，以尽区区秀才之人情。咄嗟之间，又失数县。（吴宓注：时日人取张北六县。）神州虽大，宁堪日削。吾人默不自量，犹欲抱残守缺，专攻艺事，其不益为当代缙绅所非笑乎。耑此　即请

道祺

弟王荫南顿首　二十五年（1936）元月二十三日

再，弟原名汝棠。入关，以字行，名荫南。一叶是其别号。敬以附知。[①]

风骚废堕已千年，谁与挽者窥其全？李白杜甫不复作，宋元更霸何纷然。朱明一代皆靡靡，人才国运相终始。力从考据逃清儒，只数吴_{梅村}黄_{仲则}二三子。是时开户与海通，曩搜秦火沿欧风。吟诗窃取公羊义，首僻恢奇龚定公_{定庵}。樊_{樊山}易_{实甫}温_温康_{南海}梁_{新会}悍，西江馀沫相交扇。乘时草窃绩溪胡_适之，约合陈_{独秀}王_骤发难。攻瑕蹈隙无完肤，色难丑诋章_{孤桐}林_{琴南}迁。尝试以后几新手，著者康_{白情}谢_{冰心}刘_{大白}郭_{沫若}徐_{志摩}。二十年来文体变，欲成未成得失半。小说散记稍能工，独有诗篇无一善。初试词曲少元神，再摹自由丧其声。整齐束缚甚试帖，呻吟梦呓如幽灵。犹存旧派多陈腐，饾饤情神多无取。浮世沈埋地狱酣，青春憔悴诗神苦。吴生_宓奋臂出西秦，少从白_{白璧德}穆_{穆尔}传人文_{美国新人文主义}，十年执笔持正论，一扫俗耳如秋蝇。累牍连章破辩诡，矢以孤身当百毁。河山浸削美人乖，四十空轩生壮悔。寄我浔江一卷诗，粗枝大叶如其辞，中西文字能交取，师友渊源得并窥。寒灯子夜贪还味，感事苍茫起长喟，无须淘炼已专家，自有宗风开万世。

---

① 吴宓于王荫南来书末页上端，粘有其清华友生张志岳1944年10月阅读王君之函与诗后所书："王荫南君论师诗之诗与函皆甚切实有见地。"

我闻诗教本人心，人心不淳诗不深，即看历代衰微际，不少嘃晓亡国吟。身前世论更纷琐，径谓文章天下祸。獉狅野俗反原人，毛血生涯易钻火。羲黄创化替结绳，周孔传书遗政经。庄魂骚魄各有激，大开亿兆食文明。远忆希^希腊^腊罗罗马盛神话，圣经新旧范围大。但丁神曲苏国魂，拜伦狂歌划时代。至今欧美政教都，家刊其集人挟书。未闻诗歌能亡国，此说乃自无识徒。武夫文吏不足怪，曲学媚儒竞自坏。苟无大雅扶纲常，恐引齐民胥破败。观君意气何其强，孤军百战身裹创。同时联袂赴敌者，或穷或老或先亡。天心未使中华定，此事尤遭神鬼憎_{读去声}。料汝挥毫著述时，万千魔手争攫命。不挠不随心气完，倔强自喜昌黎韩。深知学力供开拓，即今继之何言难。一国区区宁足改，横流近被东西海，好从末日拯坤舆，尽辟邪说契真宰。贱子辽东一腐儒，国难九死留顽驱。（宓案：今竟就义死矣！）只身去北泛吴楚，骨肉荡析谋生疏。惟惭馀结习消难去，感愤危时幸一吐。终惭长剑斩鲸鲵，谬许孤忠寄词赋。遇合虽希志倘同，吟哦重振大邦雄。建安他日修诗史，应列王郎七子中。

　　读大集既尽，敬吟长古，献之座右，以志文字因缘，且述私怀仰慕。时乙亥除夕前一日，辽东王荫南，作于汉口四民街之寓楼。

凌宴池^①（六通）

一

《空轩十二首》^②情景自是真实（吴宓注：好语极多）。西方名诗人，往往于题中将所爱慕之女人说出，对之以韵语申述情愫。女人姓名是否假托，弟因读西文书不多，无从辩证。此种做法，在中国便易惹是非，此非虚伪与赤裸问题，乃是艺术上直线与曲线问题，亦是光学上向阳与向阴问题。向阴者宜曲而模糊，有时故弄玄虚，说得若即若离，教后人捉摸不定。不可注出自己姓名。虽无不可告人之语，然终嫌太老实，且下字分寸更觉费力。不若无题之可以任意抒写，不受拘束也。　兄以为然否？

至于字面，弟以前曾学于诚斋，喜以俗字及极碍眼之字入句，大受老派诗人之诽议。既思亦有道理，故在律诗中已改此习。　尊作用"单枪匹马""责任""获福""亲仁"，皆犯此病。但用"但丁"则不妨，此又作别论。若用"华盛顿""拿破仑"则大坏。此中真说不出道理。大约做诗是无理可讲，然亦有细微之天然界限可寻。　兄以为然否？此等字面，要用便千篇一律用，宋人有此力量极不易为。在律诗中还以避去为讨巧。凡逢新字新境及新意有现

―――――――

　　①　凌宴池（1893—1964），名霄风，江苏海门人。曾留学日本，后长期任职银行界。以画名于时，兼工诗善书。生平搜致珍奇之墨甚夥。著有《宴池诗录甲集》《清墨说略》等。吴宓诗友。

　　②　见《吴宓诗集》，第273—276页。

代性者,往往发生此类困难。用经书字面,以黄山谷最有本领,即将其暗中拆开用。弟虽略有所知,但时间有限,未能刻意为之,以打破难关也。承不以为非,故畅言之。尚望彼此商榷。

雨僧老兄诗家

弟宴池顿首（1934）二月二十七日

二

大作《大雪香山》二律,甚沉着。惟选声炼字颇有毛病。　叨爱,妄为注出,不只有当否? 弟以抒情之律诗最重声词与色彩。重彩用高调,素彩用平调。高由忼爽得来,素由悠扬得来。至色彩全在字面上,此所以须选炼也。又抒情律诗,意似不必深,亦不必多。因限于字句,其意多且深处,须在言外求之。若正面装入,则深者易晦,而多则易杂。温李言情之诗,未必皆有深意,特色彩与声调入耳。　兄以为然否?今录呈前年之旧作二首。

（一）将行

意自缠绵语不多,碧琉璃外是银河。将行小驻真无奈,已别还来又若何。袅袅风吹眠后柳,丝丝雨打泪中荷。背人后约低声问,开罢黄花九月过。

（二）秋院海棠

拥出障袖倚风泣。二月游蜂初相识。木棉吐艳栀子肥,一段娇云寻不得。宝枕选梦浪扑朔,昔饥那辨黄金屋。擘石研丹枉乞灵,满院成阴余寒绿。觅郎系锦轮阿侯,深锁黄昏同楚囚。月中兔魄锁难住,飞过东墙与树头。花簟凉透风猎猎，幽窗瑟索问落叶。坠叶飘香归不归，悟后诗篇比梵夹。

右诗（一）律诗用素彩，（二）七古用重彩，选炼未能到家。七古稍费解，七律则毫无深意，只写出无可奈何不尽怅惘之情绪耳。因与 兄作异格，故录出请 兄批评，以相切磋。

雨僧老兄诗家

弟宴池顿首（1936）四月二十日

三

多年阻隔，驰想为劳。近闻

行旌已驻珞珈，山上岚色湖光定得佳趣，何以长默默无语耶？汉皋之火，弟旧存书画都成劫灰，今已无心回汉。银行生活久已厌倦，极想专力于诗画，只因维持十口，以至尘务不能摆脱，而去日已多，老境渐来，奈何！闻 兄专攻红学，殆以空中之温馨慰心头之枯寂耶？如是则镜花水月中可证禅悟。 兄意云何？汉上送君行，曾有一诗，兹从乙集中抄奉请正。

雨僧由平南行过汉夜酌

（吴宓注：1937 十一月十七日　凌宴池）

故人来不速，置酒慰高寒。巢覆禽南向，星摇斗北看。前方行可念，今夕强加餐。笳鼓连声起，关山走自难。

雨僧老兄诗家

弟宴池顿首（1946）十月廿八日

通讯处：上海泰安路卫乐园 16 号。

1946 年十月二十八日，凌宴池致吴宓

四

雨僧老兄诗家：前得　弘度兄书，行旌在巴蜀间未返，道梗末由通问，动定如何为念。贱况如旧，颇闲暇。闻风雨弥天，偃处本无可忙也。乙集稿成而未印，丙集成半部先写印以为著。前曾登报篇作此集序文，惟阅昨已久购寄之报纸，无法寻出。可否请

兄从存稿中抄寄一通，至感至盼。文尾另缀数语，将列入丙诗集序文之意写出尤佳。新诗并祈　见示。匆此并请

吟安

弟宴池顿首（1949）二月廿三日

五

待回雁久不到，以为　兄无好怀懒握笔，不料竟遭大故，[①] 读书震悼。　足下悲思自属人情，惟以学佛眼光看来灵魂不灭，或者彼善于此理，谅所深知。艰苦如此生者，可念耳。

承和之作，"卧桶"典用得新鲜有趣。弟寻两字对桂冠，可惜木字仄声。第二首"蕙性"一句，五字平声。诗非拗体，终属声病。"悲"字宜改，若作"感"字较易读，如何结皆好。第二首结尤沈挚悲凉，有"同"字无碍。　兄之作风句句抱紧事实，无一落空，自是特长。惟愚意仍望退出一步来，不知前书曾道及否？譬如"桃红柳绿"一联，几乎被真实所缚住，我抱住他则可，他缚住我则不可，不若弃诸。大作"领""腹"两联，每如四根铁柱子撑在中间，结实自有余；但有时摇摇摆摆疏

---

①　指吴宓嗣父仲旂公 1950 年 6 月 25 日于西安病逝。

宕之语亦不可少。吾辈刻意吟成往往不及性到直写之作,其原因在此。 兄学问朴实不虚,运诸诗中,遂成此面目,自不宜再变,惟小弄狡猾似亦无妨。前见 兄五古皆甚高,何以久不再作?

承 介绍金君[1]寄来红梅一幅,昨阅几疑系香山时旧作,颇觉奇怪。诗亦生硬,力求自造。稍暇当具覆。惟书法根底太差,文人画重书法,花卉尤甚。此关决不能跳过。此是一般青年之通病,但于期望较深而有交情之人,不可不以此语告。金君之字习气有力亦有骨已甚深。南北艺专出身之人皆如此,不速改,再深便没药医,而画亦不易前进。 兄可托己意关照之,弟初交未便直言也。 兄非书家,然写得端端正正不失学者气息,类似戴东原。金君之字已在气息上出毛病,不可不速治。书法不怕嫩,不怕板,只怕如是而非、处处荒腔走板。狂如徐青藤,其题画之字,莫不道地由端庄中出来之飞动,方能站住而气息不损。学书专一家比博涉多家为易成,此在金君自择之矣。弟非书家,略知一二而已。

兄近来稍适,闻之甚慰。弘度欲搁笔不填词,弟已力劝之,或为环境所逼而然。弟仍放开心胸,除诗以外,悉不挂怀。银行难做,弟已早退,只送车马费,可以不去。惟场面太大,一时无法收缩,颇受其累,能支撑一日算一日,不去细想。诗友颇起劲,大约上海与内地不相同。圣诞前夕,长七古一篇,色采与北京饭店跳舞一篇略同。因有锋芒,不宜远寄。夜已深,明日择可寄者录数首就教

雨僧老兄诗家

弟宴池顿首(1951)一月十五日

---

① 疑指金蜜公,湖北汉阳人。上海美术专科学校毕业,久任中学教员。能诗善绘。吴宓诗友。

丙集诗已手抄完成，决暂不印。此函即用抄诗之小笔写。

来书末后一段，语似达而意殊萧瑟，苟以诗为爱人，念念在兹，则心中自有天地。惟从小字中识　兄精神尚好颇慰。　来书昨日（一月十四日）收到。

此信以为已发，今日在杂乱之诗稿中捡得付邮。年底穷忙，竟健忘如此，真入老境矣。二月十二日

庚寅除夕五首

　　明朝署晏翁，算是堂堂老。足健气仍沛，不妨毛发皓。昨踏楼之巅，瓦间叶自扫。

　　吾盍五十九，先支屠苏酒。化身添三丁，心慧貌不丑。更可策何勋？有诗六百首。

　　无闻非自晦，本异善鸣者。罗雀吾诳汝，尚接平生雅。莫辨驱与迎，爆竹轰月下。

　　自鞫心无状，百赦罪一障。犹于香色界，抱情逐诸妄，棒打唤不回，诗人终着相。

　　去故欲何怀，骛新欲何骋。诗外妙在睡，其乡无逆境。明起如大宾，贺年啖糕饼。

　　雨僧老兄诗家吟正

凌宴池未是稿

（吴宓注：1951 二月二十六日到。）

六

恭贺

新禧,并报平安。

春日两书,早已拜悉。拳拳故人之谊,感铭于怀。诗诚中断,集亦未印。海内平生故旧间,鸿雁不飞,迄已数稔。惟岁末一告平安,以伸不相忘之意,亦只寥寥二三子矣。一懒如许,想老友定能见谅。呵冻驰贺,余俟他日面倾,不备。

雨僧老兄阁下

弟宴池顿首(1961)十二月廿七日

方玮德^①（四通）

一

雨丈道鉴：前在病院中得

手示，欢慰无比，唯读至"今后生活大率趋于虚空飘浮……情感日益悲，途路日益穷……"则不觉泫然涕下。玮意

丈切不必抱悲观，作此等穷苦之语，凡人穷于此者必达于彼，

丈暂时略感虚空之悲，而"作诗遣情，寄意于缥渺之境"则又未尝非

"达"也。往昔读

丈诗，凡遇悲欢离合之急剧者，无一章不沉痛动人。玮幼遭患难，中更疾病，虽所活之岁月不多，而所尝人生之苦痛极深，故每读

丈诗，多沉回于中有所感动。此间友人多谓

丈抒情诗胜于说理诗，玮则谓情中见理者更胜。友人谢君^②亦嗜

丈诗，如诗集出版，请多寄一册至厦门大学谢文炳教授收。玮决暑假北上，急图晤谈，或将以己意编一《吴宓诗选》，即从

---

① 方玮德（1908—1935），安徽桐城人。1928 年就读中央大学外文系，并开始创作新诗。1931 年与徐志摩、陈梦家创办《诗刊》，并在《新月》《文艺》等刊物发表新诗，为新月派有影响的诗人之一。1933 年任教于厦门集美学校（厦门大学前身），后返回南京，1935 年病逝于北平。

② 谢文炳（1900—1989），湖北汉川人。清华学校毕业留美，芝加哥大学文学硕士。1928 年回国，任武汉大学、成都大学讲师。1930 年起，任安徽大学、集美学校、暨南大学、四川大学教授。

丈总集中选出。此事待见面时再说。玮病未全好，暑后友人挽至广州中大，惟玮极愿北上也。近来不作新诗，好填词，迟　呈阅再转叶、盛诸君。所作《批评史》一书，或可月内出版。九姑[①]病亦未痊，可虑。即请

道安

玮德敬启（1934）四月七号

二

雨丈尊前：二诗均到。前一诗　（宓按：此诗，指宓作《甲戌中秋》，盖记薇结婚之事，见宓《诗集》卷十二，二十七页）

丈愤意显然，与以前怨而不愤迥异，末二句犹刻。此首在

丈《诗集》中风格自有不同。［宓注：甲戌中秋之夕，吴之椿（前清华教务长）与欧阳采薇（清华外文系 1932 毕业）在北京欧美同学会结婚。——宓得喜帖，送礼致贺，而未赴婚礼、吉筵。或以为异。事先，已在南京举行订婚仪式。正式媒人，为（1）教育部长王世杰（吴之椿所职国民政府教育部之上官）及（2）湖南教育厅长（薇父及薇在该厅任职之长官）］挽志摩诗[②]极佳，玮极爱之。此首立意当与前首（宓注：不止此一首）有关，藉挽人而微寓身世之感，此诗动人最深。玮拟步

---

①　方令孺（1897—1976），女，安徽桐城人。1923 年留学美国华盛顿州立大学、威斯康星大学。1929 年回国，任青岛大学讲师。1935 年任教于国立戏剧专科学校。1939 年任国立编译馆编审，兼任复旦大学中文系教授。1943 年起，专任复旦大学教授。1958 年任浙江省文联主席、中国作家协会浙江分会主席。

②　指吴宓所作《再挽徐志摩》诗。

丈韵，学挽志摩一首，脱稿后呈

政。玮病未全好，下午发微热，欲移入德国医院而未能。独居岑寂，虽爱我者亦少往还矣。深思同

丈一细谈。如

丈有暇，请示知地点，愿一往深谈。即请

道安

玮德敬启

再者闻薇抵南京，住鸡鸣寺下蓝家庄十五号。之椿因其终日以泪洗面，待之略善。又闻薇女士终日作擘窝大字，甚趋风雅云。又及

（吴宓注：1934 年 10 月 30 日夏。）

三

雨丈：信接到多时，因病发，下午热至三十八度，医严禁行动。昨日始觉大好，每日思与

丈谈，兼读

丈新诗，徒以病苦未能如愿耳。所赠

丈诗中，玮颇爱凌宴池君一律，不知

丈意如何？

丈诗集已毕初校，喜极。尝以为在丈后辈中，以玮知丈最深，亦嗜丈诗最挚。凡

丈诗中悲欢离合之情，玮无不深体其意，而每字皆如同己出。盖读诗人之诗，必先知其身世，观其平生经历以及此经历所给与诗人创作之

"法悦"，始对其诗有深切之兴趣。若并世之诗人，目睹其悲喜欢畅以
及愁苦之情，默察其所不能言而又不得不然者，则对其诗宜如何欣慕
而爱嗜之欤！

丈诗集中可分（A）抒情诗（B）咏史诗（C）见道诗三类；但

丈诗中往往因情见道又因道悟情，故

丈诗中所寓之 moral teaching 仍为"情与道合一"。忆

丈诗集中，并无全篇道学气诗以及歌咏旧伦理、旧道德之作。凡

丈诗中所抒悲喜之情，皆寓庄严于缠绵之中。其发也于感，其止也于
悟。有人评

丈"宁 devote to 诗，而不 devote to 情"。此盖只碍于感而不知悟之境之
语也。诗人多有并世之讥，然诗人宁忠心于其诗而不恤举世之毁。此

丈诗之可贵，亦玮俟怜

丈之遇，而嗜

丈之诗之深因也。又尝以为

丈诗中虽受十九世纪 Romantic sense 为多，但含 Victorian sense 亦不
少。此说亦与前论"感"与"悟"有关。维多利亚时代诗人在"感情用
事"运动之后，已转入灵心妙悟之径，其末流乃逃于"纯美"。

丈诗中并无情感迸发一泻千里之作，乃多幽怨暗恨之情。"Browning
诗 多 obscure 之 作，亦 为 Controlling mood 之 一 种 表 现"。此 种
Controlling mood，乃 Leavis 先生所尚论于维多利亚时代诗人者也。

丈诗，除受此种影响外，又有中国前辈典型思想。极端正不可袭（轻）
视。此盖

丈所师承师友渊源有关。玮俟《吴宓诗集》出版后，拟另编或将来同友
人合编《吴宓诗选》，分类诠次，而论略于前。此必先多读中西诗，始
可作进一步对

丈诗之研究。盼对此事业，

丈多多助我！！玮仍愿先读近人诗，不知图书馆中有无此项新诗书籍

到？盼

丈代询温德[①]先生。有不可不读者，如 T. S. Eliot *The Rock*，玮急思一

读。J. Donne and Metaphysical Poetry 亦欲一读，盼

丈代借。病中偶思

丈诗，遂执笔书此，不能成字，祈

丈恕我痛苦之情！明后日再好即图一奉谈。即询

道安

玮德病中敬念（1934）十一月九号晚[②]

（吴宓注：此出最关重要。）

四

雨丈：诗已代寄《晨报》，由北晨编辑瞿冰森君转。凌君[③]前有自写诗

稿一纸亦在此，不知凌君需用否？

丈诗，存本来面目极好。推敲字句，本可不必。

丈之诗，宜观其全体，未可取一二语研究。总之，

丈是诗人而非诗匠。其亦质胜文之说乎？玮诗甚夥，拟面呈

---

① 罗伯特·温德（Robert Winter，1886—1987），美国人。芝加哥大学文学硕士。曾任美国西北大学、芝加哥大学教授。1923 年来华，任东南大学教授。1925 年由吴宓荐，任清华学校教授。1952 年全国高校院系调整，改任北京大学教授。

② 方君此函，吴宓 1934 年 11 月 11 日收到。

③ 指凌宴池。

丈阅。昨译 Monroe 一诗，似尚可观。从电话中知薇已往苏州游历，宪初①则久未见矣。即颂

晚安

玮德敬启（1934）十一月十四号晚

---

① 黎宪初（1911—1950），黎锦熙的女儿，时为方玮德君女友。1932 年清华大学外国语文学系毕业。后为国民政府驻美公使陈之迈夫人，逝于美国。

白璧德夫人Dora Drew Babbitt（二通）

一

6 Kirkland Road

Cambridge Mass

U. S. A

My Dear Professor Wu,

(With kind regards. from Dora D. Babbitt In Memmorisms.)

I send you an issue of *HARVARD UNIVERSITY GAZETTE*, published in last October, recorded the following minute on the life and services of my husband Professor Irving Babbitt, Professor of French Literature, was placed upon the records of the Faculty of Arts and Sciences at the meeting of October 3, 1933. The title of this record is:

FACULTY OF ARTS AND SCIENCE

Minute on the Life and Service of Professor Irving Babbitt

This "Minute on the Life and Services of Professor Irving Babbitt", is written by Louis J. A. Mercier, joint signature by the committee members: Fred N. Robinson, Jeremiah D.M. Ford and Louis J.A. Mercier.

科兰路 6 号

康桥市，马萨诸塞州

美国

亲爱的吴教授：

（在纪念中的多拉·D. 白璧德向您致以亲切的问候。）

我给您寄上一期去年十月出版的《哈佛大学公报》，其中载有文理学院于 1933 年 10 月 3 日的会议上纪念我丈夫——法语教授白璧德的生活与生平的记录。那篇记录的题目如下：

文理学院

白璧德教授的生活与生平的记录

这篇长文由委员会的弗雷德·N. 鲁滨逊，杰里迈亚·D. M. 福特及路易斯·J. A. 默西埃联合署名，而由路易斯·J. A. 默西埃执笔。

编者按：吴宓在本期《哈佛大学公报》所载此项报告的首页空白处，书有："1934 年五月二日，白璧德师母（已孀居近一年）由美国故宅 6 Kirkland Road, Cambridge, Mass., U.S A. 寄来。1934 年六月初八日，宓敬谨收读。"

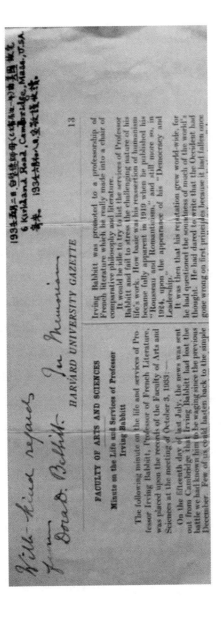

1934 年五月二日，白璧德夫人寄来《哈佛大学公报》。
左上为白璧德夫人手迹，右上为吴宓密旁注手迹。

二

6 Kirkland Road

Cambridge Mass.

U. S. A.

May 11, 1934.

My Dear Professor Wu,

Professor Mei brought me the beautiful bowls which you and Professor Kuo so kindly sent to my husband. You did not know that he had been ill and that he died in July 1933. It was my fault that I did not write to Professor and Mrs. Mei, but during my husband's long illness I kept hoping he would get better and I could not bear to write unless I had some good news to tell.

My husband would have been greatly delighted with your beautiful gift, for you remember how much he admired Chinese art and Chinese philosophy, and how fond he was of his Chinese students, who did such good work with him in the old days. I hope you will understand how I am keeping your gift to him in memory of those times. They are in his study room, on the book-case under two Chinese landscape pictures which Professor Mei gave us. I have arranged the room as a sort of memorial room with all his books and the objects that he was fond of, and I have invited a few selected students—to come and read and study there.

Please accept my very best thanks for your handsome present, and believe me, with best wishes,

Sincerely yours,
Dora Drew Babbitt

科兰路6号
康桥,马萨诸塞州
美国
1934年5月11日

我亲爱的吴教授:

梅教授^① 给我带来了您和郭教授^② 好意送给我丈夫的漂亮的碗。您有所不知,他先前一直生病,其后于1933年7月逝世。没有给梅教授夫妇写信是我的失误。不过在我丈夫长期生病期间,我一直希望他能够好起来,除非我有好消息告知,不然我很难提笔写信。

您自然记得我丈夫是多么赞赏中国艺术和中国哲学,以及多么喜爱自己的中国学生,这些学生当年与他一起做过那么出色的工作,您这件漂亮的礼物一定会让他十分高兴。我希望您能理解我是如何保存您给他的礼物以纪念那些时光的。它们会摆放在我丈夫的书房里,就在梅教授送给我们的两幅中国山水画下面的书柜上。我用他所有的书籍和他喜爱的物品,把这个房间布置得像个纪念室一样。我已邀请了一些选定的学生来此间阅读和进行研究。

---

① 指梅光迪,时在美国哈佛大学任教,授汉学。
② 指郭斌龢,时在东北大学任教。

请接受我对您漂亮的礼物最深的谢意，并致以最好的祝愿，

您诚挚的，

朵拉·德鲁·白璧德

（吴宓注：Dora Drew Babbitt 朵拉·德鲁·白璧德夫人，其父 Edwar Bangs Drew 昔年进中国海关，曾任总理文案税务司，故师母 Dora 少时在中国生长。后回美国，在 Radcliff College 毕业，曾从 Babbitt 师听课，遂归白师。）

编者按：吴宓此后仍与白璧德师母保持通讯，惜原信悉遭抄没，今仅存以上一件。

1943—1944 年金岳霖访美期间，白璧德夫人请代寄候吴宓，并托其带呈赠吴宓《欧文·白璧德：人与师》（*Irving Babbitt: the Man & the Teacher*）一书。此为纪念白璧德的文集。该书不幸为金君弃置康桥，吴宓终未得见，亦从此与白璧德师母失去联系。

1945 年 6 月，成都燕京大学代校长梅贻宝访美，吴宓托其访候白璧德夫人。旋收读梅君自美转来哈佛大学英语系 James B. Murn 君遗憾告知，白璧德夫人已经去世。其短简如下：

President Y. B. Mei

Yenching University

Fifth Ave. N Y City

Dear Sir,

In reply to your inquiry of June 29, 1945, I regret to report that Mrs. Babbitt, the widow of Professor Irving Babbitt is dead.

She had residented at Larancis town, Massachusetts, I believe.

Sincerely Yours,

James B.Murn

梅贻宝校长

燕京大学

纽约市第五大道

尊敬的先生：

现在回答您 1945 年 6 月 29 日的询问，我遗憾地告之，白璧德夫人，欧文·白璧德教授的遗孀已经去世。

我确认她曾居住在马萨诸塞州的拉兰西斯镇。

您忠诚的，

詹姆斯·B. 默恩

吴宓以红笔注于其上："1945 年，6 月，据此函，白师母已殁。"

陈柱[①]（一通）

奉题大集

凭栏正忆旧山河，读子嘉篇感更多。既似灵均清见嫉，聊同杜老醉时歌。孤灶命心文章伯，织恨其如日月梭。哀是落华歌几曲，乾坤气息奈谁何。

《落花诗》以召哀足代表作者思想。第七首业悲宗较信仰已失，无复精神生活最为卓识。《易》曰："《易》不可见，则乾坤或几乎息矣。"言是之理乎？

雨生先生正

弟柱敬呈[②]

---

① 陈柱（1890—1944），字柱尊，号守玄，广西北流县民乐镇萝村人。著名国学家，吴宓诗友。

② 此诗笺末尾未书明时日，从其信内容看，当书于1935年5月《吴宓诗集》最初出版后不久。

楼光来^①（二通）

一

雨僧吾兄惠鉴：久未闻问，思念不已。前月间翟孟生（R. D. Jameson）^②
来宁，藉悉近况为慰。次奉手教，知

兄年来意兴阑珊，有超然遐举之思。然人到中年，感慨自多。精神痛
苦，弟亦饱尝。但我辈读书人，苟能以理智制情感；以意主胜意气；以
超凡入圣之目光静观千变万化，则

知：悲欢愉乐，皆系造化弄人；成败得失，均为无足重轻矣。吾

兄肝胆照人；而方今卑贱下流，则喜"欺君子以其方"：以致宅心忠厚
者，动辄失望。此自系小人之肆无忌惮；犹真道之不行，善人之不可为
也。甚望吾

兄笃于自信，勿存厌世之念，勿为悲观之谈。浊世虽多恶人，善类必当未
灭迹；浊世虽多寡廉鲜耻之妇女，其志洁行芳者必尚可寻求而得也。弟自
南来以后，宦海滋味业已饱尝。自离交部，即抱定"不再做官"之志。此

---

① 楼光来（1895—1960），字石庵，浙江嵊县人。清华学校毕业留美，哈佛大学
文学硕士。历任东南大学、清华大学、中央大学教授，兼任中央大学及南京大学文学院
院长。1937年初，曾应朱家骅之邀，短期担任浙江省政府秘书长。吴宓哈佛同学，清华
同事，知友。

② 翟孟生（Robert D. Jameson, 1895—1959），美国人。美国威斯康星大学硕士，
曾任爱德荷大学、格林乃尔大学、芝加哥大学教授及蒙柏里大学、伦敦大学讲师。1925
年来华，任清华学校教授。1938年3月，从昆明返回美国。

次来杭,承事实与素愿大相违异。只以朱先生[吴宓注:朱家骅(新任浙江省政府主席)]三再强邀,而西安事变突然发生,不得已,匆遽来此(南京),暂充配角,以装场面耳。到杭后,朱墨纷陈,薄书慎委,签字、盖章而外,复须宾接僚友及应付谋事之人。既不能为桑梓造福,又不能为所识穷乏者略插位置,扪心自问,愧恨何已。故决计于最短期内挂冠归去矣。歃海事,令人扼腕。然挽回乏术,奈何,奈何。读书人不宜做官;有名士习气者尤不可做官。歃海以名士而为吏,此必败之道也。今已将来电原意转达其令弟张企泰君,请其转告歃海,以便决定。想歃海在人皆投井下石之时,而范君(吴宓注:范文澜,时任北平女子文理学院院长,由宓举荐张歃海,允聘。宓按,范公,字仲沄,黄晦闻师之门弟子,宓与沧萍同识之)特毅然拔而出之泥途,必能欣然允就也。迪生兄在杭时曾晤面。渠兴会淋漓,不减曩时;风采亦与前同:可谓知乐生之人矣。草草不尽。顺颂

时绥

弟光来顿首(1937)一月十一夜

(吴宓注:1937二十六年一月十五日到。)

(又注:楼君光来,字石庵,浙江嵊县人。清华1918毕业。美国哈佛同学。曾任东南、清华外文系教授。此时,任浙江省政府秘书长。)

编者按:楼光来先生原信无标点,以上圈点均为吴宓阅读时所加。

二

雨僧学兄赐鉴:久未通书问,怀念无已,比维

起居佳胜为颂。前月间沈茀斋[①]兄来京,知吾

兄有回清华之意。惟清华外文系近所延致者,闻皆美国华侨。如此情

形,吾

兄似应三思。弟与范存忠[②]兄,渴望吾

兄能来中大,共事一堂。范君主持外文系垂十余年,同事感情极为融

洽,学生笃志好学,尊敬师长。且中大老友甚多,郭洽周亦在此间,讲

艺论文,话旧谈心,远胜于回清华与华侨周旋也。务乞

俯允并赐复为盼。专此顺颂

暑祺

弟楼光来手上(1947)八月十一

---

① 沈履(1896—1981),字茀斋,四川成都人。清华学校毕业留美,威斯康星大学心理学硕士,后至哥伦比亚大学研究教育学。曾任上海浦东中学校长兼大同大学教授,中央大学师资科主任兼南京中学校长,浙江大学秘书长,清华大学、四川大学教授兼秘书长,北京大学教授。

② 范存忠(1903—1987),字雪桥、雪樵,上海人。东南大学毕业留美,伊利诺大学文学硕士,哈佛大学哲学博士。自1931年回国至1949年,一直在中央大学外文系任教授、系主任、文学院长。1949年后任南京大学教授,1958年任南京大学副校长。

陈邃①（一通）

雨僧吾兄赐鉴：

  顷接张兄②快函，获悉一是，欣喜莫名……许崇清③（吴宓注：中山大学校长，时迁澄江，昆明附近江）久有借重　兄长丈文院之意。毛玉昆④想曾告　兄。黄中廑⑤谈及此意时，弟以为是天造地设。毛夫妇⑥与弟以及其他友人，均渴望事成，则中大文院可由　兄而得救。弟作此函，乃竭诚欢迎　兄来。盼　兄已允许君所请，不待弟敦劝也。天时地利人和等等，中山大学胜西北大学万倍。若　兄兼研究院院长，而文科研究所主任当然兼任，又胜过浙大之文院千倍矣。贺麟兄既不得

---

  ① 陈邃（1902—1990），字弼猷，湖南攸县人。湖南长沙明德中学毕业后，入上海沪江大学预科班学习。1920年赴美勤工俭学，内布拉斯加大学文理学院毕业后，入该校研究院研习哲学。又入威斯康星大学研究院研习欧美文学哲学。1928年回国，先后任教北平女子文理学院、北京大学、南开大学、山东大学、北平女子学院、浙江大学、中山大学、云南大学、湖南大学、桂林师范学院、贵州大学，又暨南大学、复旦大学等校外文系，其间亦曾兼系主任。1949年后，曾任解放军某部顾问和教授等。

  ② 疑指张葆桓，时任中山大学外文系主任。

  ③ 许崇清（1888—1969），字志澄，广东番禺人。日本东京帝国大学研究院毕业，回国从事教育事业。曾任广州市教育局局长、广东省政府委员、教育厅厅长、中山大学校长。1949年后，先后任广东省教育工会主席、中山大学校长、广东省副省长。

  ④ 毛玉昆，美国夏威夷华侨，曾任清华学校外文系教员，时在内迁云南的中山大学任教。

  ⑤ 黄中廑，生于1904年，广西南宁人。清华学校毕业留美，斯坦福大学学士，威斯康星大学政治学硕士。曾任广东中山纪念中学校长、广东大学、暨南大学、复旦大学、中山大学教授。

  ⑥ 指毛玉昆与黄伟惠夫妇。黄伟惠，女，广东中山人。法国里昂大学毕业，曾任北京大学、中法大学、清华大学外文系讲师。

意于西南（联大），可邀其主哲学系。若史系仍请朱谦之[1]，则　兄兼主外文系，李沧萍主中文系。加聘黄伟慧为法文专任教授。但张兄最好允许君之情，暂时屈就师范学院英语系主任。望劝其勿赴渝。孙晋三若肯动，则师院可以聘请。一切详细布置，当俟面谈。

弟迣叩（1940）八月十八日

P. S. 惠书请寄澄江仁南镇 109 号前楼右门

编者按：陈迣此信，吴宓未复，并不以其意为然。据吴宓 1940 年 8 月 22 日日记，是日正午，中山大学校长许崇清派员以汽车迎至商务酒店共进午餐，又在其室中久谈。许公邀吴宓为中山大学文学院长，兼研究院文科主任，兼外国文学系主任。吴宓当即辞以才性非所长，愿从旁赞助计划，并代荐贤才云云。

---

[1]　朱谦之（1894—1972），福建人。曾东渡日本，从事历史哲学研究。久任中山大学教授，曾兼任历史系、哲学系主任、文学院长。1952 年高校院系调整后，到北京大学任教。1964 年调任中国科学院哲学社会科学部世界宗教研究所研究员。

沈从文①（一通）

雨僧先生：

近得敝亲田先生②来一信，附有一信，嘱转先生，特为转上。田信说"熊夫人③已离申它去，家中事统由兄处理。"它去事虽未必真，事由田处理则可信。因彼系秉三④先生之甥，凡事固无不知之也。南行事亦然，不欲先生再去信相扰则极确实。

女人事大都如此，处理生命，具体而不抽象。解释爱情，亦复相似。由男子看来，"爱情"二字，实具有诗与火成分，庄严美丽，不可思议。情丝缠缚，不因年龄地位而受拘束，必如奔如赴相就，死生以之，不悔不辞。举凡由男子写成之小说、诗歌，即无不表现此种理想的人生。但爱情二字由女子看来，未必如此。二十岁以前女子，对生活多美梦，对爱情更多美梦。卅岁以后女子，则应当实际得多。此事若与"身

---

① 沈从文（1902—1988），湖南凤凰人。曾任中国公学、武汉大学、青岛大学、西南联合大学、北京大学教授。曾主编《红黑月刊》《中央日报·文艺副刊》《大公报·文艺周刊》，创办《益世报·文艺副刊》。1949年后，任中国科学院历史研究所研究员。抗战时期与吴宓在昆明西南联大同事。

② 田学增，熊希龄胞姊之子、沈从文的姐夫，自熊希龄夫人毛彦文1939年秋迁居上海余庆路爱棠新业后，长期为熊府管家。

③ 指毛彦文（1895—1999），女，浙江江山人。南京金陵女子文理学院毕业留美，曾任复旦大学、暨南大学教授。1935年与熊希龄结婚。后任北平香山慈幼院院长，北平市参议会参议员等。

④ 熊希龄（1867—1937），字秉三，湖南凤凰人。清进士，翰林院庶吉士。1898年参加变法失败，被清廷革职后东渡日本。回国后，从事工商业，曾任北洋政府国务总理兼财政总长、参政院参政、平政院院长。1920年在北京创设香山慈幼院，自任院长。后长期从事慈善事业。

份""地位"与"生活习惯"有妨碍，则诗的温柔与火的热烈，都不可免成为笑话，成为无意义的麻烦。

虽过去一时曾有亲密友谊，亦必努力避开，想法忘却。正因为从女子生理组织上及心理反应上，都必然如此处理，决不需要从抽象领略爱情、解释爱情也。所以关于先生事，由从文看来，很能理解这种热情形式相当美丽。即再疯狂十倍，每日写信三千言，亦不以为过分。但由此时在上海生活之熊夫人说来，感觉麻烦而不受用，事极自然，毫不足异。因照目下熊夫人年龄、生活、身份，若尚有浓厚"抒情"兴趣，如一廿岁头梳双辫女孩子，怀着种种与事实不合梦想，来与先生情意往返，实近于变态而非常态。事实或有例外，即此时彼生活若特别不如意，情感需要从一抽象名辞或明日幻想得到稳定，则先生即不去信，彼亦必常有来信矣。然而先生若真爱彼，关心彼，恐亦不愿意彼在此时如何不幸也。

古语说"爱人者推及其屋上之乌"。屋上之乌尚极关心，其本人幸福，如先生关心，更可想而知。这时，她既愿意先生不去信，先生或能照其理想，一年半载不再去信，或较之将信寄去增加受信人不安为得计！

记得五六年前在北平时，曾与宴池、煦良诸先生同在某处吃饭，即曾闻先生道及个人事（他人以为可笑，我总觉可同情）。不意此时忽被上海方面派作转信人，俨若事为前定，因此不觉附上废话一堆。如不以为犯渎，迟日或当相过一谋畅谈。

闻陈逵兄在云大教书，不知常见否。专颂

安佳

从文顿首（1940）十一月廿六

费巩[①]（二通）

一

雨生尊兄先生惠鉴：

三月底得诵三月十六七日　手翰，快同促膝畅谈。拟作一长函相报，反因之迟迟未即握管。昨复得奉三月卅一日　琅函，快慰之至。诚如　兄言吾二人世缘虽浅而情性相似，故契合有胜于长日聚首者。在宜山时，弼猷即谓弟喜散步，苟得与　兄共事正不患无伴，而弟亦有万千话语，恨不得　兄来一倾谈也。下年度清华休假，且系部聘教授，大可利此时机出外云游访旧。昨与洽周商谈结果，二人所见略同。承询三点，谨答如下：（一）钱君以至清华任事为宜[②]，因兄已为接洽有绪，什九可成，而此间系迪生当家，不但现不缺人，且未必欢迎。（二）令媛[③]进浙大极困难。因竺办事极呆板，教务长张君尤只重资格手续，任何人任何事不肯通融，不如先进联大外文系取得学籍，将来必要时以此资格转学此间比较容易。（三）暑假中甚盼兄来此小住，不必谈留此开讲事。以　兄身份、声望，此非求人时，宜令人来求。先到此

---

① 费巩（1905—1946），原名福熊，字祥仲；后改名费巩，字香曾。江苏吴江人。复旦大学政治系毕业，留学英国牛津大学学习政治经济学，并研究英国及西欧各国政治制度及历史。先后在中国公学、复旦大学、浙江大学任教。1945年1月休假时，应复旦大学邀请，至重庆北碚举办民主与法制特别讲座；3月5日在重庆千厮门码头遭国民党特务绑架，关入中美合作所。1946年1月后，被秘密杀害。

② 指吴宓拟向浙大举荐钱锺书事。

③ 吴宓长女吴学淑原为北平燕京大学学生，此时正由沦陷区赶往已在成都复校的燕京大学途中，而吴宓有赴浙大任教之意，拟偕女儿同行，故托浙大友人为探询转学事。

260

小住，看看风色；如果竺、梅诚意相邀，不妨留下，先以一年或一学期为度，期满再定行止。如觉此间无足久留，可入川应燕京聘，一年后回联大，俾　女公子得依侍左右。或惮远行而同时亦不愿在此常住，洽周之意可就近至贵阳小住，一面讲学，一面付印　尊稿，自己校对。如一年后不愿遽回昆明，而愿在遵或在筑续留，则彼时女公子可自联大转学此间亦便。此时则宜令随钱君径至昆明，不必游移。如果决定来此，望早日示知，俾预备住址。甚盼能与弟同住一处，可以晨夕晤谈，而要读书属文之时，可以各自关起门来静寂寂的各做各的事。

　　尊稿《人生哲学大纲》尚未细读，今晚当仔细研求其理。此类纲要及夹有英文之稿，《思想与时代》恐未必能刊，甚盼将其他写就诸稿陆续寄下，俾在该刊发表，必能传诵一时。弟天性似缺少想象力，故于学问喜实践致用之学，而于致知玄想之学甚少兴趣，尤无根底。惟于人生哲学则不论东西皆极有兴味，因此亦体验实践之学，与纯粹形而上学不同。　兄长于此，造诣最深，心得最多，安得执贽研讨启我愚昧。拙稿，陆宣公固曾煞费经营，然苦文字艰涩，尚未能畅所欲言，过承　奖誉，使我感奋。承　作评注，渴盼一读，希即抄示一份，有以教之。弟作此文，一则由于敬仰宣公，一则诚如　兄言执古以讽今，其中尤多讽刺浙大当局之言。因弟任训导长时，力主对学生要用德化、待人要宽要厚，而当局不谅，群小从而中伤，致中途而废，未竟全功。文中所述宣公之人格思想，实即借古人为自己写照。而"昏佞胶漆，正直不容"固为古人不平，亦未尝不为自己不平也。有一坏人为我攻击去位，怀恨造谣，竟谓我有废立之谋事，竟与宋史夏竦使女奴阴习石介书责富弼以行伊霍之事，并为弼撰废立诏章以倾之如出一辙，可发一笑。然公道自在人心，学生于我之去也，全体签名撰颂词以进，且置桌椅数事，上刻款识留校纪念，则吾固亦大堪自慰矣。

兄挚情人，对毛彦文始终恋念，弟意　兄既学佛学道，对此即宜摆脱忘却，不应复以此牵肠挂肚，徒自苦恼。此时应忏悔，悔前此恋毛之失，不应复有其他希冀（如犹冀与彼一面等）。闻 兄近与一寡妇甚有交往[1]，不知确否？或者即 尊函中厌恶之太太小姐们之传误。弟意能抛却俗情最为解脱，是为上策；否则如有对象，大家说得来，竟谋结合以补人生缺陷，亦无不可，是为中策；若犹恋恋于毛，则未免不智。

弼猷生性太偏激，弟对之一往情深，始终袒护。前年在此，常有长信与谈肺腑，而复书辄寥寥数语，后且置之不复。吾 兄对彼更可谓仁至义尽，奈何竟言"吾无友人，只有敌人"绝袂而去。是弼猷直是一寡情人，传闻对待张女士[2]甚不好，不知确否？此间外文系去年毕业诸生，皆弟极有关系之学生。宋、邵二君 兄已见之。宋在重庆。邵太浮嚣，迄今未能安心读书。既已视 兄以弟去函，是早已接到我信，乃迄无复信寄来，想缘自愧于心，无颜来信。 兄如有机会见到，望剀切晓以人生应有之觉悟与态度，以醒其迷，则感甚矣。

弟于前年七月七日偕梅、黄尊生，法文教授，中西学问皆好，人品犹高返里。黄至曲江停留，梅到香港，弟到上海。全程只十八天，中间且抽暇只身往游衡岳。在沪原定留一年，不做事，不教书，不与外界往来，长日在家看书。一年中，看过诗书礼皆选读，各三四遍、老庄荀淮南亦各三四遍、通鉴汉唐两朝及中华通史、中华哲学史等书。初到上海之四个多月甚愉快，自日军进占租界后，精神上却大感痛苦、恼恨、愤懑，不一而足，但幸有书可读，尚足以此自遣。迨去年七月底，将自定功课按时结束后，预备于八月底九月初随一周君取道西北还黔。乃周回诸暨原籍一再延迟行期，久候不至。此间原告假一年，因此又稽迟半年，深恐再迟连本学期都赶不上，太说不过去。但又不肯遽尔放弃西北一路，一则周走过多次，人极可靠，与之同行，一切有照料；二则未曾到过豫陕

---

[1] 此系误传。实为吴宓旧识卢葆华。
[2] 指陈逵夫人张墨女士。

两川，拟趁此一游吾国古文化中心，畅览周秦汉唐之胜。刘崇铉^{联大教}授，与弟间接有戚谊。^{弟表兄张厚琬文襄公之孙亦崇铉之表兄}原约同行，顺便送其子入燕京。候至十一月下浣，犹无周君消息，友人力劝我改由南昌来此。弟对此路殊无兴趣，但以家嫂及两侄要到衡阳，往就家兄，如走南昌，可陪之同行。同时有一多年女仆之女要到贵阳出嫁，孟宪承[1]夫妇要回蓝田国立师范学院，另有一故人之子与一表侄要随我同行入内读书。此许多人均以吾行止定行止，如走西北即不得同行，因不好叫周君挈带如许人。弟再四考虑，觉得成全如许人，可使人骨肉团聚、婚姻成就、脱出樊笼、教泽普施、续求深造、就业自立，则弟虽牺牲一些，意义甚大，因与诸人约定决计同行。不意十一月卅日约定，而十二月一日周君到沪，电邀晤聚，云可同行。遂大费斟酌，考虑再四，不愿毁约失信，卒辞谢周君而与嫂等同行。崇铉因旅费不够，临时作罢，仍在约翰教书^{钱锺书在震旦女院}，其子则随周君行。弟等一行十八人^{侯家源局长之眷属亦同行}遂于去年之十二月廿三离沪，乘夜车至宁一宿。次日搭轮发九江，阳历除夕到南昌。在南昌为敌保发觉行藏，汉奸三人来恫吓，声言须加扣留。弟知其志在孔方，贿以巨款^{约合七千元}，得无事出南昌。至附近乡村一宿，雇得乡人领路起早步行，绕过敌人封锁线，步行四日。同行皆老弱妇孺，亦只得随众步行。行李则雇人挑，复大宗敲索；领路更一路刁难。所经皆阴阳交界三不管之地，随时有被劫危险。幸托　天佑，平安无事。途中青菜豆腐为肴，泥地稻草为铺，复须安排挑夫，敷衍向导。幼侄十一岁，连走数日，蹒跚而前，弟为背负一阵。如是者四日而入国境，驻防连长疑我等来历不明，代雇小车派兵

---

[1]　孟宪承（1894—1967），江苏武进人。上海圣约翰大学毕业留美，华盛顿大学教育学硕士。后至英国伦敦大学研究院研究哲学、心理学、教育学。历任圣约翰大学、清华学校、南京高等师范学校、东南大学、北平师范大学、蓝田国立师范学院、浙江大学教授。1949年后，曾任华东区教育部长、华东师范大学校长。

护送至营部。名为护送，实则押送。向导刁难，同行之学生告诸连长，当夜被绑，次晨押解同行。迨至营部，弟与宪承与营长一谈，居然颇有敬重师儒之意，派人觅屋买菜，邀约便餐，并送军米供家眷及路上吃。副营长疑向导为汉奸，意欲加以枪决；弟力为开脱，在营长前保说三次，幸蒙释放。向导临行，复略给与川资已付酬资三百元，一路被中饱之款约亦有二三十元，感激道谢而去。前行至温家圳所经系东乡、进贤等县遇团长，人极浑厚爽直，设宴款待，继续派兵护送。经三江口小港口，雇得民船遇顺风。此后遂入坦途，一日夜而抵樟树，搭轮船到吉安，遇王造时。叫民船到泰和，遇胡步曾。包一辆卡车到来阳，换乘火车到衡阳，时为一月三十，家嫂已到。侯家小驻，宪承去湘，剩弟等三人在家兄公司复兴公司数宿，于旧历除夕上火车，在车中过年。元旦到宜山下车，重游旧游地，访浙大旧址。初二到金城江。初四即二月八日搭公路车，于十二日到贵阳。十四离去，遂于二月十五平安到达此间。宾四先生亦适于是日自渝来到，一"钱"一"费"同时到来，故旧纷纷设宴款待，使人大"费"其"钱"，一笑。按自沪回至内地，走屯溪一路者亦甚多，中间须步行或坐轿千余里。　令嫒既已抵屯溪，此后当无困难。寄去巨款，想不久可以经筑去昆，父女团聚，滋可喜也。

弟在此仍住故居石家堡三号，洽周即在下面新五号。住址地势甚高，似在半山楼，房轩敞，走廊宽大，坐廊上全城在望。群山围绕，庭前种菜植竹，院外四周满植桃李，春初盛开，极绚烂之至。房间宽敞，光线甚好。后院有一平地，为我昔年饬校工爬平作为练拳之用者。此次归来故必须仍住原址，每日清晨起身可至后院练太极拳一套。弟之太极拳，系学自吴鉴泉老先生。吴系此中一代宗匠，称吴派。兹次回沪，曾间日诣其私寓，请为校正架式者三个月，临离沪前并曾从一内家拳术家学导引之术。返还遵义后，决心每日练拳、静坐，将身体锻炼好，将来可以担当大事，同时此亦有助于修养。太极拳可使人习静、习虚、习沉着、习镇定，以去其浮躁之气，导引所谓反视内照，抛却一切杂念。天大事要练得放得下、丢得开。原定计划锻炼身心而外专心读书，不问校事理乱。将来得时，可以为名臣所谓可以寄百里之命，可以托六尺之孤临大节而不可夺，自问可以做到。不得时，则为士，将读书隐居以终。廷争可以为来历、褚遂良，刚直可以为汲黯、张纲，为吏可以为邵父杜母，为相可以为陆宣公、范文正。但恐如朱舜水对其妻子之言"我若第一进士，作一县令，初年必逮系，次年三年，百姓颂德，上官称誉，必得科道，由此建言，必获大罪，身家均莫保也"。由此以言，吾殆宜勿用世欤？此系弟个人之抱负与自信。言之似矜夸，但窃比于古之名臣，未必有此才德，不能无此志趣。从未为他人言过，今夜作书与　兄长谈，倾其肺腑，作此狂大之言，可为知者道，不足为外人言也。初意欲从此习静力学，不意洽周骤膺训导长之命，强弟任训导委员相助。为理道义上不得不允从，从此多事，终难过其清静幽闲之生活，此殆命欤？近为审查赈灾账款更弄得大为分心，真是欲罢不能。

此间同住者，三人在楼上各据一室。原合用一女仆煮饭、洗衣，但此女仆骄而惰，使唤不灵，出钱受气，太贵不值。伙食团人少负担重，月须四五百元。弟来不久卒将此女仆辞去，就食于校内，加入单身教职员所组之饭团，菜尚不恶，月费二百元左右，距此不远，往返尚便。每日起身自己生火、烧水、扫地、抹桌、倒痰盂、提水水自楼下提上，初不觉苦，反觉求人不如求己，较之使用佣人为方便称心。同事两人且自己洗衣服被褥，弟则交洽周之女仆洗。洽周近状甚好，心境命运似较两年前大为开展顺遂。弟所常与往还者，洽周外与驾吾（吴宓注：名王焕鑣）最接近，德望、君川亦交好，惟嫌二君不甚开展，德望尤甚。

初抵此时，欲回居旧寓。而有一华侨居住李振吾室内工学院院长，告假去任交大教务长迁入时原说借住，弟回来应有优先占用之权。一则弟系创业者之一，二则李曾以此许我。时华侨去渝，弟遂径行迁入。一月后华侨归来，坚欲取回原室。迪生为此两次来访，而不好意思要我让；因华侨系渠介绍来此居住，弟迁入后，迪生允令迁让，今不果，乃来商诸于我。弟看其为难情形，且不欲乘人不备、乘人他去遽占其室，卒允迁让。乃搬至上面阁楼居住，上下危梯，极感不便。来访者多，尤难延客，极感痛苦。华侨不能操国语，前住此时云受人欺。弟既相让，对之优礼有加，且为烧水，照料一切，渠卒受感动，愿另外觅屋迁出。弟为觅得一室甚好，允搬去；后临时迁居福音堂更好更方便，而弟遂得迁下。双方皆好，互道感歉而别，各方面感情皆不伤，亦近日一得意之事。

拉杂书此，所谈皆身边琐事，或厌　尊听，但觉非此无以报吾　兄诚挚之情、周详之长函，故亦率以所经及近来生活琐琐奉告，谅之谅之。
即颂
道安

弟巩顿首（1943）四月九日下午三时至五时，八时至十时写（遵义浙大）

<h1 style="text-align:center">二</h1>

雨生尊兄先生文席：
一年前奉上长函，虽未即奉。还云"若似形隔，实未神疏"二句，前得诵致洽周转诸人　惠翰，欢若晤对。今日续奉八月卅一手教，似再得一席晤对，仿佛久别重逢，而益喜夕旌之将至①，将真得良觌。弟近年性情似渐变孤僻，不甚喜与朋友往还，独闻二人行踪竟不自禁其兴奋：一为　吾兄将至，一为孟宪承先生亦将自湘来此也孟先生前年与弟

---

①　吴宓下学年在西南联大休假，将往成都燕京大学讲学，拟由黔入川，以过访遵义浙大诸故旧知友。

同来内地，在蓝田师院。现避地至新化浙大，汇旅费去，不久可望启程。惟旅途艰苦，于今为烈。自昆至筑应搭邮车，否则即此一段路程，亦须费八九天工夫，兄将不胜困顿。自筑来遵较便，君川当能往迎。自遵去渝，则十月间如资委会酒精厂汤厂长元吉_{南通人，留德学化学，与弟莫逆}。要去，可搭其车最为稳捷，弟当预为留意。否则亦以搭邮车最妥，就近亦可设法。有人与邮局相熟，当令接洽。膳宿则洽周已准备。当将其楼下卧室让出，供　兄下榻，亦颇尚轩朗，距弟处及梅先生处皆咫尺，而君川亦即在同一宅内也。惟望　兄能多住数日，勿如洽周之料不过三四日即复欲行也。

弼猷在柳曾有信来，弟为转请全崇仲（增祜）_{增嘏之弟}在贵州大学设法。潘家洵起初表示欢迎，后来忽推说人满，想是同行嫉妒。崇仲乃函其兄增嘏介绍复旦，即电柳相聘，愿汇旅费万金；乃弼猷索二万，嘱汇弟转，迄无下文，想又因此搁浅矣。弟原应去年休假，展至今秋，复旦邀去讲学。弟复以此间之留再展半年，而允于明春去复旦一学期。弟约年底去渝，在渝考察二月，中枢人事制度 civil service 即至北碚教书，同时写报告。明夏去成都，七月游青城、峨嵋，兄亦要去，弘度亦熟人，正好结伴同行。此间　兄之故旧与新交皆安善，金盼　兄早来。

专复即颂

旅祺

弟巩拜上（1944）九月八日灯下

张孟闻①（一通）

雨僧先生大鉴：

惠二十三日手书，知兴居佳胜为慰。香曾兄失踪已及两月，渠拟三月五日搭船来碚，而即在是晨不见。其后各方追寻，迄无踪影。弟曾入城探询，诸友语其过率直，情尤激切，竟以是开罪某君。而香曾君之下落，亦仍无从探听明白。

卫戍司令部消息，似与送其上船之学生有关。近则且有谓根本未尝搭船者。扑朔迷离，茫然莫谂其为不得要领，正与左右同之也。此时惟望其安全而已。

弼猷兄下落亦未尝知悉。十二月间，似在遵义，但浙大未尝延聘。香曾嘱以介绍于复旦，亦额满见违。承 下询，即以奉 达。此请
教安

张孟闻敬复（1945）五月六日晚间

［吴宓按：武进费树蔚太史，入民国，曾任肃政史，与袁世凯为儿女亲家。其次子费福熊，字祥仲，1930 年与宓牛津同学。回国后，自改名巩，字香曾（谐祥仲音），意云"瓣香曾文正公"也。以宓荐，任国

---

① 张孟闻（1903—1993），原名令誉，浙江宁波人。1926 年东南大学生物学毕业，后赴法国留学。1936 年获巴黎大学科学博士学位。1937 年回国，任教浙江大学，随校内迁。1945 年入复旦大学任教。1958 年调赴黑龙江，为黑龙江大学筹建生物系。1979 年，华东师范大学聘其为兼职教授。1982 年任上海市政协委员。

立浙江大学教授。1944年10月,宓由昆明经贵阳来,在遵义浙大留住两旬,讲学、会友,遂得与费君重聚。宓旋与张孟闻君同乘花纱布公司汽车至渝碚。1945年三月,费君到渝,由磁器口码头搭船,如约赴复旦大学讲学,乃即在码头失踪。其表兄张遵骝,多方探询营救,终无消息——盖被国民党特务在码头杀害。

又按:费君热诚爱国,论政治,语及国事及校事,往往过于激直;但其人绝非共产党(思想感情,与宓全同),而竟被认为共产党员,致遭栽害。伤哉! 〕

编者按:吴宓1944年10月13日在遵义浙大结束访友后,与张孟闻同乘花纱布公司汽车由黔入川。因张君在浙大亦稔知费巩,故闻费巩失踪消息后,即函张君询问实情。上函为张君对吴宓去函之回复。

萧公权^①（一通）

雨生兄寄示五十生日诗，奉酬俚句三章，即乞郢正

一寸心灰一往痴，惜芳翻遣误芳时。为谁辛苦蚕成茧，枉自缠绵蝶抱枝。玉漏宵长怜梦短，金风秋早愿春迟。相思报答无他物，九叠柔肠两鬓丝。

苦向红尘觅胜缘，蹉跎仙梦阻人天。三千浩渺蓬山浪，五十苍凉锦瑟弦。青简字香名未灭，碧城路迥信虚传。媚娥泪滴玄霜冷，六百回中月又圆。

不事烧丹不饵霞，好从瓶钵寄生涯。白莲结社仍宜酒，翠竹观身旧着花。香国孤踪舟法岸，灵山一笑劫恒沙。尘根慧剑除应尽，三宿何妨认作家。

癸未（1943）中秋弟公权呈稿，时客成都

编者按：吴宓 1943 年 10 月 29 日日记云：“接萧公权十月二十一日来函，评宓近诗为‘深秀沉郁’，答赠宓七律三章。”11 月 1 日日记又云：“上午复公权十月二十一日函，寄回《上元》诗。”

---

① 萧公权（1897—1981），江西泰和人。1920 年清华学校毕业留美，康奈尔大学哲学博士。1926 年返国，先后在南方大学、国民大学、南开大学、东北大学、燕京大学执教，1931 年任清华大学政治系教授。抗战爆发后定居成都，执教于光华大学、燕京大学、四川大学。1948 年当选为中央研究院院士，任台湾大学教授。1949 年赴美国，任西雅图华盛顿大学教授。1968 年退休。1981 年病逝于美国。

王恩洋[①]（四通）

一

雨僧先生道鉴：拙作《白璧德先生与人文主义述评》费神修正多处，不胜感谢。秉令无多，称述尊名，以避标榜之嫌。且以无我之义及一切均贡献于我佛义，尤为佩服，敢不从命，且当以是自勉也。明秋敬盼大驾能来成都久住，得多从　教，是所欣慰。文教院创业伊始，经验颇困难，在相当发展时，即当为供养贤德，广育人才之谋。甚望当来能朝夕相从，同昌正学，以救时艰也。顺颂

道安

弟王恩洋（1943）冬月十七日

二

雨僧先生道席：暑期归家，八月始还文教院，奉读赐书，感佩万分。先生为学界老师，言行思想、态度心情，影响于后学者极巨，即以赐书论其真挚乐善之情，当代学者，能更得耶？世衰道丧，大劫空前，均由众

---

①　王恩洋（1897—1964），字化中，四川南充人。1919年在北京大学习印度哲学，后去南京支那内学院师从欧阳竟无研究法相唯识。1925年在该院任教，此后十年从事教学和著述。1942年在四川创办东方文教研究院。1957年出任中国佛教学院教授。

生共业所感。消此恶业,领导后学出幽暗而入光明,非有哲人之智慧与宗教家之悲愿勇力,不足以任之。善哉乎! 先生近乃于佛法深生信仰,其外观世内观心。历人世之曲折崎岖与内心之苦闷烦忧,必已入于大彻悟之境界,而悲愿亦必随智慧而万丈光芒,即于赐书已窥见其一斑矣。洋于 先生有甚大之同情与祈祷,且期终得同偕游于菩提清凉之大道,入地狱以度众生, 先生之能辅助扶将于我者,其有量哉!惜当日过内未得一申所怀,门人迎候已至九钟不至。今特奉书道歉意,并举上近著五十自述一册,希教正之。侯生春福、黄生世彦,皆可造者,乞时诱导。即颂

教安

弟王恩洋再拜(1946)九月二十四日

三

雨僧先生:久不通信,近在《新华日报》拜读大文[①],备悉年来思想转变,诚所谓"君子豹变,其文蔚也"。洋去冬本拟到江津内学院,行李书籍均由学生运去,先生托购僧服,亦并装往。继因以川北各代会佛教代表出席南充,遂留住协商会,亦以江津组织变化,暂不宜去之故。半年来因参加此间民主人士各种会议,对国事政情知之较多。并因读瓦因思坦所作之辩证法全程,思想上更得了许多解决,觉得国家与人类、物质与文化,均在光明伟大的发展中。吾人生丁盛世,亦足庆也。兹将近作《病室八吟》寄呈,请求评正,并作精神之聚谈,当不吝指教也。

---

① 指吴宓参加思想改造运动所作的总结文章——《改造思想,站稳立场,勉为人民教师》。

病室八吟

予少有血疾，愈已廿余年。今春三月复发，就养于川北医院。十日静观，成诗八首，忽忽不知有病也。

丈室维摩卧病身，清灯一榻比宁神。心开万象亲天地，念转千般历劫尘。日月星辰相薄蚀，昆仑华岱势嶙峋。三千世界吾为主，大幻从心未有伦。

一切住处非住处，倍关情事不关情。春花秋实起还落，沧海桑田垣复成。店主殷勤迎倦马，旅人辛苦整行旌。古来逝者无踪迹，何日劳生息远征。

濯足万里之长流，对影观身且优游。现影依身何谛实，知身缘影有因由。观身如影梦初觉，执影同身病岂瘳。影影身身都不取，尔时无得得休休。

本净法身亦无迹，圣氏根境摄皆全。千军战斗体常寂，万古成亏性不迁。云翳俱空真月现，言思尽断觉心圆。如如证取天真佛，倒海崩山意坦然。

依他起性众缘功，无我无常自体空。此事虚张同幻影，凡情违执转愚蒙，杯弓蛇影心成病，草木兵威国丧戎。大梦觉来堪一笑，翔天飞鹤出樊笼。

临深履薄谨操持，索象盲人苦费思。得意忘言情始切。搬柴运水道无遗。星莹月朗昭明象，雨澍云腾造化机。本地风光平等性，随缘任运复何为。

独立千仞之高冈，俯视灏渺之汪洋。洪流汩没波涛急，三毒八风力势强。哀乐早空知幻梦，辛劳何畏拯痴狂。涅槃生死却无住，高挂银帆度十方。

峨峨师范表群伦，独向昏衢指路津。万物并容天地量，纤尘无垢圣贤身。真空实智修行遍，五性三根化度频。功德弥高心弥下，廓然无我愿无垠。

敬颂

教安

弟王恩洋敬上（1952）七月廿七日

回示请交南充集凤乡龟山书院。

四

雨僧先生：久不通讯，敬祝起居康利，生活恬愉。我已到京担任中国佛学院佛学教授，还其本业了。在此每周授"佛学通论"四小时，讲义新编，工作轻松愉快。

东方文教学院同学何明道现在西师学习，曾听　先生讲，极受教益，更欲进求启导。何君诚笃之士，特此介绍，请　先生习以教之。即颂

教安！

弟王恩洋拜启（1957）四月二十三日

源澄先生统此致候。

胡文豹^①（一通）

（吴宓注：胡仲侯表兄文豹，1944秋，诗函。时在重庆审计部。）

雨僧大弟：奉到二月九日

手书，附五十生日诗并别题四纸，回环循诵，怅触万端。文字因缘，情同骨肉，而十年暌隔，晤对无因。比岁尊况，只于昆明来客处略悉一二。鲍系此间，意兴颓惰，一作俗吏，乏善足述。舍下情形，更不堪问。双亲相继谢世，诸弟在县仅各谋升斗藉以自给。住宅久已鬻卖，赁庑而居。五十同过，无闻是惧。子女各一，均入川后所生。女名葵馨，年六岁，顽钝憨痴；儿名魁儒，才三岁，瘦弱可怜。内人毕业初级师范，顷亦滥竽公门，佣书赖以补助，差能停辛伫苦，聊足私慰。以相念之切，故不惮觇缕以报来书。示及《石头记评赞》，惟向坊间索购《旅行杂志》未得，颇以为憾。

碧柳殁后，葬白沙黑石山。三年前，内人任课聚奎小学。每往省视时，必赴墓前低回凭吊。记其逝世八周纪念日，鄙作一首，录次：

回首围城百感并，焉知一别隔幽明。缘何志大偏无命，才藉诗穷幸得名。挂剑徐君伤往事，著书刘峻怆平生。拜伦荷马流风渺，欲唤吟魂起九京。

又和江絜生《江皋春感》元韵之作，《民族诗坛》仅刊二首，原和八韵。兹附抄寄：

---

① 胡文豹（1891—1958），字仲侯，号潜龙。吴宓之表兄与诗友。时在国民政府审计部任文书科长。

落拓客游万念凉，漫劳缄寄讯行藏。看朱未必真成白，回绿几曾又转黄。风景不殊虽异土，江山信美非吾乡。升沉莫向君平卜，自审前途更淼茫。

才上春风王灿楼，莼鲈张翰又思秋。天涯涕泪馀蓬鬓，戎马关山逐钓舟。一自援戈挥落照，几回击楫誓中流。同仇应抱偕亡感，莫念平生马少游。

忠爱何尝敢后人，弈棋世事几番新。输心思赠绕朝策，障面欲遮庾亮尘。惟有吕蒙堪刮目，断无韦澳愿呈身。百般辛苦甘承受，不拟叩阍问我辰。

崎岖蜀道比登天，生事居民可悯怜。麦黍久伤思乐土，烟尘今诧到甘泉。何人富斗珊瑚树，竟日争开玳瑁筵。更向广寒听一曲，春兰秋菊各新妍。

松柏西陵意最浓，不乘油壁骑青骢。临流弄月窥双影，逭暑移舟坐晚风。岂谓江沙埋铁锁，从教门户陷蒿蓬。一泓湖水鸭头绿，梦里莲房坠冷红。

飘然轻舸向江湖，举罢虞幡乱阵图。甘掷金城齐破甑，远从极岛贮仙姝。当年庆贺封桐叶，曷月还归念束蒲。不道花卿终绝世，少陵犹唤守京都。

见说腥风起越台，南疆形胜失雄嵬。羽书正值中原急，鼓角还从间道来。司马何曾如敌国，尉陀母乃是庸才。金陵王气潇湘水，一例子山作赋哀。

阃外夷吾用射钩，相期戮力复神州。且看时日千夫指，待雪天家久世仇。垂老鞍矜犹可据。食贫笔叹未能投。魄无琼树随江令，意气只馀百尺楼。

其余篇什容后续寄。

今有一事代恳：李苏志明先生系计部同事，据云其令媛慧可毕业清华，为吾

弟高足。其令子慧中出国留学，于二月二日由昆明飞印，候轮赴美。在印曾托黄雄畏君带款将二十万元交陈逸华女士转汇志明先生。迄今两月已过，尚未汇到，拟烦分神一查。陈女士为联大学生，可就近探问黄君留印抑或旋昆，便望函告为盼。匆匆布复，不尽所怀。顺问

吟安学淑侄女学业精进。

兄豹拜启（1944）三十三年三月卅日夜

［吴宓注：胡仲侯表兄（文豹）1944秋，诗函。时在重庆审计部。］

杨树勋^①（二通）

一

雨僧夫子赐鉴：

前上一禀，谅邀尊鉴。生来芷，瞬又两月有半，一事无成，生活又百无聊赖。而耳目所触，尽是官场丑态、洋人骄态，以及一班人对外心理之不正常。披发左衽之悲，不图重叹于今日也。

一周前，搬居七里桥新招待所。工作则由电台转移至美军司令部。芷江基地初建，故一切较过去略忙。而目前翻译人少，故无所谓办公时间，有事即行，无事即在所守候。而中国机关之公文手续，与湘西农民之农业社会和平习惯，与美国人之过度紧张又恰成一对比。此为翻译无法解释，最感头痛之事。至此间待遇，则远逊昆明，而物价上涨，则又甚速。总站经理科之腐败，堪称典型。总站长食少事繁，小至一车一兵之微，均非亲自处理，无人负责。该站共七课，课长课员官兵极众，而工作效率，则可称观止。生忆王安石变法中，有"裁汰冗员"一语，极适用于航会。而黄晦闻先生诗"独对古人称后死，岂知亡国在官邪"一联，今日读之，方知其语之悲也。幸生等住招待所，人事上尚未见有十分不谐之处。同事翻译数名，除一人系港大，一系清华土木

---

① 杨树勋，湖南长沙人。西南联合大学外文系毕业。1943 年秋，应征参军，至空军任翻译官。曾在私立逢甲大学教英文。杨树勋与李俊清皆喜好旧诗，在校时常偕从吴宓学习作诗。

系外,余三人均系生等叙永同班(包威来此一月,又已调昆)。招待所马主任永梁,沪江商学系毕业,曾共谈及夫子诗集。其夫人焦再贞女士之姐丈,据称即钱学熙先生。故平日生活,尚有话可谈,远非一般招待所人之俗不可耐也。

夫子近况若何？关山谣阻,不克常亲训诲,极以为怅。有暇盼多赐教,信寄"芷江空军招待所"不误。二三月内,恐无法摆脱。生甚不欲在此间工作,生活无聊,无书可读,而匪祸之猖獗、世俗之丑恶,尤余事也。联大外文系近况若何？昆明师友奚似？生有七律数章,存夫子处,如已斧正,亦盼一并由来谕中赐下为祷。嵩此潦草尚祈谅之。顺叩

教安

生杨树勋上（1944）四月十二日芷江,空军九总站

（吴宓注：1944 四月杨树勋自芷江军次来禀函。）

二

雨僧夫子赐鉴：

生八月所上一禀,谅已邀尊鉴。生自调来空军电台从事情报翻译,工作繁重。终日奔忙于电台测试台、总站、两方司令部及指挥塔之间。日前敌机来袭,当场击落一架于城池,死驾驶员四人,血肉模糊,惨不忍睹。我方飞行员坠于敌阵,当亦如是。言念及此,诚不知人间何世也。

每忆昔日夫子讲"文学与人生"时,当年生活如在梦寐！俊清① 想

---

① 指李俊清,杨树勋西南联大外文系同班同学,于 1943 年秋应征入伍,此时已随军赴印度作战。

已出国，前寄一函，曾托其向令兄俊澄①兄处设法向舒主任伯炎处活动，调生回昆另派工作，但不知此信到日，彼仍在昆否？中原战后，夫子家乡如何？近想已有消息！前闻俊清谈及，生家乡亦告沦陷，我机每日轰炸扫射之区，正是生儿时游息之所。生每日翻译情报，中心痛苦不堪，而芷江中外人士关系之丑恶复杂，尤非所能忍，故生对芷江之厌恶实与日俱深也。何日能重返昆明，听夫子谈《红楼梦》中故事焉，江山引领怅憾何极！今日有人赴昆，便中托寄此信。夫子有暇，望叩赐教以慰远思。赐信寄芷江第一号信箱生名不误。匆此即叩

秋安

　　　　　　　　　　生杨书勋手上（1944）九月二日芷江第一号信箱

---

　　① 李俊澄（1907—1997），河北河间人。陆军军官学校毕业，曾在空军笕桥航校和部队服务，时任空军第五军区司令部副官长。

张清湘^①（一通）

雨僧夫子大人尊鉴：

久矣，未为 师通候，中怀耿耿。近于书肆旧杂志中，得 吾师《五十生日诗》十四首，如获珍璧。归而诵读，低昂感愤。盖 师待生至厚，生与 师相处有年，而于 师之生平又知之颇详，安得不感慨系之耶！静而思之， 师之际遇，固有足悲者，然 师之文学造诣已高，在平淡中见深刻，若秋月平湖，光芒不毕露，波澜不汹涌，而万类百态转在其牢笼之内也。即此，已足传世而留后矣。奈何为一段有涯之人生，一时之蹭蹬而戚戚然悲哉？

生毕业后，第一年回家省亲。第二年入陪都，初供职某处。日与贪污庸劣之辈周旋，愤然辞职。旋丁母忧，益默然寡欢，惟思闲居静养而已。是时，中央大学附中聘生为文史教员，生以其地高山环拱，丰草长林，颇宜养息，遂往。每日授课三两小时后，或策杖蹊道，或杜门谢客，藉以舒忧娱悲，不复问身外事。

在此期间，耽于沉思，殊罕写作，恐 吾师之见责也。忆去年抵陪都后，曾奉寄诗稿一小卷，未知收阅否？尝语人曰：愿复追随 宓师数年，庶几诗学略有根基，特离合变幻，机缘难遇耳。

生年轻，未知所立。偶涉足仕途，而彼我若不相类，天下事既未可为。则研究学问，亦澹泊所以明志也。量志气，量才力，其可能贡献于国家者，亦循此轨道创造而已。故为久远计，自应即入研究院或出国

---

① 张清湘，1942年西南联合大学历史系毕业，时任教中央大学附属中学，后去香港。

留学。然留学考试，政府已暂缓举行。目下虽作研究院考试准备，而旧学荒疏，孰敢必其录取耶？是以终夜徬徨，莫知所适。

生于本学期结束后，拟另觅枝栖，盖此地无学术空气，而书籍亦感缺乏也。倘蒙介绍于联大谋一席地_{如助教或研究院中工作}，当欣然南来耳。辱　吾师眷厚，是以敢请。_{回示请寄重庆青木关石家沟中央大学附中。}

专此敬禀顺叩

教安

生张清湘谨上（1944）四月廿六日

李俊清①（一通）

雨僧夫子函丈：睽违 教命，慕念殊深。遥维，②
福祉顺绥，诸多迪吉，为祷。生仍服役司令部，依然故我，无善可陈，惟
工作稍有调动耳。前者曾有命令，派生赴印度。旋以司令官晏玉琮氏翻
译姚某奉调驶美，乃改命生接充晏氏私人翻译。多为口译。或开会、
或宴会、或设宴，皆须同往，终日不敢稍离左右。然所接见者，要皆为
上级军官，如陈纳德③将军等，其语言尚文雅，似不难解也。
近日偷闲作诗数首，本应面呈。奈以日来河南战急，情报迭来，未能片
刻离开，故特函呈批改。即请
教安

学生李俊清敬上（1944）五月一日

如有回示请寄：本书忠字九七〇信箱。

　　编者按：吴宓于本月廿日将所批改的诗作寄回李君，附言："今任
此职，实与君有利多多，祈勉之。"

---

　　① 李俊清（1919—2012），河北河间人，西南联合大学外文系毕业，1943 年应征
入空军，任美国军事顾问团翻译。1949 年去台湾，曾任东吴大学英语系教授。
　　② "维"，吴宓改为"惟"，并示："惟—but，维＝this（指定，emphasis）。"
　　③ 陈纳德（Claire Lee Chennault，1893—1958），美国飞行员。1936 年受聘为中
国空军顾问，帮助建立中国空军，训练飞行员。1940 年与中国有关方面赴美国招募飞行
员、购买飞机。1941 年，建立中国空军美国航空志愿队，通名"飞虎队"，抵抗日军侵略，
他任上校队长。1942 年"飞虎队"变为美军驻华空军特遣队，他任准将司令。1943 年"飞
虎队"改为美国陆军航空兵第 14 航空队，他任少将司令。1958 年，艾森豪威尔总统与
美国国会批准晋升陈纳德为中将。

茅于美①（一通）

雨僧吾师赐鉴：昨日偶值邂逅，快慰曷甚。今日谅因酬酢，不克　驾临。生今午急欲返家，致不及谒晤。舍间居"南山黄角垭复兴村三十二号附一号"，赐示可寄此。下次进城当来　拜谒。如地址有改动，乞即示知。附上吾

师题词，请一并查收为祷。此上　敬请

崇安

生于美敬上（1944）十月十六午后

---

① 茅于美（1920—1998），女，江苏镇江人。清华大学文学硕士，美国华盛顿大学文学硕士，伊利诺伊大学文学博士。1951年回国，先后任中国科学院文学研究所研究人员，中国人民大学语言文学系教授。在西南联大（清华研究院）读研究生时，师从吴宓。

柳诒徵[①]（一通）

雨僧先生道鉴：得书，盼　直晚，并托唐臣（吴宓注：茅以昇）奉邀。久候不值[②]，知已径赴蓉矣。怅惘何似。小诗二首，录呈大教。

重阳前赋

巴山苦雾未渠央，只为兵戈恋异乡。准拟吴生能过我，烹雌沽酒作重阳。

九日

九日天未霁，故人期不来。停云巴子国，旧梦雨花台。令节携佳客，吾生复几回。兵声翻宇宙，怀抱向谁开？

旅况何似，幸常赐示。即颂

文祉

柳诒徵顿首（1944）十一月三日

（吴宓注：重庆柏溪国立中央大学分校。）

---

① 柳诒徵（1880—1956），字翼谋，晚号劬堂，江苏镇江人。早年在南京江楚编译局编辑教科书。后几次东渡日本。1916年起，任南京高等师范学校、东南大学教授。为《学衡》创办人之一。1926年改任北京女子大学教授，旋回中央大学任教。1927—1949年，任江苏省省立第一图书馆（后改名国学图书馆）馆长。1948年当选中央研究院院士。1949年任考试院考试委员，后任上海市文物保管委员会委员。

② 吴宓1944年秋由黔赴蓉途中，留住重庆数日，原已书约十月九日赴柏溪晋谒柳公，后以失路厄时爽约。

王般[①]（三通）

一

雨僧老师：

十二月二日曾上一函，谅达左右。后见报载我　师在蓉讲学盛况，当不知多少青年于其中聆受治学为人之纲领启示也。两月前舍妹函云，武大学生自闻我　师有莅嘉之讯，无不还忻期待，彼闻人言：某某教授出国讲学，独吴教授来川"传道"。得闻"道"者，总觉比得睹佛经"生值佛世"为更幸也。

尝思，人之知我　师者，有三种情况：（一）为亲受我　师之教诲，见师之为人行事，体我　师之操守道德者，对　师敬爱俱挚；（二）为《学衡》之读者，《大公报·文学副刊》之读者，《吴宓诗集》之读者，温源宁先生所作传记之读者，对我　师尊仰崇拜；（三）为仅闻或仅仅读《拟（mackeray）"少年维特之烦恼"》一诗者。集中诗多，独此首流传普遍，殊令人不平。此种人且喜传种种富有 romantic 情趣之轶事，虽是善意，却甚失真。听而知其有必不符实者，亦殊无法解释。不知

---

① 王般（1913—1996），字般若，河南郾城人。1938 年北京大学外文系毕业。曾任西南联大外文系助教，西南联大附中、云大附中教员，东北大学、河南大学、武汉大学、中国人民大学外文系副教授，北京外国语学院、外交学院副教授、教授。

若干年后，更将是如何传说也。尚此敬请

教安

般若拜上（1944）十二月五日

（吴宓注：1944 十二月五日王般自三台东北大学寄来。）

二

雨僧老师：

1949 年

6 月 4 日　　陈舜裔·李恺悌于三十八年六月四日在上海西摩路 80 号结婚喜柬

6 月 16 日　　冯本铎：九龙西贡街三号

7 月 29 日　　云　僧：南昌王安石路一号

9 月 13 日　　傅　裕：汉口中山大道 1197 萧宅转

9 月 20 日　　杜润生：开封河南大学

11 月 20 日　　程　曦：广州岭南大学东南区 12 号

师入川后，除曾转上若干信件，并将　师上海及台湾方面家信转交学淑女士外，尚接上列各信。其中程曦之信当时由般作复，余系普通问候信，未复。

又大图书馆借书证在盛丽生先生处。角质"吴宓"名章一枚，存般处，是否寄渝，祈示。

在 1949 年五月份内共领薪费等五次：

（1）银圆三元八角六分（内八角六分系支付票）

（2）金圆券百廿万，郭朝杰经手换成银圆一元二角又镍币二角

以上二项共银圆五元零六分又镍币廿分，于六月七日交吴学淑先生收存。

（3）镍币 255 角（即廿分镍币 127 枚,十分镍币一枚）

（4）镍币 396 角（即廿分镍币 198 枚）

（5）镍币 1890 角（即廿分镍币 945 枚）

以上三项共 2541 角（即廿分镍币 1270 枚,又十分镍币一枚）

镍币贬值过甚,且解放后已不成为法币。武大人所得镍币多直存放未用。此项镍币至今存殷处 当时贬值太甚,廿分一枚者不抵银圆一分,人皆惜而不用。现在已完全不能用。尚此　敬请

教安

学生王般上（1950）三月十二日

（吴宓注：1950 三月十二日般内函,四月九日收到。）

三

雨僧老师：

　　五月间接奉来示,迄今始复,至感愧歉。我系大部师生均于去年十月参加汉川土改,般亦参加。今年三月底回校即投入"三反",紧接课程改革及思想改造,直至最近始告段落。但目前仍极忙,因准备开课、评薪及俄文学习,均同时在进行中。

　　老师之检讨报告[①]登于《新华日报》上者,在武大思想改造时,曾油印分发教员,般亦存一份。读后深感老师检查之澈底、坦诚、动人,亦足见马列主义真理之为老师所接受,而运用于分析自己的成功,对于别人启发甚大。

---

　　① 指吴宓参加思想改造运动所作的总结文章——《改造思想,站稳立场,勉为人民教师》。

老师教文学史之困难，实即观点问题，倘第一步多读马列主义之社会发展史、西洋经济发展史，掌握阶级分析及具经济生活在文学史上之反映，必多新诠，启迪后进。

般个人生活如恒，积极参加政治学习，但求有能力多服务，为祖国、为同胞人民尽力。

叶柽、觑高等，均于解放前即不通信，不知现况如何也。

即致

敬礼

学生王般上（1952）十月三日

Horn tree 中译名"角树"，木质甚坚。

罗马尼亚文两字问不得解。

（吴宓注：1952 十月十八日下午到。）

程曦①（二通）

一

雨僧先生道鉴：燕大春季迎新之顷，学生自治会数嘱生为文介绍　先生。夫以　先生之墙高数仞，后学诚不得窥其万一，况以拙劣之笔，言之更不能尽目之所见，然以自治会敦嘱再三，辞穷无以却，勉以为文，亦徒挹　先生清芬云耳。

今不揣冒昧将生所作拙文奉上，恳请　先生拨冗一阅。不当之处，为之修正。专此敬请

教安

学生程曦敬上（1945）二月一日

附上拙文，题曰《介绍吴宓先生》

吴宓先生字雨僧，祖籍陕西长安②，以龙盘虎踞之形胜，倚太华终南之险，吞吐黄河，呼吸泾渭，帝王畿下，文治广被，自古为然。　先生生长此间，宜其浩气纵横，智超凡表也。　先生头脑之精且密，记忆

---

① 程曦（1920—2012），字仲炎，河北文安人。燕京大学中国文学系毕业，留校任助教。1950年任广州岭南大学中文系助教，曾任陈寅恪先生助教。后去美国，在爱荷华大学任教。

② 长安，吴宓改作"泾阳"。

之强而博，洵足令人惊愕。其足迹遍欧美，学问之广博亦如之。

欲求了解一学者之个性，莫如尽读其人所读之书，再进而研读其人之著作，否则徒见其表而已。　先生学问之浩瀚，吾辈少年自不能尽。至其著作，若窥其性灵，可读中华书局出版之《吴宓诗集》。若究其学问，则莫若一读《学衡》杂志。该杂志为　先生壮年时心血之结晶。编辑之精审，于极细小处皆能见其通力贯注之势。其治学见解，则散见各期论著。　先生日常生活之习惯，最足为后学取法，自黎明起身，终日置身几案间，工作不辍，而精神矍铄，步履康强。后学或有疑难请教者，莫不详加剖析，立致豁然。至其屈己助人，尤堪感佩。　先生任清华大学教授凡二十余年。教育部首次聘请部聘教授，西南联大一校共得三人，　先生与陈寅恪先生并在其列。今两先生皆来燕京讲学，洵燕京之幸也。

先生在燕大讲授"世界文学史""文学与人生"二课。"文学史"以国别区分，统述其环境、思想、文学著作。"文学与人生"一课，则灵通变化，深入浅出，自人生哲学以至治学态度、文学原理，触景生情，辄滔滔不绝，或列举中外佳篇，诱人入诗境中，陶然不自觉，而明心见性，出于自然。同学有以时间冲突，不获聆教者，多方请求，乃于每星期六下午更作课外演讲一次。每以中国旧小说如《红楼梦》者为题裁，藉寓风人之旨，自谓取其普遍易解，适于引证，盖不得已也。去岁曾列论《红楼梦》诸主角之性格，以比于人世间神仙鬼蜮各色人物，今岁仍将继续讲论。是非仅燕京之幸，亦成都之盛事也。

二

雨僧师座右：收读金蜜公先生转来函件（吴宓旁注：七月二十二日宓发），痛悉师祖大人仙逝。

大人留渝，交通不便，但守心丧；尚乞顺时节哀、珍重玉体为祷。所询　寅恪先生寿诞日为阴历五月十七日，谨以奉闻。又奠仪五万元，已汇陕，附此禀知。余容再禀。敬叩

礼安

受业程曦叩（1950）八月十二日

（吴宓注：1950 九月十三日 3 p. m. 到。）

金毓黻^①（一通）

般若教授归自成都，言雨生先生寄语致念，感寄此诗。得吴字

辽东冀北涉居诸，十载烟尘苦避胡。汉上回车迟入蜀，隆中决策
首亲吴。枇杷门巷诗千首，杨柳楼台酒一壶。沐雨栉风君未老，若夸
独睡我应输。

往在沈阳，经汪君希珍（吴宓注：兆璠）^②之介，得识
雨僧先生于酒家座上，珍重而别。未几遂觏"九一八"之变。沧桑
十四载，又闻　先生讲学成都。欣喜之余，不胜咫尺千里之感。谨以
小诗奉怀，幸为转致。即上
般若仁兄吟席，并希郢政。

金毓黻未是草（1945）三月六日

编者按：金毓黻先生时在内迁四川三台的东北大学任教，以上诗
笺乃由同在东大任教的王般（字般若）先生转致吴宓者。金先生落款
处盖有印章。

---

① 金毓黻（1887—1962），号静庵，辽宁辽阳人。北京大学文科毕业，曾任辽宁
省政府委员兼教育厅长。1936年后，任中央大学、东北大学教授。1947年任国史馆纂修、
国史馆驻北平办事处主任。1949年1月国史馆驻北平办事处并入北京大学，金氏任北
京大学文科教授。1952年调任中国科学院历史研究所第三所研究员。

② 汪兆璠，字悉针，又字希珍，辽宁复县人。北京汇文大学毕业，美国密西根大学
教育学硕士。回国后，任东北大学文法科学长。1924年曾敦聘吴宓赴该校任教。

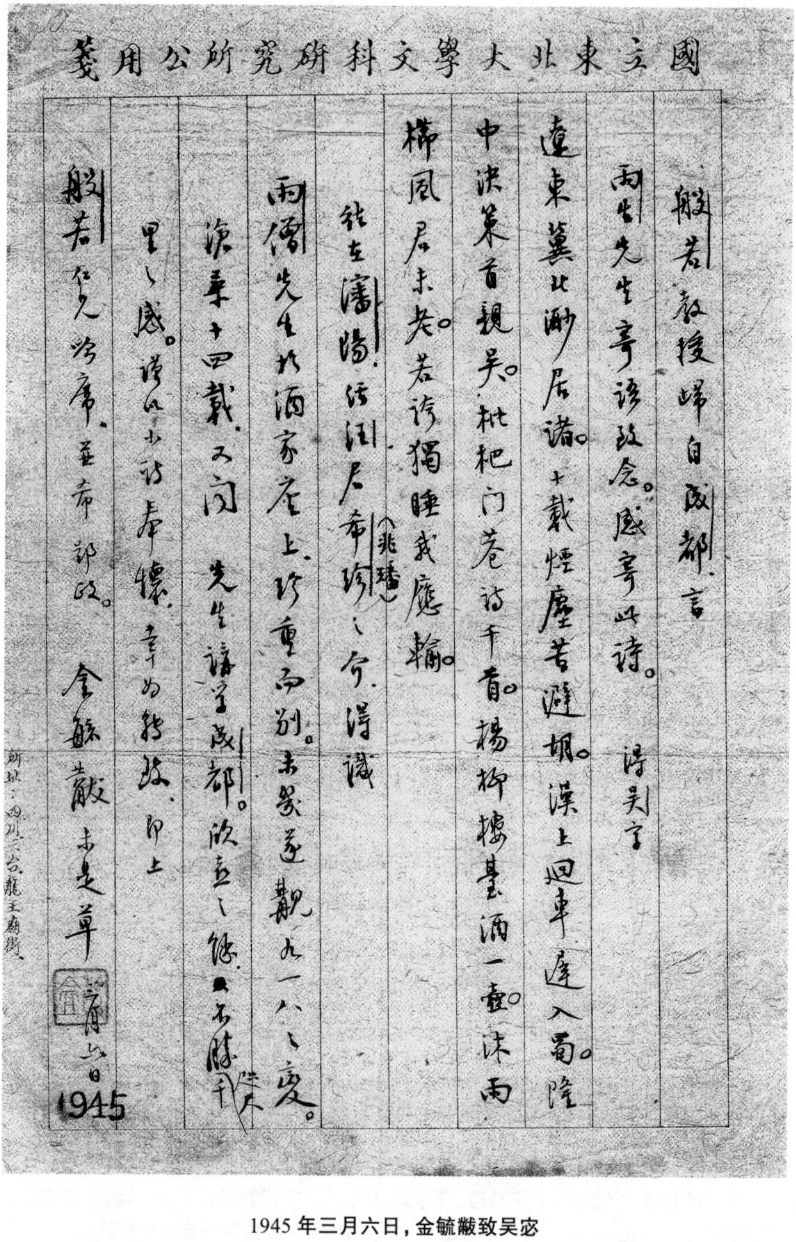

國立東北大學文科研究所公用牋

艖若教授峄自成都言

雨生先生亭诊政念。感亭此诗。　淂吴字

遠東冀北湖居谱。十戴煙塵苦避�。溪上迴車遲入蜀隆

中決冀音觐吴。枇杷门巷诗千首。扬柳樓臺酒一壶沫雨

楝風尾末矣若诤獨睡我廳輸。

錹生濱湯结闰房希珍冷淂谵　（非瑲）

雨儹先生乜酒家屋上。珍重而别。未袋�觏九一八之变。

演筆十四戴乃阗　先生讲學成部。欣生之除。六百歷我陸人

里人感。诗此少诗奉懷。亭少翊坏。印上

（艖若在久。垺庠宝希部政。　金毓黻　丰足草

附批：四川二公龙王廟幾

1945

1945 年三月六日，金毓黻致吴宓

294

蒋梦麟　梅贻琦　张伯苓^①（一通）

雨僧先生大鉴：

　　本校顷奉教育部留字第二一八三三号代电，为援武汉大学，呈请调派台端为该校教授，特电转知，仰即电复等因。查台端在本校外国语言文学系主讲有年，同人钦敬，诸生景仰。暑假后，正待文旆归来，重主讲席。武大之议，当难同意。除电复部外，特函奉达，务希荃察惠允，早日返校，不胜盼祷。专此顺颂

时祺

蒋梦麟　梅贻琦　张伯苓同启

一九四五年五月九日

　　编者按：吴宓1944—1945年暑假自西南联合大学休假，时在成都燕京大学讲学。武汉大学呈请教育部调派吴宓去武大任教，遭到西南联大拒绝，除电复教部，三常委并联名致函吴宓慰留，敦促休假期满早日返校。

---

　　① 蒋梦麟（1886—1964），浙江余姚人。美国哥伦比亚大学哲学和教育学博士。曾任国民政府第一任教育部长、行政院秘书长。久任北京大学校长。时任西南联合大学校务委员会常务委员。梅贻琦（1889—1962），天津人。美国伍斯特理工学院毕业，历任清华学校教员、物理系教授、教务长。久任清华大学校长。时任西南联合大学校务委员会常务委员。张伯苓（1876—1951），名寿春，字伯苓，以字行，天津人。天津北洋水师学堂毕业。私立南开系列学校创办者。久任南开大学校长。时任西南联合大学校务委员会常务委员。

胡文同^①（一通）

雨僧先生赐展：

奉读来书，惠及小友，既谢且感。当遵尊意向　萱姊^②报告。前接伊函，将遙师^③简陋数笔抄示胡文淑君_{复旦英语教授兼图书馆主任}与余。又以其复信充满忍耐就商孩儿抚育事。且云天下多一事不如少一事之决心，彼个人只当对方已死。假如死灰复燃、破镜重圆，则第三者将陷于功罪不明，奈何奈何！

贵校图书馆梁思庄^④先生曾有一面缘。会晤时，乞代
致意。附上《偶感》，不脱乳燕口吻，博
一笑而已。专此敬请
教安

海伦^⑤行踪如何？甚念。

胡文同谨上 "国父" 忌辰

编者按：此函为陈遙（弼猷）前妻唐月萱女士之友胡文同所书。

---

① 胡文同，曾受业于陈遙，生平不详，时在重庆两浮支路国立中央图书馆任职。
② 唐月萱，女，安徽旌德人，为陈遙所离弃之妻，与陈遙生有一女，名陈家萱。
③ 指陈遙。
④ 梁思庄（1908—1986），女，祖籍广东新会，生于日本神户。梁启超次女。麦吉尔大学文学士，哥伦比亚大学图书馆学士。曾任北京大学图书馆副馆长。
⑤ 指毛彦文。

据吴宓 1946 年 3 月 9 日于武汉大学所写日记，有云："函陈逵（湖南大学），劝逵下年必如约到武大任教。附寄宓诗印稿。又附寄胡文同（重庆两浮支路中央图书馆）去年十一月下旬上逵为唐月萱及其子请命之函，系托宓寄交逵者。宓另函唐月萱（安徽旌德县北门瑞丰号转龙泉村）告知之。又函复胡文同。"

卞慧新^①（二通）

一

雨生吾师函丈：八年烽燧，音问阻绝。顷闻报载，藉稔

移教燕京，至为欣慰。蜀道艰苦，

函丈又转徙辛勤，未识

道履康吉仍似昔否？

在燕京已有几时？设课多否？吟事未废否？"人生哲学"及"新旧姻缘"已有成书否？均在念中。慧新自二十六年七月二十九日工字厅拜别绛帐，小住城中静生宿舍。八月十六日返津，羁于日本宪兵队者二十日。时舍弟又新在济宁实习，随校南下，复转入军校。慧新遂留待母。二十七年二月，以中学毕业生资格考入开滦矿局暂维生活。二十九年春，奉　母命完婚，生计日艰，家累日重，勉持素志，学道以荒矣。幸获从泾县吴玉如先生家璹游，时承海启，只以心绪不宁，未能敛志读书，蹉跎至今，竟无寸进，而顽寇已伏罪矣。八年沦落，百无一似，幸尚留此肃书之地。谨录数年来所为诗，束呈

削正，藉求

赐假。　黄先生诗保存未失，亦未能潜心研诵为可愧耳。前传燕

---

①　卞慧新（1912—2015），字伯耕，笔名卞慧僧，天津人。清华大学历史系毕业。曾任天津社会科学院研究员，天津文史馆馆员。编著有《陈寅恪先生年谱长编》。

京　司徒先生入蜀，极欲聘　陈寅恪、萧公权两先生，不知果允就否？
闻　钱宾四先生亦在蓉，未悉确否？风信无准，维
为道珍重，是所至叩。专肃敬请
著安

受业卞慧新三十四年（1945）十一月二十七日

［吴宓注：（航空挂号邮寄）天津开滦矿务总局。］

哭王十二守愚癸未

（吴宓按：王君与卞君肄业清华，1936 至 1937 年，皆选宓"文学与人生"课。）

西园聚首初，十载惊一瞥。风华映群伦，自赏何修洁。谈笑殊温文，诵读精剔抉。丝竹引清声，声高金石裂。故园重相直，意兴今昔别。东渡钱子云莲生赴美，歌笑耳后热。再晤慰章疾少荣丧子，强乐欢未竭。王孙溥心畲儒展画图，代束愬陋劣。草成仍后期，颇自伤慵拙。前月趋候君，闻疾用悬切。忽传君不起，肠痛气郁结。清才难再得，世局方阢隉。遗编未杀青，数年倾心血。一棺事尽空，万念从此绝。鼎沸嗟浮沉。短长不可说。

读书一首呈玉如师

读书二十年，何尺寸难就。负贩屠沽者，日夕牛马走。无端遇哲匠，一过顾肯复。笔窜与口讲，引接勤指授。时叹叔季风，道丧文亦陋。愚者怀安饱，衣食珍所究。黠者务功名，功惭名已诟。青衿日嚣嚣，不能辨句读。无耻为大耻，亭林语不谬。知类与通方，俗儒苦拘囿。文词本枝叶，尘言日集糅。读书养气耳，义法久能籀。谆谆忘饥

渴,宫墙叹美富。自恨钝根人,嘉觌难备收。笔画等春蛇,文章不入
彀。饥驱志靡定,无恒随处逗。期许亦何切,百惭一莫副。勤苦人所
同,时时得矜宥。新秋天气佳,清风暄襟袖。言愿读我书,会心时一
遘。岁月去飘忽,及兹庶勉懋。勤专业自精,斯戒吾当守。

编者按:1937年4月在清华就读之卞慧新向吴宓师呈诗作《白云》
一首,吴宓1937年4月29日批还。

白云一首呈雨生师廿六年四月

白云苍狗委皇天,孤愤难消忧思煎。耿耿衷怀能自谅,涓涓逸口
总相牵。千秋事业须为计,百岁精强肯浪捐。终古北辰常不改,操舟
坚定济危渊。

此诗词意未达,本拟重改,迟迟未就。再承询及,谨呈原作,然不
足录也。

生卞制慧新谨识(1937)六月四日

全诗极好,五六句箴规,语意尤高而挚。原诗已正式录入诗册中,
故以原稿奉还。暑中如暇,可单独,或偕张志岳君同来我处临时先以电
示来时最好在下午五时,叙谈之顷,即在我处晚饭,并同散步,任何日
均可。

宓顿首廿六年(1937)六月廿九日

君之字,是否即僧慧,抑另有字?

[编者附] 卞慧新所记与雨生师昔年交往之事

《评〈梁质人年谱〉》后记

少时偶过肆。得《广阳集记》而好之。惟苦不详作者刘献廷_{继庄}生平。涉猎所及，辄随笔记之，兼及其挚友梁份_{质人}、王源_{昆绳}诸人。取便稽考，初无意纂著。

及汤氏梁谱出，征引所及，颇有当时尚未见者_{如朱书《杜豀文集》}。考证亦视内藤原谱为密。惟其自序称"主要文集往往翻阅至数十遍"，其实，即谱主文集及同门密友如魏世效文集等，所载谱主重要事实，征引亦有明显疏误。所谓"翻阅至数十遍"者，苟非故作英雄夸诞欺人语，亦未免粗心大意太甚矣。病中无所用心，遂就手头笔记，草成此文。就近寄呈吴雨生先生宓，拟投登先生主编之《大公报·文学副刊》。迟之甚久，该书已再版，此稿尚未刊出。适以久病不愈，将束装归里，遂请赐回。先生寄还时附加识语，深致歉慰之意。

后见《大公报·图书副刊》又有评汤谱文字，遂再试投，因得披露。惟该刊删去原稿首段，而移后记于前。同室学友谓汤谱失考质人之生月，实一大疏漏，应着重指出，惜写得殊不显豁。因略加剪裁。前后移易，觉层次稍清。今改稿早失，姑仍存刊出旧貌，以见一时鸿爪。吴先生识语，谨著稿末，以志先生之厚情。距先生赍志去世，已十五年矣。悲夫！

一九九二年八月十日，迟叟记于求是室。

吴雨生先生识语

尊稿在敝处搁置已久，两奉　手书，而未奉还，我之咎也。盖以　尊作内容切实而文辞渊茂，初拟登载，故遂收存；乃因《文副》篇幅拥挤，每期又有类似新闻式之稿件，不得不即登，以是愈待愈久，愈

觉无以对　足下。今其书二版既出，更使　尊作失效，惭惶之余，只有如　命奉还。通信地址^{离校后}倘蒙　见示，不久拙作诗集出版，当奉赠一册，以酬雅意。即颂

学安

　　　　　　　　吴宓顿首二十二年（1933）十二月十四日

二

雨僧师函丈：违

教忽已二十六年，缅怀往日藤影荷香馆中从游之乐犹在目前。自恨流光虚掷，一无所就，有负期望。近供职历史研究所已四五年，顷因事入川，闻设帐重庆，深愿再坐春风，藉承训诲。祈

指示　尊寓所在及由车站前往路线。校中有无招待所可住^{有介绍信？}慧在此尚有四五日句留。

来教请寄"新津县成都民航机专学校一大三中转交"可也。余容面陈专肃。敬请

道安

　　　　　　　受业卞慧新谨上一九六三年三月二十三日

闻蒙文通、缪钺诸先生均在成都，祈

赐函介绍，以求教益。^{二十四日又及}

冼玉清^①（一通）

雨生教授诗家大鉴：昨年读杂志见

尊作怀海伦^②女士诗。当时欲寄奉数言以释

雅念。旋以疏散，不果。顷得敝徒来香，知

仍掌教燕大，想不日将重返旧京也。香港沦陷，玉清与海伦同行止者

多时。因渠住许地山夫人家，与敝斋正望衡宇。以后，曾同谒秉三先

生之墓，同探归国之途。渠乘轮赴广州转上海；玉清从陆入曲江，遂阻

音问矣。丧乱流离，悲哀危苦，所得仅《流离绝句百首》，写定后，当

呈　教也。即请

大安

冼玉清拜卅四年（1945）十二月四日

迁韶校中书事十首

迁校曲江岭大村

播迁此到武江滨，竹屋茅堂结构新。辛苦栽培怜老圃，一园桃李又
成春。

授课

不须纱幔障宣文，受业多于百二人，虞溥著篇先劝学，一生砥砺在
精勤。

---

　　①　冼玉清（1894—1965），女，别署琅玕馆主，祖籍广东南海，生于澳门。久任岭
南大学、中山大学中文系教授。

　　②　指毛彦文。

图书馆书籍缺乏有感

一书珍比荆州重，几卷探怜邺架虚。苦忆琅玕旧池馆，香芸应冷子云书。

油灯昏暗有感

添膏不粲零檠焰，凿壁难偷隔室光。恍似儿时侍宵织，恨无慈母在灯旁。

日常生活

买菜清朝驰远市，拾薪傍晚过前山，执炊涤器寻常事，箪食真同陋巷颜。

下厨

伯鸾灶不因人热，络秀刀还自我操。谁惜玉堂挥翰手，丹铅才歇俎砧劳。

浣衣

薄浣春衫到小溪，坡陀碍屐袖沾泥。临流怕照慵妆影，不是当年凤髻低。

寂坐

偷得些闲便闭关，杨枝漱齿诵华鬘。澄怀花水无言语，闲对孤云静对山。

校园

冈陵环抱翠痕新，鸡犬相闻鸟雀亲。松柏不凋樟树绿，此中应有岁寒人。

写志

孔席不遑一朝暖，周公吐哺讵云忙。含辛茹苦缘何事，欲为邦家树栋梁。

雨僧教授吟正

冼玉清初稿

赵紫宸^①（一通）

雨僧吾兄：

前日忽得北平市市政府公用局第一科邢家骥先生来函，谓 兄托程曦先生带来法币陆千元，嘱弟携章去领。昨饬敝校校役如教领取，今日收到。 兄亦未必优裕，竟知弟窘，慨赠添薪酤酒之资，拜领之下，感激无如，大有艰难愧深情之意。四年来弟之所以能生存者，泰半受友人之援助，弟子之馈送，不啻僧人子吃十方，但此中之缘，非化来之缘耳。 尊翰所指乃北平币三千圆，今所领取，乃法币六千圆，不知何故。按兑换律算，则联币三千，应为法币陆佰；联币三万，始为法币六千。岂 兄写信时误万为千耶？兹特留款不用，先问端详，幸能见示。若款中一部分应属他人，待得回示，当代送去。尊翰结束，又有"时时续奉"之语，岂法币陆千之数，乃数次所寄之数耶？ 兄甚谨细，决无笔误之理，若为续寄，亦必有续寄之指示。请回书明言之，为盼。

近数年来，弟之精力，大不如前。不惟须发稀白，亦且心神交瘁。去年十月至今，常为胃肠病所窘。成都邀弟讲学讲道，亦因精神疲劳，未敢奔赴。不意五十八岁，人即衰颓若此。前在圣公会潜伏之时，兴会甚好，读书吟咏，兼有著作。成《圣保罗传》十六万言，《基督进解》十万言，《诗铎》以诗传道，一万言，《圣诞曲》已制谱，为天津人士所演奏等数种。此外有集李义山诗八百余首，自为诗千余首。今日回思，已若隔世，抚今思

---

① 赵紫宸（1888—1979），东吴大学毕业留美，曾任东吴大学教授、教务长，燕京大学教授、宗教学院院长，英国牛津大学客座教授，中华圣公会会长。世界教会协进会六主席之一。美国协和神学院聘为客座教授，未就。

昔，不胜怅惘。

本季弟教书两小时，系"康德伦理思想"。余时则筹备宗教学院复课，为教会服劳。弟在难中，深得宗教之助。启示之来，往往可惊可异。是以弟信心较笃矣。一面决不放弃科学精神与方法，一面决不怀疑宗教之真际，人或嗤之，弟则自有把握也。他日相见，当为　兄细言之。　　令媛学淑，内子与我时亦忆及，今将大学卒业，岁月之迅逝，真惊人也。便中请代言好。小儿辈均在外。此间仅内子与弟，甚感孤清。幸皆平安，已无昔日之逼迫，可以告慰。书不尽意。专问春安！

弟紫宸拜启（1946）二月十四日

内子嘱问安

朱光潜[①]（一通）

　　雨僧吾兄：今日弘度示　尊札，知　兄近可来嘉一游，至为欣慰。敝眷尚未来嘉，　兄可下榻敝寓。车抵嘉定车站后，即雇人力车直到半边街水井冲八号_{距车站约一里多路，车费约七八十元}。如弟临时外出，可叫熊嫂安顿行李。敝寓距弘度住处不远。

日安

弟朱光潜拜启（1946）三月二十七日

---

　　① 朱光潜（1897—1986），笔名孟实，安徽桐城人。香港大学毕业，留学英、法，爱丁堡大学毕业后，入伦敦大学，法国巴黎大学、斯特拉斯堡大学学习，先后获硕士、博士学位。曾任北京大学教授，四川大学文学院院长，武汉大学外文系教授、教务长。1946年任北京大学西语系教授、系主任。1949年后为中国科学院哲学社会科学部学部委员。

周珏良①（一通）

雨生夫子大人尊前：

今夏以来，久不奉 示，伏惟起居清吉
道体安康为祷。昨日于 宪钧②先生处闻有归软之志。小子狂简，盖
无日不在跂望之中也。生于今秋由 福田师邀回清华任专任讲师。
"浪漫诗人"一课，即由生暂时代授，"英国文学史"则由佐良③代授，亦
蜀中无将之景象。惟望 吾师能于明春北返，则系中幸甚，学生幸甚
矣。

赋宁④现在耶鲁研究院，有函致佐良，云习拉丁文及古英文甚忙；
生亦未得其只字。周翰⑤在牛津读B.Litt.学位，将来或拟改读博士。
家姊叔娴，闻由 吾师邀往武大任教，不知已到校否？日内当有函致

---

① 周珏良（1916—1992），1940 年西南联合大学外文系毕业，清华研究院肄业。
1946 年任清华大学外文系讲师。1947 年赴美国芝加哥大学研究院研究英国文学。1949
年回国，任北京外国语学院教授。

② 王宪钧（1910—1993），山东烟台人。清华大学研究生毕业，赴奥地利维也纳
大学、德国明斯特大学研习数理逻辑。1938 年回国，历任西南联合大学讲师、副教授、
教授，清华大学哲学系教授。1952 年转任北京大学哲学系教授。

③ 王佐良（1916—1995），浙江上虞人。1939 年清华大学外文系毕业，留校任教。
1947 年赴英国牛津大学研究英国文学。1949 年回国，任北京外国语学院教授、顾问，兼
中国社会科学院外国文学研究所研究员。

④ 李赋宁（1917—2004），陕西蒲城人。清华大学研究院毕业，留校任教。1946
年赴美国耶鲁大学，1948 年获英语语言学硕士学位。1950 年回国，任教清华大学。
1952 年转任北京大学西语系教授。

⑤ 杨周翰（1915—1989），江苏苏州人。北京大学外文系毕业，留校任教。1946
年赴英国牛津大学研究英国文学。1950 年回国，任清华大学外文系副教授。1952 年转
任北京大学西语系教授。

渠。德锡到津为云南矿业银行筹设分行,曾见柱而生已移家北平。闻旬内将来平当谋一面也。

北返以来罕事吟咏,有寄行夏^①诗一首,录呈

海正。颇望杖履归来,能重聚于藤影荷声之馆工字厅西客厅尚无居人,作椒华雅集^②也。胡步曾^③先生英译《长生殿传奇》,致言下问,欲共商讨,尚未得机造谒耶!

余容续陈,肃此敬请

教安

受业珏良百拜上（1946）十二月二十日

---

① 郑侨（1915—1970）,字行夏,福建闽侯人,郑孝胥之孙。西南联合大学哲学系肄业。曾任昆明天祥中学校长,昆明第三中学教导主任。1955年以"历史反革命"被捕入狱,判刑七年。1970年获释,同年病逝于昆明。1987年始获平反。

② 吴宓与李赋宁、周珏良、郑侨等友生,在昆明西南联大曾有椒华诗社,定期雅集。

③ 指胡先骕。

王挥宇①（一通）

宓翁伯父：

您好！我是您的诗友王荫南的儿子王挥宇。

当今最能够了解我父亲王荫南一叶先生诗文的，只有您老人家了。您一定还会想着他。然而他现在已做古人，民国三十三年一九四四一月二十四日夜，父亲和我在北平一同被日本鬼子抓去，我入了狱；他在日寇宪兵队终拘押十余月，因为忠贞不屈，日本人把他秘密押走，也许那时杀害了他，从此消息渺茫。他在被捕后的十月间三十三年，有难友从狱中带出最后三首绝句，题为《重九狱中占赠诸友好》，抄录如下：

（一）

霜晨短景易消磨，地狱逢君且高歌。莫作楚囚相对泣，天兵指日荡妖魔。

（二）

平生浮海居夷志，忍性动心愧未能。今日牢中逾九月，幡然忽似定中僧。

（三）

京华冠盖原注指沦陷中的故都北平闹如云，消息沉沉久未闻。见说故人都无恙，悠然译校向苍旻。

现在父亲还有两条包的诗文稿件留在北平，那就是他留下的全部

---

① 王挥宇（1923—2017），辽宁海城人，王荫南哲嗣，后改名王黎。曾任九三学社大连市委员会副秘书长、顾问。

可贵的遗产。不肖的我，已不配继承他的事业，愿老伯设法完成他的工作，并请老伯教育我成人。

　　敬颂

教安

晚辈王挥宇拜上（1947）一月四日

周叔娴①（二通）

一

150 Kinnear Road,

Shanghai

March 24, 1947

Dear Mi,

In the fine time I am able to sit upright and write to you since my operation. You must think that I have been remiss not having kept up my correspondence with you. The third day after the operation when Frank came to the hospital to see me, I asked him to write you for me, but somehow his wife fell very ill and Frank's time has been divided between classes and attending to the invalid and has failed to do so as he pronounced, to pen you a few lines on my behalf. We do beg your forgiveness.

---

① 周叔娴，女，安徽东至人，东吴大学法律系毕业，曾任律师，周煦良之妹。吴宓1946年赴武汉大学主外文系，邀周煦良到武大任教，煦良以事滞沪，力荐其妹叔娴以教职。吴宓征得校方同意，聘周叔娴为武汉大学外文系讲师，授一年级"现代短篇英文选读及作文""英语会话"及二年级"实用英文"三课。周叔娴以英语流利，教课改卷严明负责，为校中所称道。1947年2月末即请假去上海，其间突患急性阑尾炎，就地手术休养，续请假至4月始返校复课。其间，周所授三课悉由吴宓代授。同年暑假辞职去香港。

Indeed, I was quite unexpected, but quite ten days after my arrival in Shanghai, one evening when I just came back from a very lavishing dinner, the terrific pains started. And then two doctors (one was an old friend of mine, who used to be my family doctor before the war) were summoned and the diagnosis turned out to be acute appendicitis. To play safe, there was no alternative but having an operation. To be the exact the operation actually took place at 2 o'clock in the morning on 13th, now I am out of the hospital back to my friend's house, but still feel weak and am still under a sort of general treatment to build up my health. I have been having all sorts of injections.

My husband arrived from Hong Kong about three days after the operation and now we are both staying in the same friend's house. All my good friends and members of my family have been sending me plenty of flowers and fruits apart from the dinner parties they have thrown in my honour. Under the present condition with costs of living so high, I do appreciate their kindness more than ever. So this trip turns out to be the most expensive one of all the years I have ever made. I figure beside my own medical expenses and other expenses, the total sum my friends and relative have spent on me in the forms of entertainment, visit and gift must come up now to almost five million CN dollars. Despite my hard luck I should be grateful, and feel happy and contented. With all the help of my both good and influential friends I have been very successful too in my negotiation with my husband. It is too long a story to cover in just a few pages, so permit me to tell you everything when I shall see you again, not too long hence I hope.

I am sorry to think that this trip of mine has been prolonged for me the schedule, but the doctors do advise me to be patient. My family doctor (his name is Jack) won't discharge me until he thinks I am fit to travel. Please write the school authorities for me asking for future sick leave and in part the news of my operation to my students. I cannot been the thought that they may take me for an irresponsible person. Carry my sincerest regards to all my good friends and colleagues in the University, my students, even my good maid servant 吴嫂，and my love to the kids, and love but not the least, my infinite gratitude to you, my best pal. Even though I may not write as often as I should, and but please remember you are very often in my thoughts. I have been dreaming of the kids. Give each of them a kiss for me.

I think I should be back sometime before the middle of the next month. I feel more than sorry to have missed the classes. Out of the people in the world that this misfortune should befall me. I am bewildered and dumfounded what explanation can those be, but to attribute all matter to fate? This means that I shall not be back in time to attend Margaret's wedding to see Gerald off. I am indeed very upset. I think you must be out of funds now. I am remitting one million CN to you for maintenance. Do please write me and let me know what you have been doing and thinking.

I don't think I shall have time to make a detour via Hong Kong. Besides, I am not fit to travel too much. I shall come back directly from Shanghai.

Till then,

All of the very best to you,

Yours as ever,

Diane

P. S. I have been reading quite a few books in bed, Virginia Woolf's novel *Mrs. Dalloway*, some writings in Shakespeare, etc. I am very happy to have found my own *Bible*, they are with leather-binding of as I told you about, and my old volume *Thus Spake Zarathurtra*, Modern Library edition. Frank has bought some books for me and I am enjoying every one of them. He has already got 志摩日记 for you. I may send it to you by airmail. I have been reading all the English newspapers in Shanghai, and I have made my choice. I think I shall subscribe the *Shanghai Evening Post* for us, probably also the *China Weekly Review* and some other American periodicals.

（吴宓注：Received March 28th 1947, Replied March 30th 1947.）

开纳路 150 号

上海

1947 年 3 月 24 日

亲爱的宓：

　　自从手术后，我终于可以坐起来给您写信了。您肯定认为我没有如约与您通信联系是我的失职。手术后的第三天，当弗兰克^①来医院探望我时，我请他代我给您写信，但不知怎的，他妻子病重，弗兰克的时间就都被讲课和照顾病人占据了，所以未能如他所答应的那样，代我给您写上几行。我们恳请您原谅。

　　我的确对这一切感到非常意外，但抵达上海十天后，当我从一个

---

① 周煦良英文名 Frank。

盛大的晚宴回来时,剧烈的疼痛就开始了。于是请来两位医生(其中一位是我的老朋友,他在战前曾是我们家的家庭医生),他们诊断为急性阑尾炎。为安全起见,除了手术别无选择。确切地说,手术是在 13 日凌晨 2 点进行的。我现已出院并住在朋友家中,但仍感虚弱,并在接受可以增强健康的常规治疗,我一直在打各种针。

　　手术后三天,我丈夫[①]从香港来到上海,现在我们俩住在同一朋友的家中。我所有的好朋友和家人都给我送来鲜花和水果,还给我举办了晚宴。在生活费用如此高昂的现状下,我比以往任何时候都更加感激他们的好意。所以,这次旅行是我多年来历次旅行中最昂贵的一次。我估计除了我的医疗费用及其它费用外,我的朋友和亲戚以娱乐、拜访和礼物等形式花在我身上费用总额现在肯定达到了近五百万法币。尽管我的运气不好,但我还是应该心存感激,并感到高兴和满足。在我的好朋友及有影响力的朋友的帮助下,在与我丈夫的离婚谈判中,我也取得了很大的成功。这个故事太长了,几页纸也写不完,所以允许我下次见到您时再告知一切,希望无需太久。

　　很抱歉,我的这次旅行被延长了时日,但医生建议我得耐心等待恢复。我的家庭医生(他的名字是杰克)要等我适合旅行时才会让我上路。请代我向校方写信,提请今后的病假,并将我手术一事告知学生。我不愿被他们想成一个不负责任的人。请向我在大学的所有好友和同事、我的学生,以及我的好女仆吴嫂致以最诚挚的问候,这也有对孩子的爱,对您(我最好的朋友)的无限感谢。即使我可能不经常写信,但请您记住,您常出现在我的脑海中。我一直梦见孩子们[②]。代我给她们每人一个吻。

　　我想我应该下月中旬前回武大。我对缺课感到非常抱歉。在全世

---

　　① 周叔娴丈夫徐璋,国民党左派徐谦之子,美国哥伦比亚大学化学教授。抗战后期准备回美国,故与周叔娴有离婚之议。
　　② 周叔娴的两个小女儿(一六岁,一八岁),随母亲在武大生活,上小学。

界的人中，这种不幸的事发生在我身上。我很困惑，也很迷茫，除了把一切归于命运，还能有什么解释？这意味着我将不能及时赶回参加玛格丽特的婚礼，并送别杰拉德。我确实很沮丧。我想您现在一定没有资金了，我给您汇上一百万法币作维持费用①。请给我写信，让我知道您一直在做什么和想什么。

我想我没有时间绕道香港回去。另外，我也不适合旅行太多，我将从上海直接返回。

到那时为止，

祝您一切顺利，

一如既往的，

黛安

附言：

我卧床期间读了不少书，如弗吉尼亚·伍尔夫的小说《达洛维夫人》，莎士比亚的一些作品等；我很高兴找到了我自己的《圣经》，它们是我跟您说过的皮面装订的，以及我自己旧有的现代图书馆版的《查拉图斯特拉如是说》。弗兰克为我买了些书，我享受阅读每一本。他已经为您买了《志摩日记》，我可能航空邮寄给您。我一直在阅读上海所有的英文报纸，并且我已做出了订阅选择，我想要为我们系订阅《上海晚报》，可能还有《中国每周评论》及一些美国期刊。

（吴宓注：1947年3月28日收到，1947年3月30日回复。）

---

① 指维持周叔娴留在武大的两个女儿的生活费用。周叔娴请假外出，将两女儿托付吴宓和女仆代为照应管理。

一

C / O Sino-Hawaiian Corporation,

Room 4, 3rd. flr. Peddar Bldg.,

Peddar Street, Hong Kong.

July 21, 1947.

Dear Mi,

According to the office girl your letter of the 14th reached here on Saturday, and I have just got to read it today. I am sorry to think that you did not get a lift home until 2:30 in the afternoon; you must have waited quite a long while in the airport after we took off. I wrote you on the 18th giving a brief account of what had happened since I last saw you.

As to my remittance I was a fool not to have thought of the trouble beforehand. I guess since now you have deposited the one million and one hundred thousand on my account I must write you another cheque to cover it. What is the big idea of doing that? Why can't you keep the cash or deposit it on your own account? So far as I am concerned, I have given you the money, whether in cash or cheque. Your depositing the cash on my account again makes no sense at all. Good thing I cancelled that passbook account of mine. I foresaw to the possibility of your doing a foolish thing like that. You must realize now that I have left Wuhan for good and an account serves only as camouflage. Why should I keep any money on a bank account there upon my absence? Otherwise, if you have all on hand, I could just wire you as to the new destination. It takes time for mails to travel between these two places.

Enclosed I am sending you another cheque of one and half million; with the previous one the sum total is seven million. Please remit immediately by telegraphic transfer（电汇）to Canton：广州中国实业银行梁桂春帐

Mr. Liang is the friend, in whose house I am staying now, and he has already instructed his bank to accept this amount on his account soon as it arrives. Please also charge and deduct the remittance fees or whatever charges from this amount. Accept all my thanks for all the troubles I have given you.

I hope you have enjoyed your evening party in the French Consulate. I think it indeed nice of M. Le Bas and Dianous to have invited me. Did you thank them for me? I am waiting to hear from Frank any day now. I wonder why he has not replied to my letter. Did you send it by ordinary or registered airmail? God, I hope the letter was not lost like my other letters.

I have had not such a bad time either with more friends pouring in from Shanghai. My husband should be due in a few days, and the two elder children are still in Canton. H. Y. has delayed his return to Shanghai; he is scheduled to leave on the 2[nd.], just the day after my birthday. It is really very sweet of him to do so. He has just given me a set of Crêpe de Chine（my favorite scent）perfume and lotion for my birthday, and to think in terms of CN dollars（about six hundred thousand）, it is too expensive a gift. Lydia has behaved exceedingly well in this household, and I have taken her out twice only, once just to town in Hong Kong and the other time to a friend's house for lunch in Kowloon. I have put on some weight since my arrival and my cheeks look fuller and with the appliance of better cosmetics, I look younger

than when I was in Shanghai (according to my friends from there).
The weather here is much cooler than in Hankow (never over 80), and
there is not a single mosquito to bite me, no beetles to hit my eyes, no
poisonous insects to pinch my thumb. With all the good sea food and
fruits I have eaten, I feel much better physically; my eyes are brighter
and do not get easily tired at night; my skin becomes smoother and
clearer. Civilization certainly suits me better than nature. Don't think
that I am telling you all these just to anger you. It is the truth, I have had
good drinks too, but still I don't think I like beer. I shall stick to good
whisky and brandy from now on. I guess, good food, good drinks and
good fun do make one feel younger. I laughed many hearty laughs last
night on hearing the funny incredible stories told about myself. Laugh,
my friend, laugh. All animals know how to weep, only human beings can
laugh (with the exception of hyena's fiendish howl).

Shall write you more with more news in a few days.

My best wishes to you and all our good friends in Wuhan.

Sincerely,
Diane

由中国-夏威夷公司转
毕打大厦 3 楼 4 室
毕打街, 香港
1947 年 7 月 21 日

亲爱的宓:

据办公室的女孩说, 您 14 日的信在周六就到了, 我今天才得以阅读。我很抱歉，您因直到下午 2:30 才搭车回家，我们起飞后，您肯定在机场等了很久。① 我在 18 日给您写了一封信，简单讲述了我上次见您之后所发生的事情。

至于我的汇款，我是个傻瓜，没有事先想到麻烦。我想既然您在我账户里已经存了 110 万，我必须再给您另写一张支票来支付。有什么大不了的呢？您为什么不留下现金或存在您自己的账户里呢？就我而言，我给了您钱，无论是支票还是现金。您再把现金存入我的账户，这毫无意义。好在我已取消我的那个存折户，我预见到您会干这种傻事的可能性。您现在必须意识到，我已经永久离开武汉了，而账户仅是虚设。我不在的话，为什么要在那里的银行账户里留任何钱呢？否则，如果您手上有所有的钱，我可电告您新目的地。两地之间的邮件往来需要时间。

随信附上另一张 150 万的支票，加上前次的，总数共计 700 万。请立即电汇到广州：广州中国实业银行梁桂春账。

梁先生是我的朋友，我现在住在他家。他已经指示银行在款项到账后立即接受，存入他的账户。请从这笔款项中扣除汇费及与其有关的费用。我为给您带来的所有麻烦向您致歉。

我希望您在法国领事馆的晚会上度过了愉快的时光。勒·巴和狄阿努② 邀请了我，这真是太好了。您代我向他们致谢了吗？我在等弗兰克的来信。我想知道他为什么还没给我回信。您所发的是普通航空信还是挂号航空信？上帝啊，我希望那封信不要像我的其他信件那样丢失。

我与很多来自上海的朋友过得不错。我丈夫应该近几天到香港，

---

① 指 1947 年 7 月 13 日（星期日）晨，吴宓送周叔娴携二女孩去机场，以飞机方在修理，至 12:30 始登机飞港。吴宓俟机起飞后，乃乘中航游览车回机场站，在站中坐候至 14:30 始得乘中航车回武昌，后改乘校车返校。

② 指法国驻武汉领事馆总领事黎伯勒·巴（Le Bas）和副领事田悟谦（Jean Charles de Diannous 即让·查理·德·狄阿努）。狄阿努曾一度在武汉大学外文系兼授法语课。

321

两个大孩子仍然在广州。H. Y. 推迟了回上海的时间，他定在 2 日离开，就是我生日后的一天。他这样做真是贴心。他刚刚送给我一套 Crêpe de Chine（我最喜爱的气味）香水和乳液作为生日礼物，以法币算，大概 60 万，这个礼物太昂贵了。莉迪亚在家表现得非常好，我只带她外出过两次，一次是去香港城区，另一次去九龙朋友家进午餐。我到香港后体重有所增加，两颊看起来丰满些，用了更好的化妆品，我看起来比在上海时更年轻了（据我从上海来的朋友说）。这里的天气较汉口凉快很多（从未超过 80 华氏度），这儿没有蚊子咬我，没有甲壳虫击中我的眼睛，没有有毒的昆虫叮我的拇指。我吃了那么多好吃的海鲜和水果，身体感觉好多了；眼睛更明亮了，晚上也不容易疲倦了，皮肤变得更光滑了。城市文明比大自然更适合于我。不要以为我告诉你这些只是想让您嫉妒，这是事实。我也喝了好酒，但我仍然不喜欢啤酒。从现在开始，我坚持喝好的威士忌和白兰地。我想，美食、美酒和有趣的事情确实使人感到年轻。昨晚，听到关于自己的有趣的令人难以置信的故事时，我开怀大笑好多次。笑，我的朋友，笑。所有的动物都知道如何哭泣，只有人类能够笑（除了鬣狗恶魔般的嚎叫）。

近日内将给您写上更多的消息。

我向您和我们在武汉所有的好朋友致以最美好的祝愿。

真诚的，
黛安

邵挺（一通）

雨生教授道鉴：曩挺在瑞典，得杨君周翰书云
先生有取于挺之文而乐与之友，且感且愧，笔不能容。夫
先生文章道德业重宇内，挺所素仰者也。云天修阻，亲炙莫由，未尝不
耿耿于怀。近挺归自那威，在外交部条约司供职。由北平清华大学探知
先生讲学江汉，谨修寸禀，藉抒景仰之情，且愿闻
尊斾在暑假中能否过宁一游，俾聆
海益。崇肃　祇颂
铎祺

邵挺谨上卅六年（1947）六月十六

　　编者按：邵挺君生平不详，仅知其外语娴熟，译笔极佳，久任国民
政府外交官。吴宓曾在所撰《德国浪漫派哲学家兼文学批评家弗列
得力·希雷格尔》（刊于1929年4月《大公报·文学副刊》第65—
67期）文中，极赞邵挺君所译莎氏之《哈姆雷特》及《凯撒大帝》，谓
其"均用文言，且多作韵文诗句，气骨遒劲，辞藻俊美，而短歌尤精
绝。尤望邵君能努力续译莎氏其余名剧，以竟全功。特表彰之。"并
祈有知邵君住址者，赐告编者，以便通讯云云。久后始由杨周翰君介
识，得与联系。

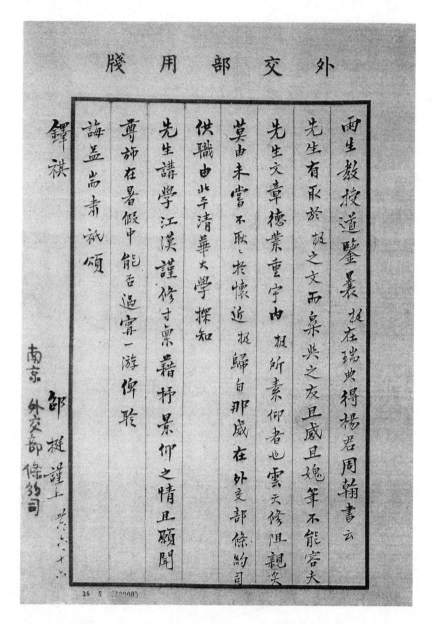

外交部用牋

雨生教授道鑒曩挺在瑞典得楊君周翰書云

先生有取於挺之文而桑梓之友且感且媿筆不能容夫

先生文章德業重宇由挺所素仰者也雲天修阻親受

莫由未嘗不取之於懷近挺歸自那威在外交部條約司

供職由此平清華大學探知

先生講學江漢謹修寸稟藉抒景仰之情且願聞

尊師在暑假中能否過寧一遊俾聆

誨益尚希素祇頌

鐸祺

邵挺謹上 卅六六十六

南京 外交部條約司

1947年六月十六日，邵挺致吴宓

钱基博[①]（二通）

一

雨僧先生知我：承
过掷还拙著，[②]详校细批。其中绳纠之处，昭若发矇，宁只一字之师，中心感激。方虚谷《秋晚杂诗》第三首："尤萧范陆杨，复振乾淳声。"《瀛奎律髓序》则曰："乾淳以来，求范、杨、陆、萧其尤也。"尤、范、杨、陆，吾人共知。然萧诗，颇不经见，而诚斋极称之。集中卷八十一有《〈萧千岩摘稿〉序》，谓："近世之诗人，若范石湖之清新，尤梁溪之平淡，陆放翁之敷腴，萧千岩之工敏，皆余之所畏者"云，萧千岩似忆名澥。《瀛奎律髓》中，必有其诗。吴之振《宋诗钞》中亦或有萧千岩诗，以《宋诗钞》议论宗旨多本《瀛奎律髓》。且吴之振曾刊行《瀛奎律髓》从前沪市有石印本也。《秋晚杂诗》又云："上饶有二泉，旨淡骨独清。"第九首又云："郑圃赵昌父，颍川韩仲正。二泉岂不高，顾泌四灵美。"赵蕃，字昌父，号章泉。先世郑州人，而家于信州，有《章泉稿》五卷，杨诚斋极称许之，赠诗有云："西昌主簿如禅僧，日餐秋菊嚼春冰。"又赞其写真云："貌恭气和，无月下推敲之势。神清骨耸，非山头瘦苦之容"，"一笑诗成，万象春风。"盖推之如此。韩淲诗名《涧泉集》

---

① 钱基博（1887—1957），字子泉，江苏无锡人。曾任清华学校国文教授，南京第四中山大学中文系教授兼系主任，无锡国学专修学校教务主任，上海光华大学文学院长，浙江大学教授，湖南蓝田师范学院中文系主任，华中大学中文系教授。

② 指时任教武汉大学的吴宓，过访华中大学钱基博先生，归还所借阅的钱老所著《现代中国文学史》增订四版自存本。

四库珍本中有之，故方虚谷并赵昌父称二泉也。案头无《诚斋集》《桐江
续集》可检翻旧日记。录备
玄览。匆匆。惟
为道珍重，自力千万

弟钱基博手奏戊子（1948）正月三日

二

雨僧先生大孝，来校得书儿[①]函转到
手帖并讣告，敬悉
老伯大人考终里第，游子何以为怀？敬即奉汇人民券十万寄书儿转北
京治丧处。惟舌耕寒酸不足将意以为愧耳。博里居两月，收拾刼余残
书，尚得一百五十七箱，悉数运鄂，捐赠华中大学。而三子无一在侧，
一手拮据，亦殊不任。现书已先博到校。在里中地方政府尚以民主人
士加礼，然目睹民生疾苦，亦殊有怀莫吐。惟
公怀文抱质，胸罗古今，必
能从道污隆以模楷群伦也。惟
珍重自力，千万千万

弟钱基博手奏（1950）十月初四日夜

奉拙著《〈金刚经〉〈心经〉章句信解》，仰祈
佛力，永护
先公，常乐我净，得大自在，企颂盍极。

（吴宓注：1950 十月十九日到。）

---

① 指钱锺书。

黄颂南①（一通）

颂幼承庭训，即知肆力于古文辞。长得名师指导，稍识门径，颇有笔录杂著。国难期间悉遭兵燹。流亡八载，抒写幽怀，复得杂稿数卷，不敢自信成章。闻　公博雅，录尘就正。倘蒙不弃，　予以斧削删改，俾得津梁则感激无涯矣。右陈

吴老夫子大吟坛

黄梅黄颂南谨上夏历正月

[吴宓注：黄先生名寿彭，清翰林，戊子年生。于武昌楚材街六十九号。有《志学斋诗集》待刊，原名"圯上行吟"（稿本），宓曾为作序，刊于《武汉日报·文学副刊》。]

①　黄颂南，1870年生，名寿彭，以字行，湖北黄梅人。曾在两湖书院学习，受诗于梁节庵（鼎芬）。有《志学斋诗集》五卷。

林同济[①]（一通）

雨僧吟家左右：去国两载有余，二月廿三日抵沪，大有倦鸟还巢之感。兹仍在复旦教书，校舍修葺未竣，暂住霞飞路一九四六号上海银行楼上。夜窗独坐，有念故人。着即执笔候起居，不知年来新什又添若干？暇中仍希望寄示一二，洒我胸中尘秽则幸甚矣。

沈来秋[②]兄久未通讯，未审其现住址，乞示为盼。天下纷纷，只恐此后更无宁岁，而中土苍黎劫运尤深，奈何！不尽欲言，即此报到，祗致颂吟安

弟林同济顿首（1948）四月三日

公权兄是否仍在成都，时通讯否？济又乞

江行

（吴宓注：林同济 1944 二月九日。）

万卷终须陋百城，泽吟犹抚昔年盟。情深书讳相思字，战久诗多

---

① 林同济（1906—1980），福建福州人。清华学校毕业留美，加利福尼亚大学文学博士。曾任南开大学教授、云南大学文法学院院长、复旦大学教授。1945 年赴美讲学，游历欧洲。1948 年回国，在上海创办海光图书馆，后任复旦大学外文系教授。1980 年赴美国加州大学柏克莱分校讲学，病逝于旧金山。

② 沈来秋（1895—1969），名觐宜，福建福州人。上海同济大学毕业，留学德国，获法兰克福大学经济学博士学位。历任同济大学、云南大学、东方语言专科学校、华中大学、福建农业大学教授。时在武昌华中大学任教。吴宓诗友。

变征声。星气欲蒸秦岭失，梅风不放蜀天晴。怪来物见消磨尽，心到滩头总欠平。

北碚复旦大学

初秋居缙云寺书意呈太虚生师

谷下菩提秋色朦，婆娑移影傍浮图。殷勤修似圆成实，化作沤和踏户沽。

［吴宓注：1944 八月十六日（林）同济未定草。］

汤用彤先生各著极佩其渊博，晤时为致敬。

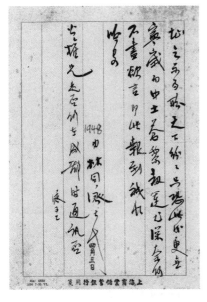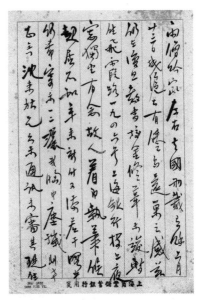

1948 年四月三日，林同济致吴宓

黄薇华兰[①]（三通）

一

Dear Prof. Wu,

Here is a note I just received from Helen（许海澜，桂质廷夫人）which is self-explanatory. Read and return to me.

You are really very good to me and I do appreciate you friendship.

Sincerely,

Viola

亲爱的吴教授：

这是我刚从海伦（许海澜，桂质廷夫人）那里收到的一份自我解释的便笺。阅后请还给我。

您对我真的很好，我很感激您的友谊。

真诚的，

黄薇华兰

[①] 黄薇华兰（Viola Misner Huang），为武汉大学已故教授黄方刚（黄炎培先生之子）夫人，美国人，武汉大学外国语文学系讲师。1948 年 8 月离职返美。吴宓时任武汉大学外文系主任，须关心照顾本系同人给予他行前所需帮助。

二

Dear Prof. Wu,

（1）Will you ask the school for a truck, and for the service of Mr. Liu, to put my luggage aboard the ship?

（2）Can you see if the school want pay me the next of my July salary? I don't want to leave my seal here.

I'll be very grateful if you can do these things for me.

Sincerely,

V. Huang

亲爱的吴教授：

一、您能否向（武汉大学）校方要求派一辆卡车，并请刘先生帮忙，把我的行李运送上船？

二、您能否问一下学校，可否发给我下一个月即八月份的薪津？ [①] 因我不想把我的印章留在这儿。

如果您能助我做这些事，我将非常感激。

真诚的，

黄薇华兰

---

① 吴宓代黄薇华兰见武汉大学校长、总务长等，交涉争取的结果为学校允以卡车并派员送黄薇华兰母子上船，免收卡车费；并借支（实由学校赠给）54,445,000 元，为其补足船票款 111,740,000 元；但不允发给八月薪。

三

Nov.19, 1948

Dear Prof. Wu,

I want to thank you again for all the nice things you did for me. I did write you once from Hong-Kong to express my thanks, but now that I'm settled down, I feel I should write you again. Last week I had a letter from Helen saying that you had handed her $1,800,000 C.N.C and 37 G. T. for me. I really do appreciate all the works you have done for me. Please forgive any discounting I have shown to you because I valued your friendship much. I dislike making excuses, but I was terribly sorry to learn Chinese so this made me unreasonable. I am grateful to you whether you forgive me or not.

The news from China upset me but I try to comfort myself by thinking that conditions usually look war from a far distance. My work here is hard but interesting. It's all new experience for me. Life is never dull as long as one can learn something now. Medicine is interesting but I'm too old to become a doctor or a trainable nurse. I keep books and records for the infirmary.

Very Sincerely Yours,

Viola

亲爱的吴教授：

　　我想再次感谢您为我所做的一切。我曾在香港给您写过一封信，表达我对您的谢意，但我现在安顿下来了，觉得应该再给您写一封信。上周我收到海伦的一封信，说你交给她我的 180 万（金圆券）及 37G. T. 我真的非常感谢您为我所做的一切，因为我很看重您的友谊，请原谅我对您所表现出的任何失敬。我不喜欢找借口，在学习中文的过程中，因我的表达不妥而显得无理，这让我感到非常抱歉。无论您是否原谅我，我都对您心怀感激。

　　来自中国的消息让我感到不安，但我试图安慰自己，前提通常是想着战争在遥远的地方。我在这里的工作虽然辛苦但有意思。这对我来说是全新的体验。只要现在能学到东西，生活就不会枯燥。医学很有意思，但我的年纪太大了，不能成为医生和可培训的护士了。我为医务室记载和抄写纪录。

　　　　　　　　　　　　　　　　　　　　您非常真诚的，
　　　　　　　　　　　　　　　　　　　　黄薇华兰

周鲠生^①（一通）

雨僧先生惠鉴：兹敦聘

先生为本大学文哲季刊委员会委员，特函奉达。敬祈

期照为荷。专肃顺颂

教祺

弟周鲠生拜启三十七年（1948）十月廿七日

---

① 周鲠生（1889—1971），湖南长沙人。早年留学日本，加入同盟会。后留学欧洲，获爱丁堡大学、巴黎大学博士学位。历任北京大学、东南大学、武汉大学教授。1945年任武汉大学校长。为中央研究院院士。1949年后任外交部顾问，外交学会副会长等。

李韶清^①（一通）

雨僧吾兄侍右：前肃寸笺，计当尊览。家兄沧萍^②于正月初四起病，经中西名医尽心诊断是肝硬化，日日沉重，不幸竟于本月二日午夜十二时十分逝世。四日下午二时大殓，随即发引，安葬岭大坟场。由起病迄逝世，足足一月。

兄与家兄为异姓兄弟，阅此恶耗，应为之流涕。出殡日，陈寅恪先生亲来执绋。会葬时亲友及门生到者数百人，可见萍兄平日至性感人之深。

家嫂_{黄真如}现仍住岭大，大约可以住至七月为止。各友好现拟印其遗诗。岭大定迟数日开追悼会。弟骤遭折翼，伤感过甚，语不成文，望为曲谅；余事容再续陈。肃此敬叩

道安

弟韶清拜上（1949）三月五日早

丰顺李教授沧萍事略

（吴宓注：参阅1935年中华书局版《吴宓诗集》卷末一五三页3行，一五七页1行。）

---

① 李韶清，广东潮安人。李沧萍之弟，其生平不详。

② 李汉声（1897—1949），字沧萍，中岁后以字行。广东潮安人。广东高等师范学校毕卒业，入北京大学，受业于陈汉章、张尔田、黄节门下，1923年毕业。任北京大学女子师范大学教授。1928年随黄节的学生回粤，任广州市教育局长。1945年后，任教岭南大学。

　　君姓李氏，讳汉声字沧萍。中岁以后，遂以字行。世为潮州丰顺小胜乡人，曾祖丹桂太学，生祖云岩武德骑尉，父社县生（蘅甫），以学行为乡里祭酒。生八子，君其长也。潮州自唐以来多魁奇绝特之士，如韩退之之称赵德，所谓婆娑海水南，簸弄明月珠者。盖时有其人，晚有丁叔雅（惠康，丰顺）、曾刚甫（习经，揭阳）两先生负海内重望。君幼承家学，濡染乡前辈之教泽。既卒业广东高等师范，负笈京师入大学，又受业象山陈伯弢（汉章）、钱塘张孟劬（尔田）、顺德黄晦闻（节）诸先生之门，行修学立，文采昭烂，一时耆宿多折年辈与之交。民国十二年以高第卒业北京大学，遂留京师，任北大女师大教授及教育部秘书。十七年，晦闻先生回粤长教育厅，君遂偕归为之佐。一时士林属望，风规大启，陈谟底绩，远近归高，先后任广州市教育局、广东教育厅、民政厅秘书，广东通志馆纂修。在民厅时，留心各县地方利病，故书案牍，昕夕钩稽，民厅始有县政调查报告书之集，君所主编也。熟于乡邦掌故，既从事志馆，暇辄搜集前贤遗著书画金石，必精必备。其鉴赏收藏之富，尤冠绝一时。以故求粤中文献者，多集于君之门。其后一任省政府顾问，出其所学，多有献替。晚清以来，言岭南之学者，必推九江朱氏、番禺陈氏两家之传晦闻先生师。顺德简徵君于九江为再传弟子，文章风节并砺，君从之游，既尽传其诗学，而性情风节古道恺悌，亦不可以诗人限，而又非纯乎诗人，亦不足以当之也。其于诗也，由两宋以上追汉魏，寝馈于曹陶鲍谢，以下及三唐。尊其所闻，益发抒其所自得所造清真醇逸之境，则师弟子之间亦有莫能相掩焉。近二十年，遂专以其业导后进，任国立中山大学教授十余年。值邦家多故，御寇兴戎，避地港澳，尤弦歌讲习不辍于风雨晦明之中。民国三十四年寇退，回省城任岭南大学教授以迄于终。门墙桃李，遍于岭表。凡所甄陶之士，皆种学绩文，质有其表，于君之丧，无不哀思眷慕。观其师友渊源所渐，诚不啻后山之于南丰，亦不畬君之于晦闻先生也。而其平日论交有道，缟纻投分之欢，莫不痛其中道驾顿，戢光采而深惜夫如斯人者，不可以旦慕遇之也。君生于光绪丁酉年五月十五日，殁于民国乙丑年二月初三日，享寿五十有三。其病也，以肝中西方治罔效，缠绵数旬。弟韶清相爱如执友，子华纶华焖，孙振强振刚振略振威。所著有《高斋诗集》若干卷，杂文一卷，曹陶鲍谢李杜陈黄诗说数十卷，评点校录之书数十百卷。诗说已刊行各大学，余待刊。谨述其生大略，以告世之有道能文之士，谋其不朽焉。民国三十八年己丑三月。

［吴宓注：沧萍妻黄真如，为黄公度先生（遵宪）之孙女，1927年结婚。沧萍殁于（阳历）1949三月二日广州博济医院，暂葬岭南大学坟场。］

文德阳①（一通）

雨僧先生左右：

示悉。存款结至本月底子母共为十三亿六千三百七十万元。近日市场萧条，倒闭风渲太大，已照市价购买银元四枚，每枚票据三亿五千元。所欠尾数三千二百卅万元，已由德阳垫补。银元暂存德阳处。如有可靠人来渝，可属至纪念堂洽取。专此即颂

道安

德阳再顿首（1949）五月卅一日

（吴宓注：1949 六月五日到。）

---

① 文德阳，为吴宓 1946 年在武汉结识之友，时任汉口永利银行总管理处秘书主任，1949 年初随银行迁至重庆。1949 年 4 月 29 日吴宓自武昌飞抵重庆，即由文德阳招待，住沧白纪念堂。

缪钺^①（六通）

一

雨僧吾兄史席：奉到　手教并拜读　大作二首，藉悉　近况兼见忧时悯乱之怀，至以为慰。弟自去岁华北战起，即携家南下，流寓汴中。旋以友人薛君之介，来信阳师范任教。上学期考毕，复归汴，当时津浦北段战事失利，汴中风鹤频惊，弟遂奉　母携儿复来信阳暂住。时局如再紧时，可移于豫西小县。校中已开学，除上课外，尚施行所谓特种训练，忙碌异常，日无暇晷。此次外患之烈，几为有史以来所未有，五胡乱华、金元侵宋，恐未足相拟。痛舟藏之去壑，惧栋折之无时。半载以来，心境极苦，目击心忧，所积诗料甚众，惟多未能酝酿成篇，仅成短章数首，附呈　教正。弟最近仍留此间任课。不拟他往，以后行止恐将随时局之变化而定。洽周兄去岁曾数次通函，自浙战失利，浙大西移之后，即未通音问，吾　兄如得其消息，尚望　惠示。　文旌移滇之后，亦望　时赐德音，以慰乱离相念之怀。此覆，既颂
近祉

弟钱顿首（1938）二月十九日

---

① 缪钺（1904—1995），字彦威。江苏溧阳人。北京大学肄业。曾任中学及师范学校国文教员，浙江大学、华西大学中文系教授，四川大学历史系教授。吴宓诗友。

二

雨僧吾兄史席：二月中奉到

惠札并　大作，曾覆一书，附诗数首，寄长沙，不知已蒙青及否？前得昆明友人来书，言吾

兄已到昆明，又有赴蒙自之讯，未审

行踪如何？至以为念。此间开课三月，除上课外，尚有特种训练、救亡工作，终日忙碌，几无暇晷。洽周兄处久无消息，浙大不知迁往江西何地？吾

兄近得其音问否？石荪兄近在何地？孟劬先生有书来，言燕大仍开课，惟黄昏晚霞非朝暾可比。叔明兄想仍蛰居海滨，今年亦未通声闻。丧乱以来，平生师友流转四方，不知何日得复睹中兴，从容欢聚也。便中幸

赐德音为盼。此颂

近祉

弟钺顿首（1938）五月十九日

三

雨僧长兄史席：接奉　手书，快如觌面。弟已持　兄函示　石荪[1]兄，吾　兄愿来成都，弟与　石荪兄极所欣盼。　石荪兄言，川大下年度聘书，均待黄季陆归来后发出。　石荪已电促黄季陆返蓉。关于吾　兄教席事，亦待黄季陆归来后决定再寄聘约。　孙永庆[2]君曾来访，弟亦

---

① 指叶麐，字石荪。

② 孙永庆（1913—1991），曾在清华大学从吴宓受业。先后任中学教员、中央陆军军官学校教官、成都民办中学校长，并在华西大学任教。

以 兄函出示。谈及吾 兄来蓉后住处问题。如以地点适中论，自以华西坝为宜，惟华大下年度又裁人减政，故机缘难得。川大如觅一单身人住处似尚不难。

源澄[①] 兄日前来函邀弟暑后赴勉仁任教，弟已复函婉辞。盖弟来蓉三年，在川大、华大两校授课治学一切顺适，且因交通经济种种关系，弟亦不得不留居成都也。

承 示大诗及 寅恪先生诗，拜读佩慰。 兄诗[吴宓注：系 1949 日记中（书眉）]朴淡沉挚； 寅老诗悲怆，想见其胸怀之闷苦。弟近来作诗殊少，五律二首附录笺尾，请 教正。平居喜读郑子尹诗。

关于密宗事，弟与 兄见解相同。 王化中[②] 兄治唯识，亦反对密宗，谓佛教之有密宗，如儒家经学中之有谶纬，乃邪门外道也。弟近来治学偏重历史方面，惟苦暇时少，参考书不足，不能尽其撢索之愿。仍常读西文书，在浙大时，读西文书以文学方面为多。近两三年所读，除文学书籍外，兼及于哲学、历史、心理诸方面。极盼 兄来蓉可以常请 教益也。

兄笃信人文主义，弟极所敬佩。望 兄能得安定环境，将平日蕴蓄胸中久欲写出之著作写出。肃复敬颂

道安

弟钺拜上（1949）七月十三日

咏古

寒夜读书，缅思古贤，惠施于东方哲人之中，独具研物求知之心，

---

① 李源澄（1909—1958），字浚清。时任重庆北碚勉仁学院教授，兼助院长梁漱溟主持院务。

② 指王恩洋，字化中。

润明处佛教方盛之时，能标神灭自然之旨，皆卓尔不寻者也。因为短咏以识向往。

研物求真理，谁能解惠施？濠梁空赏契，此意竟差池。一世孤明发，千年怪说疑。如生古希腊，庶可遇相知。

润明高世墨，馀事五言工。不肯入莲社，惟知友远公。死生随大化，喜惧两俱空。神灭自然旨，能超象教中。

四

雨僧吾兄　道席：上月奉到赴告，惊悉
仲旗老伯大人邃归道山，何胜悼痛。本拟即修函慰唁，惟以　兄致雷君[①]书中言八月下旬将离去北碚，移寓重大或教育学院未定，不知寄函何所，故未作书。近询雷君言仍未得　兄函，不知已移居何处。弟念不便久稽，故姑作此函寄重大外文系，谅可转至　兄处也。
老伯大人年逾古稀，视见吾　兄博学著书誉满国内，为士林推重，九原之下，可以无憾。望　兄仍以节哀为宜。此间暑假中仍有学习之事。书此奉唁。敬颂
礼安

弟铖拜上（1950）九月十三日

（吴宓注：1950 九月二十一日到。）

---

① 指雷家驹，1948 年其由武汉大学转学至四川大学。

五

雨僧吾兄惠鉴：

去年九月曾复一函，寄重庆大学，谅早尘　玄览。近数月中因事忙，故久疏音　敬。昨日华大罗忠恕院长告弟言：华大文院会议议决，聘　兄来任教，已发聘函，并嘱弟作函劝驾。弟闻之甚为欣慰。华大情形，罗院长函中谅已详述。　兄本早有来成都之意，以知友较多，可以常共情话，惟不知重庆校方是否肯放　兄来蓉耳？弟盼极望　兄能来蓉也。弟终日忙碌，乏善可陈。　源澄兄处亦久未通信，晤面时乞代为请候。肃此敬颂

教祉

弟钺拜上（1951）一月十八日

（吴宓注：1951 一月二十五日到，二月八日复。齐鲁村18号。）

六

雨僧吾兄：

奉到　赐札，敬悉吾　兄开会来蓉，将于九月一日　惠临敝寓，至深欣忭。当即　敬备便饭，可以长时畅谈，以慰积年契阔之思也。欣盼欣盼。肃复，敬颂

旅安

弟钺谨上（1964）八月廿七日

黄季陆 叶麐①（一通）

北碚勉仁学院吴雨僧兄：别后极念，请即来川大任教授，俾得朝夕闻教。

弟季陆、楚麐叩

（吴宓注：1949 九月四日下午到，复一函，附诗二首。）

---

① 黄季陆（1899—1985），四川叙永人。美国俄亥俄州盛斯灵大学政治学硕士，时任四川大学校长。叶麐（1893—1977），字石荪，四川古蔺人。北京大学毕业留法，里昂大学文学博士，后去巴黎大学心理研究所研究。曾任清华大学、山东大学、四川大学、武汉大学教授，四川大学教授、教务长。1952 年任西南师范学院教育系教授。

雷家驹①（二通）

一

雨僧夫子：

去岁入蜀，曾奉上数函，刻又秋矣。　夫子近况可好？半月前见报载新闻一则，方知执教勉仁。然生总盼来蓉。因地为蜀中肥沃之土，文物风俗无不较渝为佳。况文教学院王院长②屡次电催，迄今而滞两江会流之地，自使校中师生失望，蓉城诸般友好亦为之不安。以省会气候之温暖，久已为人垂涎，不如趁早来蓉，　夫子以为然否？③

时隔一年，人事日非，江山易色。女公子、师母皆是否追侍在侧？处今干戈相见之世纪，宜选择一地专力著述遗后，为后辈攻读入门之借镜。闻王院长有苏格拉底作风，不亦苦苦传教于人乎？

川大开始招生，开学在十一月初。人事无大变动。现是假期，亭舍含默无语，野草闲花乏人问津。此颂
秋安

生雷家驹上（1949）九月三日

---

　　① 雷家驹，四川成都人。原武汉大学外文系学生，曾从吴宓受业。1948年转学四川大学外文系，1951年毕业。至昆明云南人民出版社任编辑，后调任云南楚雄师范学校语文教员。

　　② 指四川文教学院院长王恩洋。

　　③ 雷君于此段上方有眉注："米，一双市斗一元一角；肉二角一市斤。"

二

雨僧老师：

八月七、八日函，已于十五、六日收到。本应早该复笺付邮，无奈访问诸先生，拖延时间较久。虽有天雨影响，但大部原因系暑假青年学园过度生活紧张，殊少闲空。渝市恐怕也不致例外，此皆生之罪也。蓉市旬日以来，大有秋意，尤以晨夕之时，更为显著。故患病者甚多。　吾师可好？加以噩耗传来，能不悲乎？然今病源所驱，医生拙劣，岂易挽回颓势。盼多加保重身体，避免病魔纠缠。

至于送川大四位先生之讣文，据生观察，无伤大体，还可能试看他们对此事之态度。况今多少人弃世后，念祭文等有之，当不以形式而否定其内容。余事续呈。敬颂

秋安

九二米一万八千一斗
肉三千四百一市斤

生雷家驹呈（吴宓注：四川大学）（1950）八月二十八日

［吴宓注：1950 九月九日（重大）到。查查是否已入日记。］

张其昀[①]（一通）

雨僧先生赐鉴：前奉

赐书，曷胜欣感。因当时欲有巴渝之行，满拟可趋谒面谈，后以奉谕筹备革命实践研究院，匆匆一月稽复，深为歉疚。　令弟极为空军当局器重，亦为广播听众所钦佩。昀曾劝其留台工作，因关中已无法回去也。昀自四月廿四日离杭后，迄未能得同人一函。近闻浙大已解聘数十人驾吾兄亦在内，生计问题至为悬念。　谢幼伟兄不日可来台北，　宾四兄仍留香港。　柳翼谋师仍滞沪上，亦未有消息。　赞虞、洽周、雪桥诸兄均未离京，　惟赞兄藏书早已运来台北，拟由研究院代为保存。先生近况甚为驰念，将来如有来台之意，自当效奔走之劳。昀在此主管机密文件，间或核拟文稿如在韩总统宴席总裁致辞，皆事先准备者，颇乏暇晷，惟深信国运必将好转，精神甚为振奋。

先生有暇，祈时赐　教诲，至为感幸。专此敬颂

铎安

后学其昀敬上（1949）九月十九日

公权先生一书，早经转送，并以奉闻。

　　（吴宓注：1949 九月二十三日 6 P. M. 到。）

---

　　① 张其昀（1901—1985），字晓峰，浙江鄞县人。东南大学毕业，曾任中央大学、浙江大学教授。后从政，曾任国民党中央宣传部长。时在台湾任国民党总裁办公室秘书组组长。1949 年 9 月初，吴宓堂弟、时任台空军电台英语主播吴协曼急切要求调回大陆，故吴宓致函张其昀求助。

关麟征　张耀明①（一通）

雨僧老兄赐鉴：

　　久疏笺候，时萦怀想。顷奉手书，敬悉一是。辱承嘉贺，惭感无已。弟等以材轻任重，受命于危难之时，仔肩难卸，勉竭驽骀；惶悚之下，时虞陨越。尚祈时惠　嘉言，藉资策进。至承雅嘱，未敢有却。已将　令弟吴协曼君行文台北空军总部商调去函。　尊友孙永庆君俟本校裁员时，予之保留。知关锦注，特复奉告。并颂
教祺

弟关麟徵　张耀明（1949）九月廿二日启

　　（吴宓注：1949 十月八日到。）

---

① 关麟征（1905—1980），字雨东，陕西户县人，黄埔军校一期毕业，1945 年任昆明警备司令。1946 年任陆军军官学校教育长，翌年任校长。1948 年任陆军副总司令。1950 年后寓居香港。张耀明（1905—1972），陕西临潼人。黄埔军校一期毕业。参加北伐。1938 年率部参加台儿庄之役。曾任首都卫戌司令、（成都）中央陆军军官学校校长。1949 年 9 月初，吴宓其时为堂弟吴协曼要求调回大陆事，致函关、张二人求助。

勉仁文学院陈亚三等八人^①（一通）

雨僧先生倚次：惊悉

尊翁大人弃养里第，纯慕如　先生恸伤摧抑，定逾恒情。仝人等早溯源，夙钦家范，于尊翁老先生之上仙，深具悼念之怀，本日特请叶发林君过江，先致唁问有可以相助也不。大耋之年又值荒俭之岁，前后甘旨稠叠寄奉。思此　公似可稍抑悲情，节哀顺变，以襄大事。耑肃并候

礼祺

陈亚三　邓子琴　李耀仙　杨励坚

金陶斋　祝超然　黎涤玄　陈孟猷　拜启

（1950）七月十日

（吴宓注：1950七月十日叶发林赍到。同日下午，立复一函，叶发林赍回。）

---

① 陈亚三、邓子琴等八位先生，皆为吴宓任教渝碚私立勉仁文学院之同事友好。

高亨　刘得天　朱宝昌　周通旦等 十一人①（一通）

西安大车家巷号吴含曼先生礼鉴：

尊翁仙逝　曷胜悲悼　谨电致唁　伏祝节哀

高亨　刘得天　祝宝昌　周通旦　邹抚民　邹兰芳　李宏斋　陈洛春

郑宏宇　朱萃三　王铭

　　［吴宓注：1950 八月十日，宓收（含曼弟寄来）。］

---

　　①　高亨、刘得天等十一人，为吴宓任教渝碚私立相辉学院时的同事友好、学生。

云颂天^①（一通）

雨生先生礼鉴：昨惊奉

仲旗老先生之讣，至深伤悼。

先生孝思至性，当不胜其哀痛。

老先生高龄安归，至顺天理。敬祈循礼节哀，是为至祷。谨此即致

礼安

云颂天顿首（1950）七月廿三日

（吴宓注：1950 七月二十六日 10 A. M.。）

---

① 云颂天，生平不详。时任勉仁中学校长。

柴有恒①（一通）

雨僧先生：

顷由浚清兄转下讣赴告，惊悉

令尊大人竟以背疽不治仙逝，曷深悼念！唯

尊大人已享高龄，又际此时会，当望吾

兄节哀顺变，勉抑悲怀，生者康强，亦即死者之安慰也。远道未能趋前

致唁，谨此函谏，致乞

察鉴，并颂

德安

弟柴有恒手致上（1950）七月廿四日

（吴宓注：1950 七月二十七日到。）

---

① 柴有恒，原为重庆北碚私立相辉学院院长，时任四川大学教授。

梅一略等五人（一通）

雨僧先生礼鉴：接奉

讣音，惊审

灵椿告萎。骇悉之余，曷胜悲悼。

先生纯孝性成，一旦遽遭大故，哀毁自不待言。惟念

仲公老先生年逾古稀，福备其畴，音容虽隔，世泽长流。万祈顺变节

哀，毋作过情之毁，是深幸祷。肃此

奉唁，诸维

珍重不宣。

梅一略　王叔云　李绍武　薛伦杰　薛伦倬　谨顿

一九五〇年七月廿六日

（吴宓注：原相辉学院新旧教师，今任教东北大学。1950 八月六日正午收到。）

笪远纶①（一通）

雨生学长吾兄大鉴：

顷由熊正伦同学转来讣文一件。惊悉

尊大人仙逝之耗，殊深悼惜。惟冀

顺变节哀，勉襄大事为唁。耑此敬颂

旅祺

弟笪远纶拜启（1950）七月廿六日

（吴宓注：七月卅日纶寄到。）

---

① 笪远纶（1900—1976），字经甫，江苏丹德人。清华学校1917年毕业后留美，麻省理工学院机械工程学士。曾任上海沪江大学教授，清华学校技师、工程学系教授。时任重庆大学机械系教授。

赖以庄　钟稚琚　陈新呢（一通）

雨僧仁兄先生礼次：得赴敬承

尊公祖殒，惊悼同深。

兄以关山修沮，弗克奔丧，斯亦时势所因，无可如何。

顺礼行服，足申

孺道之忱矣。弟等理宜趋吊，乃为公私牵挽，未能如愿，特笺奉

问纾，维

节哀珍重不既

　　　　　赖以庄　钟稚琚　陈新呢　顿首（1950）七月廿八日

（吴宓注：四川省立教育学院仝人。八月二日夕到。）

韩义门（一通）

雨僧先生礼鉴：奉
讣惊悉
世伯大人偶染微疴遽返道山，曷胜怆悼。谨此奉唁，尚祈节哀，敬请
礼安

后学韩义门率子其顺谨肃（1950）七月廿八日

熊先生代转之函款等件，均照收到。一俟顺儿返舍，当令禀复叩谢。

（吴宓注：1950 八月二日到。）

邵祖平^①（六通）

一

雨僧老兄礼鉴：接奉七月二十日附寄讣告，惊悉

老伯父大人以背疽于六月廿五日仙逝西安，曷胜瞻悼之至。窃以

建公老人寿愈古稀遐龄，克享膝下得

兄孝养尽敬尽礼，亦无遗憾可言。况

兄学成行立，誉满寰海，养志报德，其事无穷。千万

节哀顺变，注意暑中卫生为翘祝。弟《培风楼诗》正在商洽增订四版

事，如有眉目，当作挽　建公诗一首，盼

豫示　老人行迹，以资摹绘，勿呶呶也。

敬唁

礼安

弟邵祖平顿首（1950）七月卅日

（吴宓注：1950 八月二日夕到。）

---

①　邵祖平（1898—1969），字潭秋，江西南昌人。江西省立二中毕业，刻苦自学。曾任东南大学附中教员，东南大学、之江大学、浙江大学中文系讲师、副教授、教授。抗战期间，任教中央大学医学院、朝阳法学院、四川大学、金陵女子文理学院、华西大学及西南美专等校。1947 年任重庆大学中文系教授。1952 年调四川大学。1956 年调中国人民大学新闻系。1958 年调往青海民族学院。1965 年退休回杭州定居。

二

雨僧老兄：

叶君带来笺纸及　君超诗札已收读。　兄和君超诗第一首，写落第三句，不克尽读。病后宜善珍摄。　兄平日极精审，写字无一误笔，今竟全句忘录，足征　贵体未复元也。日前已和　君超兄一诗，写如幅末，教正幸甚。

文章方向重头定，兵子工农解赏时。阶级感情堪入句，个人骚怨不成诗。春归花事空啼鸟，客久乡音那教儿。小儿女已作巴人语，偶闻乡音反以为异。学习未须悲老大，香山讽谕是吾师。

匆颂
痊安

弟邵祖平顿首（1951）五月廿六

本星期二，李哲生兄未来。

三

雨僧老兄：

西南文教部院系调整方案，昨日在重大大礼堂正式公布，弟与陈剑恒名字在"调部分配"之中。陈与弟在院系调整学习期间内，同时申请政府介绍华北招聘团之平原省立师范学院工作。所谓"调部分配"

者，决不为"调部任用"，而系由部方转介与华北之意。

弟不久与陈剑恒君同起程赴汉，乘车往新乡。行李书物如平原师范学院招聘团肯为代运则最佳，否则弟拟将什物暂存汉，单身自汉搭轮赴浔回南昌一行十六年未归，先人墓久未祭扫。然后返汉北上。计划如是，临时有无变更，殊难预定。但汉口寄存书物主人猝不可得，不识汉正街三五七号金蜜公先生家距大智门车站远近如何？拟烦即去一函介绍蜜公，为之先容。何君超兄在武昌，过江路不便，有时间往叙与否未可知，决不能寄书物也。

《亭林诗集》，晦闻先生笺按处绝佳。　兄亦颇有卓见，移录书眉写出"……友人吴雨僧云…"以存真诣。《诗经纂辞》则淹博似类书。弟匆匆未能悉读。《审安斋诗》，苍劲腍炼，感慨遥深，极多佳构。顷已将三书，用原油纸、原麻索包扎交稚荃[①]读后奉还。

小儿女上学缺学费，承　自动借钱十万元人民币，弟今将离渝，特由邮汇还，并志谢悃。

亭林《赠李处士因笃》诗云："稍存俞咈词，不害于喁唱。"吾人本至交，偶有误会争论之处，不足害卅年交情，诵亭林诗可以相喻。亭林又有句云："关河愁欲遍，缱绻竟谁亲。"读之尤令人感念低徊不绝。此后望常通信论艺，不遗在远，幸甚幸甚。匆颂

吟安

　　　　　　　　　　　　　　　弟邵祖平顿首（1952）十月十日

（吴宓注：1952 十月十一晚到，即覆。）

---

①　黄稚荃（1908—1993），女，四川江安人。

四

雨僧老兄：

前由运昌^①同学答询胡家羑父亲^②近况一节，计已转达。日前弟复走访家羑，所得情况较为详尽，特再补告如下：家羑父所犯罪为反革命，缔有组织，经常做反动诗毁谤人民政府，现已送往歌乐山劳动改造；而此罪行之被揭发，闻与　尊作《赠女生邹兰芳土改四首》视彼之函件有关。家羑痛恨其父，　兄亦应站稳立场，永与此君断绝往来，诗稿中勿存其名，以示决绝可也！

院系调整，闻暑假中尚有修正之一度：如重大理学院的柯召等，闻皆将调来川大。即此间外文系全体学生，亦已向中央教育部反映请调　兄来成都川大。闻西南师范无英文课，　兄亦转教俄文，而此间外文系侧重英文，专业设置反无可担任之教授。江家骏谓院系调整在彼系已造成重大损失，诚为不可掩之事实。暑后　兄或来此未可知，此时请彼此保密！

弟承西南文教部分配来川大中文系，遭拒绝。文教部极不谓然，已嘱系当局体会院系调整政策，服从组织，严守纪律，检讨其宗派主义及小圈子作风。弟现在文科研究所任指导研究教授_{文研所即招研究生，现}_{定方针任务为培养最高师资，提高有关各系教学质量}。不望川大中文系前倨后恭，欢迎往教；但第二度院系调整，个别不适宜工作岗位者，势必重加考虑；弟于此时，却望能出川东下。中南文教部副部长徐懋庸，　兄识其人否？弟望能回南昌大学教书，桂林有　先母藁葬之墓，亦愿往任

---

①　荀运昌（1921—2008），陕西西安人。1950年毕业于重庆大学中文系，留校任教。1952年院系调整，至西南师范学院中文系任教，1987年聘为教授。

②　指胡颟秋。

广西大学课得遂祭扫私情， 兄能为一援手否？西南师范外文系前有朱教授由西南文教部介往华东成功，弟拟援例请求，盼告知其名并其申请经过为荷！匆颂

吟安

弟祖平顿首一九五三年三月四日

五

雨僧老兄：

叠从哲生兄、济波兄面告及书信中，知 兄将出席 省政协第二次全体大会，且拟枉顾叙旧，欣慰之至！济波兄告政协今日正式开会，明日四日星期，是否休会一日？如休会者，趁星期日杜甫草堂文物纪念馆照例开放一来复日仅星期日开放之时，最好往游草堂。草堂梅花尚未过谢，环境清幽，最值得瞻赏一番。

柏荣兄有信来，已购办脯肴相款，弟上星期特往青羊宫乡村访渠，值其外出未遇，但藉此走熟村路预备为 兄作向导，亦良得也。柏荣有诗二首奉赠，嘱勿示人，并为转致。

弟住川大校门口滨江楼三楼八十一号，明日上午十一时在寓，盼约定相晤地点时间为荷！匆颂

春祺

弟祖平顿首（1956）三月三日

六

雨僧老兄：

前晚见过滨江楼联床共话，极快！虽有大床，而无厚被，不识亦略感寒否？

昨日晚间工作略暇，感念萍蓬偶聚，清欢不易，特作七律二首以资纪念，今以奉寄，敬希教正赐和为幸！

星期日十一日中午十二时，弟准入城奉访，并同作草堂之游，乞饭后在总府街礼堂门首相待为荷！匆颂

吟祺

弟邵祖平顿首（1956）三月九日

韩其顺①（四通）

一

雨僧夫子函丈：昨晚归省，惊悉

太老师偶染背疽，竟尔辞世。噩耗传来，痛悼良深。

夫子纯孝性感，哀毁可想。惟念

太老师德寿兼备，已无遗憾于人间，尚乞节哀顺变，以安逝者之心，是
所至祷。奉示辞赙，未敢荐礼，谨此吊唁。当于返校后，往谒　资曼先
生，面陈一切。敬请

海安

受业其顺叩上（1950）七月卅日午后

二

雨僧夫子函丈：久疏禀候，只以学习紧张，无暇握管，尚乞　曲宥！五
月廿八日突奉北京俄专通知，谓以思想水平太低，不适于继续学习，送
返原校。但据其他同志分析，恐系历史问题不清楚所致。已于六月八
日由京抵渝。与文教部洽谈结果，因北京俄专材料尚未寄到，一时尚

① 韩其顺（1927—　　），江苏镇江人。1949年毕业于武汉大学外文系。曾任相辉
学院文法学院教员，后久任重庆大学外文系教授兼系主任。

不能决定工作。目下暂居家中，闭门思过，撰写检讨材料。拟于工作决定后，当即前来叩谒。草此布陈。敬请

诲安

受业其顺叩上（1952）六月十六日

（吴宓注：十九日正午到。）

三

雨僧师座：

月前移帐之时未能饯送，反劳 枉驾，失迎之罪，尚乞 宽宥。

北碚旧地，此番重游，谅必入胜。新居安适否？诸事料理妥贴否？至为悬念。

九月杪，奉文教部令调往城内参加翻译工作，中间曾赴成都一行，小住一周。此项工作现已暂告结束，于前日（廿八日）返校。

院系调整后，仍留重大。昔日外文系同仁多去西师。受业未能偕往，无缘追攀 左右，殊以为怅。（吴宓旁注：在此与宓学问、感情相亲者只二人：一、韩其顺，二、邹抚民。而院系调整，此二人独不能来西师与宓同聚，宓自闻讯之后，即怅恨万分。而若黄骧衢之无课教授，且学德两乏，反名列第一，申送来西师，致系主任赵维藩久久大费安排；结果系中命宓与张东晓先生，与彼合授"语言学概论"一课，方始解决。）

日来赶办交接工作，颇感忙乱。开学后，据云，领导当局有意欲顺担任俄文教学工作。闻讯之余，至为惶恐。去岁虽赴京学习俄文，但只匆匆八个月即告中辍。基础太浅，遑能教人？（吴宓注：弟且学且教，定可胜任。北碚各中学之英文教员，只自学过半年、一个月俄文

者，在该校教俄文，亦受欢迎。故弟更可无忧，但须不断用功耳。）

家父调整后去土建学院，但因该院不设英文，故又将成为"研究教授"也。（吴宓注：尽可居之不疑，不必自歉。）家父以前次失迎极感不安耿耿于怀，特命致意。

师座来渝时，乞　能来舍小坐。暇时尚乞　时赐训言。敬请

诲安

受业其顺敬叩（1952）十月卅日

（吴宓注：十一月三日得读。）

四

雨僧师座：

新春枉驾，有失迎迓。彼时学校正开展深入反右运动处理右派，每日集会直至深夜始散，故而无法至邹府①晋谒，尚乞　曲宥！

目下全国各地都在紧缩机构，精简人员。此间外文教研组原有49人，三批下放后只余26人。英文助教曾淑华亦于月初下放，去南桐务农。由此观之，邹公欲来重大，短期内似不可能，今后倘有机缘，定为留意。

师座佳况何似？已近四载未能一聚，慕念之殷，难于形容。除培养研究生外，尚任何课？饮食履步尚健旺否？暇时何以自娱？常挥毫吟咏否？犹记当年南轩风光，朝夕随侍在侧，或聆教于书斋，或漫步于桑园，听师座谈古论今，读中外名家典著，茅塞顿开，见识日广。抚今

① 指邹抚民在重庆南开中学的宿舍。时吴宓做客邹宅，约韩其顺往见。邹抚民为吴宓曾在相辉学院同事。

思昔，曷深向往！

比年来，因兼任行政，职务繁琐，除浏览参考书以应教学需要外，未曾系统进修，而英文方面荒废尤甚。敢请吾 师明教，如何提高英文水平？循序渐进，应读何种书籍？尚请一一示知！

光阴荏苒。小儿已行走自如，略知言语。春节曾偕妻携儿留影纪念，并即奉上 一帧，聊博一粲。敬请

诲安

受业其顺敬叩锡兰随叩五八年三月十日

家父母命笔　候安

重庆大学陕西学生赵宇文等
十一人（一通）

雨僧老师乡长礼鉴：哀启奉读，恸悉

太老师大人仙逝秦城，亲丧致哀，人之情也。然逝者不可复回，伏望
节哀珍体，以继志而慰生。

老师蜚声学海，著绩文林，烛慧炬于七洲，植桃李于遍华夏，可谓立身
行道扬名显亲者矣，岂必有侍疾奔丧而始谓之孝哉！异地眠食，炎天
溽暑，诸祈珍摄。谨唁。

重庆大学陕西学生　赵宇文　刘达人　屈端　荀运昌　朱靖

杨全福　刘克礼　何志笃　李豫龄　孟贵范　拜

一九五〇年七月三十一日

（吴宓注：八月七日晨到。）

李唐泌（一通）

雨僧吾师书丈： 敬启者 七月廿五日奉正伦兄转来
尊府老大人仙逝讣告，至深痛悼。时方盛暑，敬希节哀珍摄，以慰在
天之灵，实所切祷者。 家兄唐晏处已将 原讣告转致。谨此修书
奉 唁，并略表生兄弟之无限同情。书不尽意，肃此敬请
苫安

受业李唐泌载拜上
一九五〇八月二日夜 渝郊 沙坪坝
重庆大学

（吴宓注：八月二日到，唐泌兄李唐晏，字仲婴，宓知友。）

李源澄[①]（一通）

雨公礼鉴：得

太翁凶问，即欲走吊，竟不可得，迟未肃书相慰者以此。

先生性情笃厚，遭此大变，悲不胜其哀，然事之所无奈何，亦望勉强抑情也。

先生近来眠食何似？愿保重为幸。　余不尽。即请

道安

后学李源澄敬上（1950）八月五日

（吴宓注：八月八日到。）

[①]　李源澄（1909—1958），字浚清，四川犍为人。曾在四川大学从廖季平学经学，在开封从邵次公学历算，在南京支那内学院研究诸子及明代理学。曾任教于苏州章氏国学研究会、无锡国学专科学校、四川大学、浙江大学、重庆大学、重庆勉仁文学院。1949年任四川教育学院教授、史地系主任。1950年任西南师范学院教授、副教务长。

重庆大学外文系三、二年级
全体学生（一通）

雨僧老师礼鉴：惊闻，

太老师噩音，无任恸悼。

老师博通中外，春风化雨数十年如一日，久为海内物望所系，而

太老师年逾古稀，晚岁休养桑梓，硕望一乡。此次仙去，堪称福寿全

归，足慰生平。伏乞

节哀顺变，珍重起居，仍以作育人才为重，是则孝之大者也。谨唁

重庆大学外文系三、二年级全体学生敬启

（1950）八月五日

（吴宓注：1950 八月七日晨到。）

周西卜^①（一通）

雨僧吾师有道：痛伤　太师病逝关中，惠星殒坠，老成凋谢，后生何从！敬祈

尊右节哀顺情，以教育天下青年为念。教院正与女师院筹备合并事宜，相辉学院有停办之说。教院学生切盼吾

师能长住教院，以便朝夕相处，而获熏陶雨化之效，特望早日

命驾，而期得

指示外文系下期教学工作。肃候

铎安

生周西卜谨上（1950）八月六日

（吴宓注：1950 八月十二日 10 A. M. 到。）

---

① 周西卜（1904—1994），又名苍钊，四川岳池人。1933 年武汉大学毕业后，任多所中学及师范学校教员，东北大学教授。1944 年赴美国斯坦福大学研究院研习教育学。1949 年任教四川省省立教育学院。1951 年 5 月后任西南师范学院教育系教授。

唐贤轸①（一通）

雨僧老师尊鉴：

七月廿一日，赐书得知，太老师已于泾阳仙逝，不胜伤感。贤轸年前因（吴宓旁注：文）德阳之介绍，益以季康（吴宓旁注：唐贤轶，其弟）之关系，得交 先生。私心正以新知为乐，不意忽闻 老师丁忧，我当何以唁吊？惟望节哀顺势为慰。

先是 老师于六月中旬闻 太师伯病疽，即拟旋归，过宿舍间，谋以归计。轸私以为年耄病险，将不久留。舟车费时，恐不及见，但未敢明言劝阻。翌晨闻 君变计不归，立将旅费二百万电汇回府，移作治疗费用。如此决定固属明达，度 君之意，其或为时世艰难，不欲多费借于友人乎？相 君形色，一夜苦思，辗转达旦，其亦为穷困耶？方今时代转变，犹如青黄不接，一部分人民困苦固所不免，幸勿以忧愤伤身。即颂
道安

后学唐贤轸顿首（1950）八月十日

通书已奉上，讣文已转交。所谓拟还之一百万元，原未有请还之意，今请作为（吴宓旁注：陈）季贤兄奠仪，已告季贤照办。又及。

　　［吴宓注：八月十六日（相辉）阅。八月二十二日（川教院）覆。］

---

　　① 唐贤轸，生平不详。民族工商业家，经营江合煤矿公司，热心办学，乐于助人。时兼任私立相辉学院董事长。

编者按：据《吴宓日记续编》，吴宓于1951年1月29日、2月26日，分两次通过邮汇奉还唐贤轸先生1950年六月赐借治父病花费二百万元，并作书感念。久后，始由友人得悉：唐贤轸先生于"三反"运动中，不堪凌辱冤屈，自缢身亡。吴宓闻讯痛伤不已，辗转托人带款周济其孀居之妻。

杨端六　袁昌英^①（一通）

雨生先生：

　　年余未见，时深怀想。顷奉　讣告，敬悉

　　老伯大人在六月廿五日仙逝，古稀之年不多见。　先生执教渝碚为人民服务，亦足以告无愧于先人矣。尚望节哀。谨申吊唁。专侯

礼祺

杨端六　袁昌英

一九五〇年八月十五日

　　　　［吴宓注：1950 九月四日（重大）到。］

---

　　① 杨端六（1885—1966），名超，湖南长沙人。留学日本、英国习货币银行专业。曾任武汉大学经济系教授兼系主任、法学院院长、教务长，1950 年任中南军政委员会委员。袁昌英（1894—1973），女，湖南醴陵人。留学英国爱丁堡大学、法国巴黎大学，先后在上海中国公学、武汉大学任教。

宋忠廷^①（一通）

雨僧吾兄贻鉴：别来有日矣！停云落月之思，想彼此地异情同也。昨晚川大雷家驹君来舍出示　尊函并赴书，惊悉　尊大人仙游，吾兄孝思纯笃，必以永违色养为百力莫赎之愆。然　尊翁音容虽邈，道范犹存。吾　兄奔驰在外，作育青年，为国求才，善体亲志于职，无少缺憾，亦可稍释孝子之痛矣。况处今日凉薄世界，如吾　兄者，千万人而一人已耳。盼望　老兄抑哀顺变，保重身体，是为至要。我今日而欲如　尊大人恭之羡之而不如得此者，又岂千千万万人耶！奉复　敬颂
礼安

弟忠廷顿首（1950）八月十六日

以后　赐示请寄成都南小天竺街九十四号。弟已不在皮房街居住矣。

　　［吴宓注：1950八月二十六日7P.M.到（重大）。宋忠廷，名谋欧（赵紫宸之友）。］

---

　　① 宋谋欧（1900—1969），字忠廷，后以字行，重庆江北人。上海大同大学毕业，英国布里斯托大学教育学学士。历任重庆女子师范学校教员，成都大学教授兼系主任，复旦大学、河南大学教授，北京师范大学、重庆大学讲师，昆明师范学校教务主任，云南大学教授，四川省立教育学院教育系教授兼系主任，重庆乡村建设学院、国立女子师范学院兼职教授。1950年后任西南师范学院教育系教授。

李思纯[①]（二通）

一

雨僧兄鉴：

奉八月八日赐示，极感极慰。前得三月廿一日函后，因循未复。所以然者，因心绪恶劣，不能成书。详情见后。疏慢之罪，尚乞原宥。近奉此函，殷拳如昔，知　兄固不罪我也。

时事与生活令老辈不堪。

老伯大人前后一逝于苏，一逝于陕[②]，此自意中事。弟与　兄年齿相若，八九年前，　先父母逝世，尚有余痛。当时颇望其更得遐龄，今以时事证之，窃幸　先父母之不及见，则早逝亦未始非福耳。此等生活，只堪我辈苦命人领会躬受之，不忍使老辈分享也。窃持此义，以慰吾　兄并成一诗，呈上，亦同此意。（吴宓旁注：另存）心绪既恶，天候又热，执笔则不能自休。勉力作此书，不能再写矣。惟谅察之，并候近安。

弟思纯上（1950）八月十八日

［吴宓注：1950 八月二十六日 7 P.M. 到李思纯（成都）。］

[①]　李思纯（1893—1960），留学德国柏林大学、法国巴黎大学，治文学、史学，能诗。曾任东南大学、四川大学教授。1949 年后，任四川省文史馆馆员。吴宓知友。

[②]　吴宓本生父吴建寅（1874—1949），字芷敬，1949 年 11 月 10 日在苏州无疾寿终。嗣父吴建常（1876—1950），字仲旗，亦字仲旗，1950 年 6 月 25 日病逝于西安。

得雨僧书告父与本生父俱丧赋答

白头先后报西徂，秦里难归况入吴。万事衰年无见好，吾侪近老此身孤。早知齿德今人贱，渐了恩私世网除。咽泪仰天艰慰语，嘉陵江上一封书。

二

雨僧、则虞①二兄：

屡以鄙状函渎，重荷关注，为弟代筹，甚感。弟结业②后，初冀部与厅必能照顾，维持生活，改善现状。因弟虽年近六十，而家累未完，负债未偿，无论从年龄精力言，从闲居易招误会言，皆难坐食。今返蓉已将二月，乃知各校宗派蟠据力大，政府亦多顾虑，有时迁就现实，决无硬性分配之可能。不但文教厅不能支配各校，即文教部亦不能以照顾一二人之故，硬性分配，以造成直接干涉。一二人之情况特殊者，能有岗位，即算解决。至于此岗位之能解决生活问题与否，能贡献工作能力与否，似无暇考虑及此。由此推测，弟在华西，若无另图，必将以不关痛痒之三小时课终其身。暑假中能否增加课时，终未敢必。即使能略增，至多再三小时亦必出于施恩式之勉强，与乞丐式之请求，何况未敢必。精神方面之不愉快已甚。

华西哲史系，对弟全无温情华西哲史系，奉部令，废哲学组，改为历史系。哲史系专任吴福临（与川大之吴福临同名）牧师也，而讲辩证唯物论，现赴东北，主其间者为缪钺、蒙文通、蒙思明三人有"任其来去"之意能忍受则三小时，不能忍受则他

---

① 吴则虞（1913—1977），安徽泾县人。早年求学无锡国学专科学校，章氏国学讲习会卒业。曾任中学教员、广东中华国文专科教授。1950年任西南师范学院中文系副教授。1957年调任中国科学院哲学研究所副研究员。

② 指所参加的西南人民革命大学学习。

去亦佳，决无丝毫诚意。现决非无课史系专任吴某，校友而牧师也。现赴东北学俄文，二年后方归。故缪钺系主任所云现无课乃官话，实有课而不令弟任之也。总之，无诚意而有意排斥，势难向之求容，而组织方面又未能硬性处理。曾有二函，一致陈孟汀，一致潘大逵，告以情况，迄无回信。故在华西，实无办法。另纸录上昨日（四月廿一）与缪钺面谈问答情形，足见大概。彼不能再言政治关系，而强调弟不善教课。其冷酷之态，殊难堪耳。

川大固多年旧巢，然前曾停聘，此刻自无表示。川大校主委周太玄，三十余年旧识也。但现决不能访之，访之亦徒然无补。副主委谢文炳，渠固不愿见弟，弟亦不愿见渠。此外如叶麐，亦缪钺之流，弟早估定其价值矣。川大曾拟聘陈定闳，可知缺人。但目前情形，（一）组织主持一切，决不自由邀聘；（二）停聘二年再聘，等于自打耳光；（三）聘生人较好。另一方面。弟虽饿死，亦不能向川大自动请求。二十年来，求去川西而不得，今日则求留川西而不得。川西除川大、华西外，弟决无可以工作之地，而川大与华西情形若此，故弟在川西，实为死症。或弟与川西之缘分已尽。然川西之外，又无他处可去。川北大学虽前承提及，但时间已过。且蒙文通为川北人，与伍非百为密友。其人亦有左右川北大学之潜势力，恐非善地。且弟自投荒僻，适中渠谋。前月曾函武大周辅成乞为在武大、华中留意，未得复示。拟函岭南寅恪兄，与浙大谭其骧、陈乐素诸君，或南京楼石庵、宗白华诸君，但道远情隔，纡回较多。方今人求自保，甚难有暇时能为人谋，且亦须通过组织。故仍惆慢未决。弟目前处境，极为奇怪，所居去华西绝远，而华西不能得宿舍。迁家租屋，耗费甚大，觅屋不易。缪钺知此，劝弟太远不必参加学习。以后上课，三小时只排一日，以免弟常到校。难于形容。

文教部以弟既有岗位，恐便不再考虑其他。文教厅则对弟表示，只保证有岗位，专任兼任与生活问题，厅不能过问。以现况言，弟较之刘芦隐，虽已有一华西岗位，似胜于刘芦隐至今无岗位，然转瞬文教部调刘赴渝，与以某院专任。有此消息，则芦隐转瞬间情况必远胜于弟。芦隐多年政客，弟则三十年教授也。此等情况，文教部未必明了。盼二兄能详细代达于部中陈孟汀、潘大逵二公，乞有以照顾之。<small>成都惟川大与会专任诸人，回原校各得其所。华西三人中，二人专任，只弟有问题。成华经济副教授谢国璋，校长彭迪先之弟子也。回校只二小时课，而为专任，以研究补足。但谢国璋有狂疾，近日突自杀，（离婚问题）刎颈不殊。已送医院。弟所要求于部中处理者，（甲）在渝，川东教育学院专，重大专任或兼任。（乙）硬性派弟在华大专任（研究补足）。</small>

渝中如有其他机会，亦盼有以助成之，如是而已。总之，川西人事之困窘，人情之冷酷，弟匪特精神不快，而且生机甚少。去熟就生，谋新捨旧，似有必要。否则弟年近六十，年衰力倦，亦安土重迁之人，何故为此扰扰，以重烦朋友耶！弟回国近三十年，身经桑海，百念俱灰，惟责任未完，苦难卒死耳。专恳并候

近好

弟李思纯（1952）四月廿二日

（吴宓注：1952五月五日宓阅。）

雨僧、则虞二兄赐阅，并乞向文教部反映此情况。思纯

（吴宓注：1952五月五日上午宓阅。）

节录四月十一日午十二钟在华西历史系办公室与缪钺<small>系主任</small>谈话经过

李：我现在非全时间，无从以全力工作；无宿舍而道远，不能参加学习；工资少不能维持生活。我已向文教部请求，如另调工作，使与华西无关系。如部坚持要我在华西，则暑假中能否加增课时？

缪：现实无课，必修已无，选修亦不能随便开，暑假中可商量。哲生兄以前因政治关系，现因已学习，不是政治关系；但学生舆论认为哲

生兄教课敷衍,评论不佳。我们与学生都知道哲生兄学问好,但无如不能适合学生需要。他们总说哲生兄教法,使他们不能得益。

李:我教书将三十年。在川大亦十年余,华西亦五六年。从前未听见学生对我如此表示。

缪:解放前师生关系不同,学生不敢提意见。现在学生要提意见,并非昔好今坏。老实说,我从前就有所闻,但不好意思提。现经学习,看见"三反"中对朋友可直指其贪污,何况哲生兄教课不得法,不合学生需要,这比贪污轻得多,所以我直言,请勿见罪。

李:这样说来,我在暑假中决无增加授课时间的希望了么?

缪:也不必然。这要看哲生兄的教法与作风能改进否。此刻即以此三小时为考验,如哲生兄的教法作风能改正,而合于学生需要,那时就可以商量了。我与许多学生都知道哲生兄学问有根底,但无如不能使学生得益,这便是一个障碍。

李:我如有缺点,自然接受批评,并愿改正。好在现在学生土改未回,还未上课,但我现在不能参加本校"三反"学习,这似乎不好,你能想一办法否?

缪:兼任不能要求宿舍。我也知哲生兄所居太远,步行太劳苦,坐车太耗费。我已商之院长,如哲生兄兼任者,可以自由参加,不来亦可,偶来亦可。

李:我居太远,无法日日来;偶来一二次,总可以的。请告诉我时间地点。

缪:既参加必须日日来,因为要编组,不来也需请假,所以我主张老实不必来。

(谈话至此,即辞归。)

思纯记(1952)四月廿二日

闻宥①（一通）

雨僧先生道席：

从彦威兄处^{先生如知其居址，请以赐告为幸}得赴告，顿谂

尊甫大人逝世，曷胜哀悼。 左右文章道德，腾誉域中，此正纯孝之行，

足以告慰于九原者也。盼望　节

哀为国以休啬。

拙作近又有数种，不贤识小，了无胜义。多辱　书及。愧恧愧恧！日内

当再捡奉　教正也。匆叩

礼安

弟闻宥书于（1950）八月二十四日

［吴宓注：八月三十一日到（重大）。］

---

①　闻宥（1901—1985），字在宥，上海人。1929年起，先后任教中山大学、山东大学、燕京大学、北平大学女子文理学院、四川大学、云南大学、西南联合大学、华西大学。1955年后，任中央民族学院教授。

庞俊^①（一通）

雨僧吾兄吾兄左右：旬日前奉到

尊函，并赴告数份，乃知忽遭大故，嘱转赴告。先侨先生处，随即交到。刘君惠现在川北大学，闻方迁校南充，容确知其迁定后邮转。文通在华大。云生（吴宓注：彭举）已不在川大，现寄居东方文教学院，生计艰窘，闻欲以医糊口。此事恐短期不为人所知也。赴蓉容见面时妥交可耳。日前于途中忽遇雷君家驹，方持大函相示，乃立道左簷下读之，得知尊公捐馆时一切经过。吾　兄远滞异乡，哀苦奈何。临书惘惘，未知何以奉慰，伏惟以理节哀，幸甚幸甚。

弟庞俊再拜（1950）八月廿八日

［吴宓注：1950 九月九日到（重大）。］

---

　　①　庞俊（1895—1964），字石帚，祖籍四川綦江，生于成都。肄业商业学堂。曾任中学教员。1924 年后任成都高等师范学校教授，华西大学及成华大学中文系教授兼系主任，成都师范大学、四川大学中文系教授。1950 年入重庆西南人民革命大学高等学校教师研究班学习，结业后返四川大学任教授，兼古典文学教研组主任。

高元白^①（一通）

雨僧吾兄有道：西安解放之初，弟曾驰函武大。探问
尊况，未奉回音。后知吾
兄早已离开此校，弟亦再未通候，抱歉良深！前周辗转送来讣告，惊悉
老伯大人辞世，令人痛悼万分！弟近在咫尺，事先竟不知之，抱憾曷可
言状！吾
兄天性至孝，自必哀毁逾恒，尚望节哀为祷！前者天诚^②兄来此，晨夕
相处。无时不谈论吾
兄之道德文章，相望弥已！今虽文化思潮为之大变，而弟对吾
兄之景仰驰慕反更加笃，能掌握马列主义之原则性者，始足以知吾
兄之可敬可贵可学习之处，此则非徒事叫嚣者所可理解者也。远隔天
涯，不得畅申积愫，为怅怅耳。
专此敬请
礼安

弟高元白敬启（1950）九月五日

（吴宓注：1950 九月二十九日到。）

---

① 高元白（1909—2000），原名崇信，陕西米脂人。1935 年北平师范大学国文系
毕业，任教北师大附中。1937 年起任教西安临时大学、西北联合大学、西北师范学院、
西北大学国文系。1949 年后，任西北大学师范院中文系教授兼系主任。1953 年任陕西
师范大学中文系教授兼系主任。

② 杨清（1915—1983），字天诚，陕西府谷人。1940 年西南联合大学心理系毕业，
1943 年获中央大学研究院心理学硕士学位。先后任教四川白沙女子师范学院、中正大
学、重庆大学、西北大学。1950 年任东北师范大学教育系教授兼系主任。

楚图南①（一通）

雨僧先生：

　　惠示谨悉。惊闻　封翁逝世，谨致唁慰，并希节哀。所云借支薪金，似可酌减数目，向学校商洽，以后即由每月薪金项下扣还。公家照顾，目前似不易。不胜歉疚之至！

谨覆，即致

敬礼

楚图南谨上（1950）九月六日

　　（吴宓注：1950 九月十一晚 8 p.m. 到。）

---

　　① 楚图南（1899—1994），云南文山人。北京师范学校毕业。曾任中学教员，暨南大学、云南大学教授。1949 年后，历任北京师范大学教授，对外文化联络委员会主任等。

何君超①（一通）

雨僧兄惠鉴：

久未奉书，时深驰念。日前晤般若②兄，知　老伯仲旂公仙逝，遏胜扼腕！想吾　兄孝思不匮，定多哀痛。尚乞善自珍节为祷。暑期已尽，秋风又至，谅　兄处已开课矣。吾　兄本学期是否仍兼教育学院及重大两处？乞便中惠我数行为盼。近来秋③兄由北京归来，云晤清华旧人，知清华甚欢迎　兄返校。武大同人亦多以此消息见告也。馀续叙。敬颂

礼祺

弟君超拜上一九五〇年九月十日

［吴宓注：1950 九月二十四日（邵祖平君交来）。］

---

① 何传骢，1893 年生，字君超，后以字行。福建闽侯人。清华学校肄业，德国德累斯顿工科大学毕业，曾任河北工学院、西南联合大学、同济大学、四川大学、武汉大学化学系教授。时任武汉大学化学系教授。吴宓清华旧识，武大同事。

② 指王般。

③ 沈觐宜（1895—1969），字来秋，福建福州人。上海同济大学毕业留德，法兰克福大学经济学博士，历任同济大学、云南大学、东方语言专科学校、华中大学、福建农业大学教授、系主任。

刘鹤年[①]（一通）

雨僧夫子函丈：

生于八月一日返湘，八月七日

钧谕曾被同事收存，迄至日昨返校始得拜读。惊悉

太老师已于本年六月廿五日仙逝，曷胜哀悼。

吾师悲恸之余尚祈节哀顺变，以慰

在天之灵。湖南毛笔已托友人由南岳购寄，一两月内想可到达。能否合用，尚望

示知，以便日后亲自再寄。本期生将授电机、化工、物理三系一年级英语各一班。外语系新生已报到者均入俄文组，未报到者将有几人入英语组，殊未可知。生之英语语音学一科，素受学生欢迎，至此或不需要。文运乖违，自笑亦复自怜。西大旧生开课原定九月七日，再定九月十八，三定九月廿五。新生则定十月四日开课。如本届毕业生再迟离校，宿舍不能腾出，或又影响开课日期。前得朱文振[②]兄来函，数月未复。吾

师如与晤谈，祈代道歉道念　为感。肃此敬叩

铎安

受业刘鹤年谨上一九五○年九月二十二日

（吴宓注：1950 十月十三日到。）

---

① 刘鹤年，西南联大外文系毕业，曾从吴宓受业，时在西北大学外语系任教。
② 朱文振（1914—1993），时在重庆大学外文系任教，与吴宓同事。

周辅成[①]（二通）

一

雨生师教席：

敬读　赐教。适成手中款尚方便，当即由成汇寄一百万元去西安省人民图使馆吴须曼先生收。般若先生也正在武大各方接头。正值减薪后初复原薪，故无法广泛进行。将来凑集数目，或不甚多也。其他各处，如何？若仍有困难，稍俟时日，成或可仍寄出一次。处此时代，熟人皆有同舟之感，吾　师每能纷扰中镇定，足教成者至多，愧未能长得追随尊前也。武大情形并不佳。成本已应华西大学之约，但此间闻成走，又不肯放成走。只得再须些时间。重大情形，乃许多学校目前情形，固不为例外。但望能逐渐改善，是国家之喜，亦吾辈之喜。年少者轻浮，逐势者嚣嚣，此风不应长存，谅　政府当亦不许可其长存也。武大新上课，较忙。匆此敬叩

道安

生周辅成敬上（1950）九月廿四

---

① 周辅成（1911—2009），四川江津人。1933年清华大学哲学系毕业，1936年清华大学研究院毕业。曾任四川大学、金陵大学副教授，时任武汉大学哲学系教授。旋经院系调整，转任北京大学哲学系教授。

成有舍亲王宇光君任西南青年团委会宣传兼组织部部长,与西南教部长任白戈君尚熟,成函嘱其郑重提醒任君遵照中央文教政策敬重旧学者,特别名吾　师。不知此信能见效否?

（吴宓注：1950年十月十日 11 A. M. 到。）

须曼先生:

依　雨生先生嘱,奉兑上人民币一百万元整,作为偿债[①]之用。此为成个人所寄,请另函告知　雨生先生,如各处寄来款仍不足数,成或可另设法。款收得,　赐示为要。此致　敬叩
大安

周辅成上（1950）九月廿三

内附汇票一纸。赐示请寄：武昌武汉大学二区九号

二

雨僧师道鉴：成于去年十月参加土改工作,今年二月末始返校。返校即逢"三反"运动,轰轰烈烈,未定何日结束。原拟回校准备辞职去南开大学,似又发生问题。年来　吾师尊况,偶由友人口中得知一二,恨不悉详。去年奉还 A. E. Taylor 著 *Plato* 一书,不识得达否?

---

①　吴宓嗣父仲旗公1950年6月25日病逝,吴宓以交通阻断,未能回陕奔丧。堂弟含曼（亦即仲旗公亲生长子）致书吴宓,家中困难,借债办理后事。吴宓经西南文教部批准预支薪津,又向各地友生借款汇陕葬父,于1951年还清。久后始由堂妹吴须曼（含曼同父异母之姊）来书告知,含曼出售祖遗商产一所,得款治丧绰绰有余,而吴宓所汇回之款项（赙款、借款）悉为其所"借用",而不令吴宓得知。

北方正在筹备翻译西洋古典名著，过去文化遗产，逐渐可以与新文化接头。虽属批判接受，但总有一部分价值可留下供参考也。

哲生先生近况如何？尚在渝中否？前在乡得奉其赐示，因土改工作忙，未及即复。源澄兄生活状况如何？

道安

生周辅成上（1952）三月三日

（吴宓注：1952 三月十三日到。）

郭斌龢[①]（一通）

雨僧长兄赐鉴：奉读九月三日

手教，言词悱恻，为之泪下。

两世伯先后作古，国忧家难，集于一身，宜兄悲不自胜也。兹汇奉奠

敬两万元（吴宓旁注：已邮汇退还），聊表哀思。稍缓当再汇奉五万元

（吴宓注：辞谢），作懷流之助。以

长兄与弟交谊之深，而今日弟所能效力者不过尔尔。文儒末路，夫复何

言？拉杂书此，不尽中情。　　敬颂

礼安

　　　　　　　　　　　　　　　　　　　弟斌龢拜启（1950）十月一日

复示请径寄"南京碑亭苑板桥新村十八号郭洽周"

源澄兄处代候

　　（吴宓注：1950 十月二十八日 11 A. M. 到，十一月二十日复。）

---

　　① 郭斌龢（1897—1987），字洽周，江苏江阴人。香港大学文学士。美国哈佛大学文学硕士，曾从白璧德受学。牛津大学研究员。回国后，历任东北大学、青岛大学、清华大学、中央大学、浙江大学、南京大学教授。吴宓知友。

罗念生[①]（一通）

雨生夫子赐鉴：

重庆市清华友好及学生馈赠

夫子之壹佰捌拾萬元，已由生交自昭（贺麟字）兄转汇西安。

生现与知堂老人及缪朗山君合译希腊戏剧，三年内或可译毕。赋宁及业治两兄则译罗马戏剧，均由此间天下出版社出版。天下尚有翻译古今文艺理论丛书计划，由孟实（朱光潜字）先生主持。

此间师友，均盼　大驾北来，重听教诲。现学生中，尚有少数对文学仍有兴趣。前

夫子介绍前来转学中文系之某君，以到京过晚，未能参加考试，无法入校。川中冬来天气潮寒，伏乞珍重。敬叩

教安

学生罗念生敬上（1950）十月十九日

（吴宓注：1950 十一月五日到，十二月三日复。）

---

① 罗念生（1904—1990），名锚德，四川威远人。1929 年清华学校毕业留美，赴俄亥俄州立大学学习英国文学，康奈尔大学研究院研究希腊文学，雅典美国古典学院研究考古学。1934 年回国，参加陕西宝鸡斗鸡台文物发掘工作。历任北京大学讲师，四川大学、武汉大学、湖南大学、山东大学、清华大学外文系教授。1952 年调任北京大学文科研究所研究员。1964 年改任中国科学院外国文学研究所研究员。

罗忠恕^①（三通）

一

雨僧先生惠鉴：久暌

雅教，弥积渴思，比想

兴居安吉，为颂为慰。两年来屡欲约请先生来蓉讲学，无如安排未妥，深为歉疚。现因西籍教师多请求返国，校中师生切望先生本年春季即能来校主讲英国文学。此间课程大体虽照教部规定，但文学课程仍为重点。一二年级有"世界文学选读""翻译""英国文学史""文学背景""广泛文学阅读""语音学""会话""英诗入门"等课。三四年级有"英作文""翻译""十九世纪散文""十九世纪诗""莎士比亚""圣经文学""文学批评"等课。　先生可就各科中选出最喜讲授之课。如能再约一二位教师来校，尤为欢迎。此间学生基础颇好，对　先生来校主讲期待至殷。务恳　决意来蓉，无任感盼。耑此敬候教绥

弟罗忠恕谨启一九五一年一月廿六日

（吴宓注：1951 一月三十日到，二月八日复。）

---

①　罗忠恕（1903—1985），字贯之，四川武胜人。燕京大学研究院毕业后，留学英国牛津大学，研究东西方哲学。任教于华西协合大学。1949 年后，任华西协合大学、四川师范学院教授。

二

雨僧先生惠鉴：顷奉

手示，欣悉有意来蓉讲学，至慰。现已由敝校向川西行署文教厅请示去电西南文教部请求许可。（电已发）

先生来华大任教，如蒙批准，即将聘书奉上。兹将校中表格二纸奉上，祈填后掷还，以便薪级委员会核算薪额。此不过例行手续耳。至于住宅，最好将家中人口见示，以便代请家庭住宅。家人一时不来亦无妨碍，因家庭住宅较单身教员住宅为佳也。兹有友人华西协中校长吴先忧兄来渝之便，特请来

尊处劝驾，面告华大近况，并请在文教部代为交涉，以便

先生早日启程来校。本校开学时间为二月十九日，重庆方面交涉妥当后，请即来电，以便先将旅费兑上。肃此敬候

教绥

弟罗忠恕谨启一九五一年二月十五日

再者，如能同吴先忧先生同来成都，途间当可照料一切。

（吴宓注：1951 二月二十一日正午到。）

三

雨僧先生：前奉手书，欣悉　先生有意来华大讲学，惟重庆方面课程不能中途离去，故本期不能来校，想秋间定无问题。此点已与西南文教

部陈梦汀处长面商，且已得同意。如　先生决意秋间来蓉，文教部定可同意，并协助一切。华大外文系，　政府已确定为西南训练外国语文之一重要中心，因其历史条件及现有设备均易达此目的，故决不与他校合并。目前只需充实师资设备，即可吸收西南各方来此就学之学生。贵州大学熊正瑾先生已允七月来校。如　先生七月能来，当可早日商定下年度一切计划。成都气候凉爽，度暑较渝舒适多矣。　先生确定行期后，当可代为布置一切。敬祈早日复示为感。耑此敬候
教绥

弟罗忠恕拜启（1951）五月十三日

再者，重庆方面如有愿从学　先生之学生，亦可同来转入华大。如重庆方面尚需教普通英文之教师（非专门文学课程），我校当可推荐适当之人。　恕又及

（吴宓注：1951 六月三日曹家祚君面交来。）

华西协合大学外文系全体学生（一通）

亲爱的宓先生：

　　为了某种情感的驱使，虽然我们彼此并不熟识，而我们竟冒昧地写这封急迫的信，也许在您认为很荒唐，不过请耐心地读下去。然后立即予我们一个回答，不论它是否会使我们满意，而我们却很需要且心平静气地等待着它。

　　我们是一群华大外文系的学生，因为西籍教师相继离华，而后继者尚未确定，且很难聘请。在此青黄不接时，我们好像是一群丧失父母的孤儿，这样就迫使我们各处寻找温暖和安慰。我们久慕你的名声和学识，为了我系不致因西籍教师的去职而关门，且前途更能光明和美好起见，我们谨以无比的兴奋热情和诚恳的心情来写这封信，欢迎你立即来我校领导我系。想你决不致忍心让我们一群无依的孤儿再失望了，然则我们是多的幸福和快慰！

　　学校开学在即，若能来蓉领导我们学习，则希立即给我们一个回答，俾我们能在蓉平心静气好好学习为盼。此致
敬礼！

华大外文系全体学生

杨宗遂　宁大成　罗义蕴　杨宗建　徐明保　杨叔滋　李明珂
林長荣　邱震东　果仲明　马笃权　嚴培先　何隆文　曾金森
梁仲恩　冯思刚　邱孝宽　刘浔生　杨　樸　王仲常

一九五一年二月一日

（吴宓注：1951 二月五日到，1951 二月八日复。）

陆志韦[①]（一通）

雨僧兄大鉴：午餐时闻　端升[②]兄云

高轩来顾，在室久候不见莅临，忽忆楼下有会客室者，往探亦不知踪迹。后又遇　端升兄言，　兄已去矣。哑然无以自解，无可奈何！本星期四下午为团内休息时间，可自由外出。拟于四时左右走访，乞稍待。如不方便，二时至六时间来亦可；惟以公约不能晚于六时，祈电话　示知为感。此颂

刻安

弟陆志韦（1951）五月二十二

---

① 陆志韦（1894—1970），名保琦，浙江吴兴人。东吴大学毕业，美国芝加哥大学哲学博士。历任南京高等师范学校、东南大学教授，燕京大学心理系教授兼系主任、文学院长、燕京大学校长、校务委员会主席。1947年复任校长。1952年转任中国科学院语言研究所研究员。1955年被聘为中科院哲学社会科学部委员，并任中科院心理研究所筹备委员会主任。此时随土改参观团至四川参观土改，路过重庆。

② 钱端升（1900—1990），上海人。美国哈佛大学政治学博士。先后任教清华学校、中央大学、西南联合大学，为第一至四届国民参政会参政员。1948年当选中央研究院院士。1949年后，曾任北京政法学院院长、民主同盟中央常委、中国外交协会理事。此时随土改参观团至四川参观土改。

1951 年五月二十二日，陆志韦致吴宓的信件

胡蘋秋^①（七通）

一

雨僧先生教右：　日者　进诣

讲坛承

清陪竟日，并约小餐。蘋返复

赐假名著多种，拜荷无既。邵潭秋先生有书来，附诗十四首，以辛卯钱

春八律记冬部体为最工，盖长于香奁体之作家也。日来读

先生各诗集不忍释手，而余生随笔、空轩诗话内容尤称富赡。敬集赵

瓯北句得先韵十绝，录以呈

教。邵先生诗亦已和答六首，

先生到重大时可取观也。张默生之具行传二集，亦已读过，并有五言

长诗寄去。报载重大讲堂圮坍，伤二十余人，甚念。真相如何？盼

便中示及一二。耑敬

教安

胡蘋秋上（1951）六月四日

---

① 胡蘋秋，山西太原人。曾任县长、骑兵师秘书长。能诗。1949 年后在西南军区
京剧团任编剧、导演。1951 年 5 月重庆市第一届文艺工作者代表大会期间，吴宓以观
胡蘋秋所导演之京剧而初识其人，后有诗唱和。1951 年冬以吴宓诗案发，经批判，下放
劳动，调至成都京剧团任编剧、导演，后返回原籍，任山西京剧团编导。此后十多年无联
系。1963 年 7 月，胡蘋秋忽自太原来函，求吴宓赠助百元为其还债。见第六通信。吴宓
如其所请，赠助百元。任二北告以胡蘋秋所欠外债达数百元之巨。其后胡蘋秋续求吴宓
赠助，又联系所谓"姚夫人"（姚逸馨，陈虎严夫人，已寡）、杨啸谷等，纷向吴宓求助。

敬题《吴宓诗集》集瓯北句十首

种树成阴动十年，鬓丝愁绝杜樊川。早闻力挽颓风处，也是生平大愿船。

言语通灵每事前，倚窗一枕小游仙。如何结习犹痴甚，肠断秾华过去缘。

人海喧中黯自怜，已看木榻坐将穿。近来风气轻前辈，老不趋时让少年。

缁衣修道衲参禅，铃阁何须羡木天。恰似海筹多益善，如今真欲变桑田。

时清惟有作诗传，回忆初程发轫年。一卷风烟纪行什，尽收交旧入新编。

回首名场失少年，一灯危坐转悠然。久将身入千秋看，言行何人录作编。

往事俄惊三十年，今朝始识蔚蓝天。野夫歌咏昇平处，敢复高谈古井田。

万籁无声薄暮天，此时繁蕊放红嫣。只怜孤寂无交契，宾友音书少答笺。

苦劝逢时趣改弦，教人不敢想随肩。可怜眉目清如画，笑比琵琶过别船。

一枕槐安梦已捐，斯文臭味何深怜。五尊又上邛崃坂，垂老经过倍惘然。

雨僧先生　留正

蘋秋（1951）六月四日

（吴宓注：1951 六月八日下午到，九日上午覆。）

二

雨僧先生教席：兼葭楼诗反复诵读已两三过。诗格之高、持论之严，诚如太炎大师所谓风旨大氐近白沙，而自为诗激昂甬峻过之。综其生平茹吐，曹纕蘅先生挽诗盖尽之矣。倾心曷已，因又系杂感，集名句得廿三首，附以呈

教。诗为心声，为知者道，凡

先生交亲之不伪饰前进者，胥可以观。尊作无题一首，寄托亦约略可见。李、庞、邢①各先生所谓素心古道我辈中人，甚愿一见。秋最重

先生之言，欢事雅事均不必过急。订约之期，一听

尊教。至书函诗句皆兴到之作，更不必有书皆答，无诗不和。秋貌若拘谨，内实疏放不羁，凡此细节，从未置怀。二两花生，四块麻糖，食之甚甘。邵先生游踪诗极欲一读。此君真情种，不识亦有河东之戒否？呵呵。危楼不可以居，早迁为妙。祷盼何如。匆此复候

夏履

弟胡蘋秋上（1951）六月十一日

（吴宓注：六月二十日下午到。）

三

雨僧先生：连日奇热，大有伏味。七月十五之约，不知能值一两后天或

---

① 指原四川大学教授李思纯、庞俊、邢仲采，时皆在（重庆）西南人民革命大学参加学习。

疏两天否？秋愿能与李、庞、邢、邵诸君会于重大。如需小饮或便餐，亦应醵金将事，不可责由任何一人作东道主，如此方好。

先生最体贴人，而计事又最慎密详尽，书在

预想之中，无俟赘言。耑此布礼，顺候

暑芷

胡蘋秋再拜（1951）六月廿二日

四

雨僧先生教右：日前赴夫子池文艺馆参观文物展览，晤冯若飞同诣陈匪石^①先生处谈词。越日陈石老杖藜来访，尽半日之欢，午饭后始送之回舍而别。石老欲偕秋访稚荃先生，以年高路远阻之。

今日秋诣稚荃先生寓所，当荷接待畅谈。其为人胸次开旷，吐语倾城，而风度大雅，卓尔不群，使人鄙吝全消，真今之叔度也。在座静谈历一时许，同车进城。秋引导至工商联会，并约午后三时在院晤面。至时果然莅止，当又介绍与内子相见，又谈约一时始别去。

稚荃喜秋诗"剥啄迟来干仲蔚，斯须小立勉王孙"一联。陈石老则赞赏三、四两首，尤以"万窍齐暗蛩在壁，残星如豆雁横天"一联为惬意。实则此四首非秋满意之作，附原稿乞　晒正是幸。又以陈石老介绍晤许伯建^②君，据谈与　先生亦相识。

---

① 陈匪石（1883—1959），原名世宜，字小树，号匪石。南京人。肄业尊经书院，曾随张次珊学词，又随朱祖谋研究词学。

② 许伯建（1913—1997），名廷植，重庆巴县人。擅书法，工诗词。早年就读川东师范学校及商业职业学校，任职银行秘书。1949年后，转任中国人民银行重庆沙坪坝支行文书。1958年奉调中学教语文。1979年后任重庆书法家协会副主席。

小女家豸已被录取重大文院中文系，下月上旬当赴沙坪坝。届时秋亦
拟诣　谈。专此布颂

教祺

蘋秋上（1951）八月卅日

五

雨僧先生：函未发，又奉

手教。　恕斋[①]先生为评诗大家，前于　雨僧先生座上，敬聆其对潭秋
合川参观土改归后所作五律诗，批窍导却，处处精湛。此次对秋拙什，
虽间有指质，仍多溢美之辞，恐是新交，不涉深语。秋固不敏，尚勇于
接受批评。　雨僧、潭秋均曾知之，毋存客气也。昨夜雨甚大，但下半
夜忽现满月，拂晓前雨又大作，因成绝句四首，录入附
阅。秋为诗如村姑灶婢，乱头粗服，不加整饰。往往瘢瑕杂呈，实不能
自信。赠许伯建诗佳均一首，第七句"车流我亦难人寿"，"难"字作
"难能""难期"解，与《说难》之"难"字略同，但字面有毛病。原曾
拟用一"疑"字，又觉不如"难"字。此句尚须就医耳。此稿仍存
尊处，与前寄伯鹰诗并存可耳。
先生交秋携读各件，大致都已阅过。何时去西师当面呈不误。

蘋秋上（1951）九月十七日

---

　　① 周邦式（1895—1968），名长宪，号恕斋，以字行。湖南长沙人。北京大学法
学院毕业。时任西南师院教授，旋调西南一级机关进修部学习。1956年任重庆师范专
科学校教授。

红楼慢·题红楼梦质　雨僧教授

绘色园亭，脍炙闾阎。世间颠倒儿女，然脂莫认闲金粉，此是朱门家谱，狐媚何殊盗国，狮吼元如佛语。认湘妃泪染箟筤，写重华阿堵。

功罪待与从头数。防鹦鹉前轩，低鬟凝仁，才人满把辛酸泪，洒作弥天花雨，玉石昆冈一烬。棘枳哀凰长锢，凭梅村重作，春秋到眉妩。

上调见宋人吴则礼北湖诗余万氏词律未载。

蘋秋

六

雨老教右：

成都一晤，积有岁年。秋于蜀中故旧书缄中，历闻尊况，颇以为慰。然久不阅承请诲，思何可任！况先生遇我独厚，爱我独深，知己之感，永铭心府。尤非肉楮可宣！

伯建兄曾有函曲达左右，待手将伯，未审　先生能否援手。乞播冗示我周行！秋不敢过存奢望，只因夙知　先生乐于助人，乃不得已而由此请。　先生能否视力相助，请勿存客气，但盼早示！

秋下厂矿演出，不及两月而返。八月上旬，仍将下农村公演。请　先生八月底前回信。如有汇款，请径汇成都新南门民主路七号任二北待手。因二北亦正在为秋周转，期能集凑成数（100元），以完宿逋。

先生暑期之游，能转道来太原，一览晋祠名胜，甚所欢盼。亦望戈示连系，俾得期前回太原候迓文旌！祇此肃叩

暑安

胡蘋秋上（1963）七月十三日

七

雨老教右：

尊示敬悉，秋除杨啸谷外，并未向第三人述及　先生鼎助之事。[①]
姚夫人处亦未遥告　先生名字，乞　勿介意！

此事实由杨啸谷函迫甚亟，秋无连系到过去重庆一段关系，只先
向伯建兄研商。知　先生为人热诚尚义，乃敢启齿也。

今后当恪遵　谅诲承纫　感情，但有回环余力，必当璧金报德！

秋为人无他，交友至死不渝！惟亮察之！

即贺

春节百莱

胡蘋秋叩上（1964）元月卅一日

---

①　据《吴宓日记》，吴宓批复胡函："宓助蘋秋还债事，极应慎密，而蘋秋乃遍告各
方，虽是好意，恐使宓受损害；盖（甲）违反政策，遭受批评（本校耿振华已对宓讦发斥
责）。（乙）姚女士知蘋秋有富友宓在，或将继续敲剥索债无已时。（丙）各地相识及不
相识之人闻之，皆将向宓求助、索钱，以资享用，其事甚明显也。"嗣后，社会主义教育运
动、"文革"相继开始，胡蘋秋遂未再与吴宓联系。

游代松①（一通）

吴先生：

　　得到你的通知后，因上午下午都没有时间，所以晚上才来。没有会晤，怅甚。

　　班上同学的意思，觉得我们在学校不久，而目前翻译又甚为重要，故拟将"世界文学史"一课亦改授"翻译"，英译中、中译英，均授，时间各占一半。特此转达。

　　课表已经排出，我们准备在本周内听课。

外四班长游代松留

（1951）六月九日晚九时

---

① 游代松，生平不详。由此信看，游君时为重庆大学外文系四年级班长。

邹抚民^①（二通）

一

雨僧先生讲席：

此间碌碌无暇，时则茫然若失。读狄氏书《大卫·高柏菲尔》，开零述其怀亲之切，悲不自胜。数月以还，勉抑哀思，终觉如处梦境。自兹以往，岁月漫漫，不知如何而后可。

重大外二"翻译"复讲，种种颇好。周、江两君，至性中人，偶来接谈，殊可喜也。闻外语系有并入川大之说，未知确否？此时若属可能，一切允宜另作安排。意者拟请方远之先生恳洽，重申前请。去夏业蒙慨允延聘，感谢至深。抚民性格，宜作研究讲授，专讲大学，于新教育或有涓滴之献。果尔，必当专力以赴，以求成绩。若至西师，外语系课一时不足，兼授外系英文，亦无不可。若无外系英文，即兼先修班英文，亦唯听之。再，若重大外语系续办，则请 先生与熊正伦先生恳谈，为抚民妥善安排，俾至重大专任。目前情况，顾此失彼，实非得已。种种均赖先生斟酌安排，伫候佳音。专此奉恳，并候
起居不一

制抚民拜启（1951）六月十二日

---

① 邹抚民（1916—1985），四川眉山人。北碚复旦大学毕业。1949年任相辉文法学院教员。1951年曾短期在重庆大学代授翻译课。后久任重庆南开中学教员。1958年调四川外语学院英语系任教。

二

雨僧先生讲席：于我前

久未通函致候，谅　尊况佳胜，至如所颂。近淑华来访，转达尊意。于
民前途，已见关怀无微不至矣。渠亦以此为言，答以考虑。然思之数
日，踌躇不决。意者，莼芝先生助我，情谊可感，较易为力。若自作
书，恐亦徒劳。每念及此，心倦殊甚。闻淑华言，莼芝先生将乘春假趋
访先生，盍更为提请，促其实现。君以淑华之暨先生之故，于我了解较
深，（吴宓注：？ ）助我亦较易也。

周可风君，性诚厚。年假内曾为阅拜伦译稿。渠复能填词，有《南乡
子》一阕，咏诗人赴希腊事。如出书，拟刊之卷首云。

现民常读莎剧。并阅西史于英国史特加纲读。今后拟续为英诗。若有所
成，当络续呈阅，当不吝斧正。

四月四日晨刻倾悉贵院为星期四五六三日放假，果莼芝先生已去，则
恳专函及此沙坪坝区高等学校授课，尊函可专荐。暂勿及他人，免受托者减轻重视
也。为至所期盼。专此，并候

教安不一

抚民拜启（1957）四月四日午后二时

［吴宓注：1957 四月六日到，四月十八日覆一柬（孙法理交）。］

黄稚荃[①]（一通）

雨僧先生：

近得西南统战部消息，谓稚荃无甚问题，可去北京，亦可留此间工作。惟手边金钱用尽，日来甚感窘乏，祈

先生假借人民券数十万应急，少则二十，多则五十。将来吾工作后，即当予奉还。以先生之风谊当不或拒也。如有现款，即请　赐交怀昭[②]。如何？不胜延伫。耑此敬颂

著安

稚荃顿首（1951）八月十日

（吴宓注：1951 八月十日到。当日即借与伍拾万元，交付怀昭带去。）

[①]　黄稚荃（1908—1993），女，四川江安人。1931 年北京女子师范大学历史系毕业，曾任四川大学附中、成都第一女子师范学校、四川大学等校教员、教授。1943 年 1 月后，任四川省临时参议会参议员、国史馆纂修、国大代表、立法院立法委员。1951 年后，任成都大川学院教授、重庆市政协委员、成都市政协常委、四川省政协第五、六届常委。

[②]　黄怀昭，黄稚荃之子。

彭举^①（一通）

雨僧尊兄大鉴：示悉。柏荣^②未来。弟初到此，即拟来西师与吾　兄及诸老友一聚，以小病未成行。现已属严冬，颇有欲雪之意。　兄来恐亦不便，因彼此年俱老大，寒风仆仆，车中亦觉颇劳顿也。无如届时晴明，　兄有兴来，弟亦准于上午十时在校专候也。特复便颂

近好

弟彭举上（1951）十二月十三日

---

① 彭举（1887—1966），字云生，四川崇庆人。四川国学专门学校毕业，曾任四川大学、东方文教学院教授。时在重庆西南人民革命大学学习，旋被四川省政府聘为四川文史研究馆馆员。

② 刘朴（1894—1976），字柏荣，湖南宁县人。1916年清华学校毕业，曾任长沙明德中学教员，东北大学、湖南大学、重庆大学、四川大学教授。

董寄安①（一通）

雨生、德熏②两公道右：临别盛情，顾以欲发箭弦，有不容留者怀感而已。餐厅别席，因 雨公吟兴兴语，归而偶得三首。年来疏此，然意有所至，亦不觉随口而吐。无如文具都已钉箱，乃烦速中两君，用钢管抄出，谅早转达（吴宓注：尚未交来）尊览。自是草索，惟 盼清音。尤以忙迫就途，并曹、宋、郝、凌诸公未及一一走辞，罪甚，歉甚。到此已九日，一切俱已停妥，且多快爽之感，加之性乐平原，虽去故乡，却于丛山峻岭之郁逼，不甚忆念也。匆匆并颂
春祺

寄安上言（1952）丁酉人日

薛涛楼井

堤上独行江上楼，春元客子忽来游。回思卅载童龄迹，徒汎三山海外洲。名士一般耽咏句，美人千古向长流。吟情供费笺多少，井里依然镜样浮。

---

① 董寄安（1898—1960），四川重庆人。日本明治大学政治经济科毕业。曾任巴县中学、重庆联中教员，重庆大学、四川省立教育学院、国立女子师范学院中文系教授。1950 年 8 月任西南师范学院中文系教授，1952 年 1 月改任西南民族学院教授。
② 赵德勋（1911—1959），字德熏，四川綦江人。四川大学中文系毕业。曾任中学教员，北碚勉仁国学专科学校导师，南林文法学院中文系副教授。1950 年后，任乡村建设学院、川东教育学院副教授。1952 年调至西南师范学院中文系任副教授。

武侯祠

桧柏虬枝绕寺迴，春萌初动梦梅开。纶中上座存流韵，甲铠旁厢故壮瑰。失恨吞吴感图阵，怀柔擒孟劬南隈。书生岂共萧曹说，蜀国游瞻久盛推。

初一曾到江楼、武祠，与民院遥对，已两至，俱修葺一新，各得四韵。附抄呈正。

丁酉人日游草堂

堂修葺一新，阁廊亭榭间，植梅近百株，而主翁所塑像，尤为技艺绝伦。是日盖午后匆促赶赴也。

塑像精真夺巧工，清癯妙肖少陵翁。廊曲九回交绮疏，枝空万点缀梅红。大厦新华已遍建，贤祠锦里更恢宏。东川此日寄长句，胜会西郊趁兴中。

午后至村放归，昨书尚未投邮，加付取得一笑。

［吴宓注：寄安（1952）二月六日寄，宓二月十日收到。赵德勋已阅。］

刘得天[①]（一通）

雨生我兄：

临行匆遽，未暇走辞，至以为怅。弟于四月十日启行，十八日到京，住友人谢斯骏家四日。友人中曾见周建侯北京农业改革研究所等数人。方叔轩、刘之介在京学习亦曾相晤，惟未见罗忠恕耳亦在人民大学。北海风光一似往昔，天安门则气象一新矣。欲游颐和园一荡尘氛，未果。即匆匆赴沈，由东北教育部派在辽东省辽阳市辽阳师范专科学校。越日至安东，观鸭绿江。又三日，始由该处文教厅送至辽阳。至已月卅，离家二十日矣。

辽东师专系初创，一切尚感不足。住房欲得一间乃甚难但弟仍要求住一间。吃饭两稀一干，两菜一汤，即需单位八十分合人民币约十六万元，而弟以胃病又当另加费用。收入现尚未定，闻至多仅可五六百分每分一千九百四十，五百分左右的成分多，而生活竟高昂至此。始忆 兄"一动不如一静"之言之有先见则甚矣，弟之昧昧也，顷者弟既来此，拟于万难之下，留住数月，暑假当请假返川。政府能资送者最佳，否则当自备费用为川资之需。今后数月当有一番艰难，希 兄能助我也倘蒙大力能介至华大或其他各处尤佳。高晋生[②]闻在吉林师专，周通

---

① 刘得天（1901—1954），1920年毕业于成都国学专科学校，曾任中学国文教员，成都金陵女子文理学院、华西协合大学、相辉文法学院、国立女师、西南师范学院中文系教授。1952年奉令赴辽阳师专任教，1953年调西南军区师范学校，翌年11月病逝重庆。

② 高亨（1900—1986），字晋生，吉林双阳人。1924年入北京大学，1925年考入清华国学研究院，1926年毕业。先后任教于吉林法正专门学校、吉林第一师范学校东北大学、河南大学、武汉大学、齐鲁大学、西北大学和相辉学院。1951调西南师范学院教育研究室。1952年任吉林师范专科学校教授。1953年改任山东大学教授。

旦^①在黑龙江师专，不知又如何耳。书不尽言，祗颂

教安

弟得天顿首（1952）五月二日

源澄处，希代道念。

希赐数行，以慰远念。至望，至望。有人询及敝状，但道身体不适，胃病时作。此间待遇尚好。

---

① 周传儒（1900—1987），字通旦，号书舲，四川江安人。北京师范大学毕业，1925年入清华国学研究院，后赴东北大学任教。1931年留学英国剑桥大学。回国后历任西北大学、山西大学及东北大学教授兼系主任，1945年任四川大学教授，1950年8月改任西南师范学院教授，1952年调沈阳师范学院、辽宁大学任教。

孙法理①（二通）

一

雨僧老师：峛谒未果，歉歉。生工作问题，多时以来多承

关注，衷心极为铭感！日昨得市教育局通知约面谈，今日更邀前往会

谈，结果被派赴巴县所属冷水场人和中学担任语文教师。明日即拟赴

指定地点报到。特此报告，藉释

锦念。法理所译《布可文那的故事》已近蒇事。最近或将抽暇峛谒

请教。临川已到益智中学月余，有信来，以工作忙碌，未多写信，嘱生

代为问候吾

师健康！余无他述，此叩

道安

生孙法理谨留（1952）五月七日傍晚

二

雨僧师鉴：久未通音信，歉甚。

生拟参加此次综合性大学副博士研究生入学考试，现正作准备，行政

---

① 孙法理（1927—2021），四川内江人。1948 年武汉大学外文系毕业，同年入中央大学外文系读研究生。1949 年回重庆，在中学教书。1957 年考入西南师范学院外语系读研究生，旋即转任该系教师，后升任教授。

已答应给假至考试完毕之日止。考试完毕当在十月中旬。考试科目其他尚易作准备，惟英国文学史一科，现手边无恰当书籍。深感困难，旧有文学史观点立场皆成问题，恐不足应试。北京外国语学院所列考试参考书中有 Legonis & Casamian 著之 *History of English Literature*，不知我师或西师图书馆有无此书？又 Otto Jesperson 著之 *Essentials of English Grammar*，不知有无？如有，能否赐借一阅？专此，盼覆。即祝近安

　　　　　　　生孙法理于小龙坎市八中（1956）八月廿一日

　　（吴宓注：1956 八月二十二日正午到，即函邹抚民求借，未知有否？1957 四月十八日上午，去一函，劝考西南师院进修班。附柬覆抚民。）

张振先^①（一通）

雨僧吾师大鉴：

久违教坛，实深念念。生于 1948 年自美上书问安，恐未蒙赐收。今日下午闻赋宁兄云　吾师已不在武大，可见前函未达。生于去秋自英返祖国，即在师大服务，智存亦在师大，知关特禀。生过广州时，遇林文铮^②先生，彼亦问候　吾师、学淑学妹好。　吾师福体康宁。最近思想改造与忠诚老实学习，　吾师有何体会希赐教。敬请

教安

生张振先（1952）六月廿九日

---

①　张振先（1912—1968），北京人，1935 年北京师范大学英文系毕业。曾任西南联大、西北师范学院英语教员，北京师范学院副教授。1948 年赴美国加州大学洛杉矶分校研究，1949 年留学英国伯明翰大学，获文学硕士学位，1951 年回国，任北京师范大学、北京外国语学院英语教授。

②　林文铮（1903—1989），广东梅县人。1920 年赴法国勤工俭学，高中毕业后，入巴黎大学学习美术批评及美术史。1927 年回国后，曾任杭州艺术专科学校教授、教务长，西南联大外文系讲师、教授，中法大学、中山大学、南京大学教授。

顾学颉①（一通）

雨公先生尊鉴：拜别日久，驰念益深。每于友人函中，获悉　杖履正健，诗兴犹豪，大慰远怀。颉前年北来学习工作，又已兼岁，详情谅　藕顾兄已为我陈之矣。惟北地气寒，年来颇患风痛之症，亟思南返工作。顷闻　贵院中文系尚缺新文学史等课教师，敢祈
先生携掖，大力推介，定当追陪　杖履于巴山渝水间也。拜恳拜恳。　劭公事繁体弱，近来颇有退老之意。特　嘱代为致候。专此，敬颂
教安

学生顾学颉拜上（1952）七月八日

---

① 顾学颉（1913—1999），字肇自，号卡坎，湖北随州人。北京师范大学中文系毕业。曾任教西北大学、西北师院、湖北师院、民国大学。后任人民文学出版社编辑。

盛丽生 [①]（一通）

雨僧先生：

　　别后虽在书信中无联系，然而在思想上时常记念您。因为无论过去和现在，您在我的脑中占了一个很重要的地位。读五月底来信，思想为之震动，深感您一旦认识了新事物，掌握了新的思想体系，因而能够在很短时间内起神速的变化，坚定新的人生观。这从您的检讨报告《改造思想，站稳立场，勉为人民教师》原载《新华日报》，武大思想改造时，曾油印分发文学院教员各一份得到具体的证明。这里，让我为您思想改造的胜利欢呼和祝贺！

　　我于"解放"前曾参加武大党的地下外围组织——新民主主义教育学会，外文系同时参加的有王家声，"解放"后参加的有陈登恪、周景俞两人。"解放"后予参加各种政治活动要求改造自己。去年十月，曾随同文法学院师生参加土改。今年三月后，先后投身"三反"、思想改造运动，在工作中更进一步认识自己、改造自己，希望在文教工作中把自己锻炼成一个纯朴、踏实、有进取心的人民教师。这三年来，我做的群众工作较多，教学贡献极少，解放后即担任外文系"基本英文"，成就极少。偶尔与系内同事（如王般、吴志谦等）合作翻译工作，但工作缺乏系统和计划，不能坚持下去。希望您今后在这方面指出方向，有以教我。我过去翻译文章，偏于选择"新时代"苏联出版上政治性文字，有的登载在《长江日报》上。

---

　　① 盛丽生，1922年生，湖北孝感人。1946年毕业于武汉大学外文系，留校任教。

　　"解放"后次年 1950 外文系成立俄文组,英文组名义上由戴镏龄负责,统一在文学院副院长兼外文系系主任陈登恪领导之下。现在全系教员有 26 人,其中俄文组七人,英文组十九人。英文组离校的有王家声在北京新华总社、罗书肆北京人民出版社,其余均在校。三年课程改变老大,每年都不一样。下年度开课课程主要有:"读本""翻译""口语""应用之习作",目的是以培养翻译干部为主,故重点课放在翻译上。其他的常识课程(文学史等),文学性的专门课程现在均不开设。等课程指导书制定以后再寄给您一份。

　　陈家芷早已离校,去向我不明。苏雪林仍留在台湾,据袁昌英讲尚无"弃暗投明"之心。顾绶昌"解放"后参加民盟,有很多转变。在思想改造中,他的自高自大、虚伪性和抗拒领导,受到极尖锐的批评面对面提意见先后作了三次检讨报告未通过。前已作出书面补充报告,尚未作结论。王般最近几年来有突出显著的进步,在历次运动中表现很好协助领导推动系内大大小小工作,建立了不少的功勋。徐东学上年曾参加北京俄专学习,因政治表现不好中途回校。这次在思想改造运动中有很大的进步,得到师生的欢迎和信任,历史"基本交代清楚"。其他您所认识的,尚不能一一述及。哲学系合并于北大,最近该系师生将全部离校。洪谦已早提出辞职离校因系内闹不团结,现在情况不明。

　　这次就写到这里,拉杂得很。祝您

秋安

盛丽生敬上

(1952)十月四日

　　(吴宓注:1952 十月十八日下午到。)

郑临川^①（一通）

雨老吾师座右：

自本院历史系教师李荫华先生处知师对川殷殷垂询之意，铭感莫名。

今因李钦瑞兄_{联大教育系四四级毕业同学}来西师之便，谨将　师前次寄来诸书奉还。惟《日本文学》及《苏联外国文学教学大纲》二册，尚留待参考。因"外国文学"第一段（上古至十八世纪）下学期将正式开讲故也。川本门外汉。因辞无效，不得已而舍长用短，后果可知。无心误人子弟，被迫不得不尔，每念平生，不禁流涕，一片苦心，惟师知之。

一年以来，身罹重祸，步险履艰，几死非命。今事虽平，但精神与脑力迥非昔比，竟与废物等耳。此生此世，当无可作为矣。每思离去此间，又兴天涯无家之叹，"匪凶匪虑，率彼旷野"，命也何如？伤哉！

舍间一切粗适，淑华今年五月又添一女，敬谢远注。盛暑多厉。伏乞珍重，并叩

道安

弟子临川谨拜（1956）七月二十日晚十一时

淑华附笔问安

（吴宓注：1956 七月二十四日到　八月一日复。）

---

① 郑临川（1916—2003），湖南龙山人。1942 年西南联合大学中文系毕业，曾任中学教员，后任四川南充师范学院、四川师范学院中文系教授。

周可风①（一通）

吴宓教授：

兹付《学衡》合订本奉还，请查清。已交清这次翻译拜伦的诗，承 您热情关怀和帮助，甚为感激。

拙译《拜伦诗钞》，已于前些时寄到北京人民文学出版社，他社审查情况如何，尚不可知。拜伦长诗《唐·璜》，近日有朱维基的译本问世，但粗看后觉得不甚令人满意。翻译之道，可谓难也。

碧柳先生的诗文集，请代留一部，不日将寄去订款。对碧柳先生的诗，儿时即已读过，拟写一篇介绍文章，以表先贤。

即颂

教安

周可风敬上 （1957）3月27日

［吴宓注：1957四月十八日上午，寄去《白屋遗书》一部（3.20）。1957四月十八日下午，复一函，并寄去（1）碧柳未刊诗二篇原稿七页，并述编辑计划，请作文介绍宣传。（2）宓所作 *Don Juan Summary* 一份。］

---

① 周可风，时任四川省文联办公室主任，因翻译拜伦诗作，数访吴宓求教。吴宓示以《学衡》杂志所载有关篇章，供渠参考。后又向四川省文联推荐吴芳吉遗诗，希望编辑出版。

西南师院中文系三年级乙班第四小组以及其他同学①（一通）

亲爱的吴宓老师：

星期六晚上，我们打扰了您整整一晚，聆听了您对我们亲切的教诲，都感到受益不浅。我们特向您致以深深的敬意和谢意。

孔夫子说"诲人不倦"，我们觉得您老人家真可谓具备了这种可钦可佩的精神。您身体健朗，虽然滔滔然连续谈了一个多小时，却依然精神矍铄，毫无倦容，使我们钦羡之至。您对我们的教导，看虽似微不足道的细节，实则是人生之至理，是您老一生宝贵经验之结晶。我们得之于身于心，皆为滋养，实无法表露我们感激之情，只有奋力学习，为国尽力，以为报效。

您老学问渊深，经验宏富，当此"建国"之际，又值毛主席提出百家争鸣、自由讨论之方针，更当老当益壮，显示出老将之威力，为国家、为人民效力，发挥巨大的作用，作出宏伟的贡献。我们谨祝老先生在学术上万里腾飞，在身体上健康长寿。我们以后当随时多来敬钦诲训。

敬礼

您的学生中三乙班第四小组全体以及其他一切同学敬上

1957 年 4 月 27 日

---

① 参见《吴宓日记续编》第三册，生活·读书·新知三联书店 2006 年版，第 69 页。

段德樟^①（一通）

吴老师大鉴：

现在您必懂得生为何特别喜欢France（法国），因为在生的血液中，有一半是法兰西的血液。生自幼即爱法国和中国，最初还说不出原因，后来知道我的mère française（法国母亲）之后，这就很自然了。

生的亲生母是里昂附近的人，文化程度不高。因此生的法文发音方面，有法国东部的方言影响。生当力求正规化巴黎音。因此在生的内心深处，有两点不能变动：一是L'amour de France（法国的爱），一是佛法。自从1958年皈依佛法后，有两大收获：一是1960年即断淫；一是今年的自我控制，过一种修士生活。回忆起家父和我的亲生母亲分离之苦，以及我自己又遇着爱人患病之不幸，深感"红尘碧海多少痴情种，离合悲欢枉作相思梦。渗不透镜花水月毕竟终成空"。

现在生的戒律：一、平时无事不上街（因公上街例外）。星期日上街办完事即返。二、每月吃高级东西不超过三元——这样一来，不但

---

① 段德樟，曾从吴宓受学。四川江津人，生于法国里昂。为西南师范学院数学系教授段调元之长子，母为法国人。幼年随父（时任重庆市立中学教员）回国。1963年6月15日，于重庆沙坪坝轮渡舟中投江自杀。段调元，字子夑，早年留法研习数学，1922年回国，先后在中央大学、清华大学、重庆大学、广西大学任教。久任重庆大学理学院长。1952年10月调任西南师范学院数学系教授。

自己有绩余，而且还支援别人困难。

尚此敬请

大安

Votre disciple

bien-aimé（您亲爱的弟子）

（1961）3 月 17 日

编者按：段德樟为吴宓之小友，乃吴宓西南师院同事之子，其妻在西师外语系学习亦曾从吴宓受学。吴宓同情安慰德樟身世之悲，思亲之痛，在辅导其学习法文之余，亦以提高宗教修养，加强自控，寄托宗教以减轻或解脱痛苦等个人体会相劝。有时同在校园游步，多谈宗教修养及处世之道。吴宓以为"樟乃宗教、道德中人，今之少年中所仅见者。"《吴宓日记续编》，第三册，第 542 页。

西南师范学院中文系
《桃园》编委会（一通）

敬爱的吴宓老教授：

　　您的学生办的《西师文艺》已于最近更名为《桃园》了。《桃园》将于六月份正式创刊。

　　我们知道您老人家很爱护自己的学生，很爱护年青的一代！因而我们热烈地盼望您老人家提起笔来为《桃园》写点东西！就是一篇短文也好！用墨汁来灌溉这年幼的园地，来哺育您的学生！

　　颂祝

健康

《桃园》编委会敬启

（代表）中文系三年级学生丁祖、吴灵光、黄鹏光

（1961）四月三日

沈石南（一通）

吴老：

日昨去贵院拜访，承蒙指教，本拟于离碚前再次看您，乃因工作忙，未能如愿。我们已于本月十八日离渝回蓉。

请您写稿事，我回报社后，经与同人研究，意见是对吴芳吉诗，宜于写一篇评介性的文章。通过评介其主要代表作，附带评介其人、其历史地位。例如，谈吴芳吉的《婉容祠》为题或其他题均可。

区区浅见，仅供参考。望不日将拜读华章。顺颂
文祺

《四川日报》科教组沈石南

（1962）四月廿六日

（吴宓注：1962 五月二日到。）

426

汤用彤^①（一通）

雨生兄：

　　前接来函，次日即航复，当已收到。兹有恳者，忆昔同在昆明时，承　兄将弟所作《佛教史》校勘一过，并将错误批于书眉。原书多年宝存。在五五年中华书局重印该书，曾将　兄所批原书邮送该局。彼时恰值弟患中风，辗转遗失。现中华再版该书，须将错字改正。如　兄尚存有底本，请予寄下，以便参照，甚盼。

　　兄近况如何？如来信时，请告知。

　　即颂

教祺

弟汤用彤　1962.9.3

①　汤用彤（1893—1964），字锡予，湖北黄梅人。清华学校毕业留美，哈佛大学哲学硕士。历任东南大学、南开大学、北京大学、西南联合大学教授，中央研究院院士。1949年后，任北京大学校务委员会主任、副校长，中国科学院哲学社会科学部委员。吴宓清华、哈佛同学，东南大学、西南联大同事，知友。

瞿兑之^①（四通）

一

雨生吾兄著席：去年闻尹石翁谈及行止，嗣乃寂然忽奉来笺。十年一梦，弟亦兴绪颓然，深以旧作为悔，今可置之不论矣。然癸卯年届七旬又为朋辈牵系，续用癸巳往复已三叠，虽不敢示人，然发 公一悦当无不可。闭关守拙，能无忤于时已为至幸。生事寒俭固不足恤，数年来惟恃中华书局上海编辑所聘为特约编辑，遂我优游之性。近写得《刘梦得集笺》一稿，数十万言，于永贞开成之间史事，钩籍差有所获。稿已交去，据云拟于六四年付印，有无变动亦自难言。

兄有广州之行，惜无法以草稿转乞 寅恪兄一正。

行年七十，平生师友渊源游处踪迹论学论艺之作，粗见于诗，亦写定《补书堂诗录》六卷，待刊。 兄来沪时当以副本呈 教。海内旧知，北则章行老、南则陈寅恪兄，于弟之身世知之最悉，同情亦最深挚，弟亦心折无间，恨见面时少，无由倾吐怀抱。此次 兄与 寅恪兄执手话庶，幸为道天涯故人老年怀抱始终萦回不置也。我与 兄之交谊有非寻常可比拟者，盖虽十年不报书无伤也，惟音信遥闻不如章陈耳。

① 瞿兑之（1894—1973），名宣颖，字兑之，以字行，号铢庵，晚号蜕园，湖南长沙人。清末军机大臣、外务部尚书瞿鸿禨幼子。曾任北京政府国务院秘书长，编译馆长，河北省政府秘书长，南开大学、燕京大学、辅仁大学教授。1949年后，长期居上海，以著作为业。

兄嘱我不必复函，静待 兄来，但我仍欲先寄此书以备与 寅兄晤面时可有谈话资料，借使寅兄悉我近况，传言青鸟敬以奉托矣。 兄到沪后，舍馆定即请以电话 示知，俾免相左。

来书中所涉及诸人，潘伯鹰、尹石公皆危疾仅而狡济，蔡正华早逝，刘麟直西陆，惟凌宴池相距较近，虽老惫，亦偶一见，已以 尊况告之。 兄到粤后，以 寅兄近况见示数行，尤盼。余俟面声，不胜翘盼。诚祝

春厘

弟蜕园拜上请用今名相呼

敝居电话 368775

（1964）一月二十七日

二

雨生兄惠鉴：三月二日示拜悉。行止中变，则把晤当迟延数月矣。斯固无妨，弟当能留命以待。尊体素强，忽尔卧病，自是偶然之事，惟亦须稍事调摄。若弟则生理上几于长期在病中，仅精神尚乐观，亦以此自喜耳。来旨过示撝谦，非所敢任。岁月趋忽，一无所就，旧学现已废忘，新知亦复隔膜。即以诗而论， 兄亦胜我多多。君之谦固征，君之学养，我之自疚则亦非虚饰也。我之诗大体皆自记平生踪迹及一时情绪，己虽能解而不必求人之解。至于诗中词句往往贪凑韵凑典故，尤其《花生日诗》本属兴到游戏之笔不可存者，请 兄不必劳神索解。 尊论以诗代自传，恰与鄙见若合符契。故补书堂诗前四卷每年元旦，必有一诗，即暗寓年谱之意。而后二卷近二十年之作则不复如此。 兄定默喻其故，而友人见此稿者谓一年只元旦一诗颇不美观，此则专为作诗而作诗，非我辈之意也。旧作不宜改，弟亦如此主张，所谓不诚无物，

修词立其诚。苟以旧作为非，则竟删之可也，改之则非也。上海乐天诗社颇无聊，弟幸不予此辈往来，惟吾宗镜人是佳士，近年亦不审其踪迹。胡蘋秋正是　兄所言者，工作住址籍贯无一不符，何以　兄知其为男子，而其投我之诗则云"已是云英再嫁身"，的然不是须眉，岂有意弄狡狯以愚我耶！为之介绍者乃杭州大学某君，亦久不相闻，似有忧畏之意。蘋秋当此际亦不宜再弄词翰，故我辈以不多事为妙，但亦甚欲解此谜团。瞿仲弥与弟亦世交，向不知其能诗也。当今能诗者益多，殊出意表，或者作诗本非难事耶？然如何方能成诗家，则尚须研究耳。

寅恪兄年长，又失明，不欲多扰之。诗本不欲相示，即刘集亦只拟择其与史事有关、表现个人看法者，录副请其董正，不汲汲。近又连得　两函，为我推阐诗意，如此妙绪环生，乃反胜于作者成诗时意中所有矣。然大体已得其环中，　兄确是解人无疑也。弟平昔论诗以性情为主，而自作之诗颇有趋韵及贪用典之弊，昔人所谓朱贪多王爱好，乃似兼而有之，能与古人争胜而不能与近时人争胜，其故在此。弟为此语，有似妄自尊大，其实非也。古人示我以范围，指我以途辙，亦步亦趋，维妙维肖，不难到也。近时人已知学古之路渐穷，又不甘以学古自囿，且亦惮于学古之艰苦勤劳，各自标新领异、独树一帜。使我桃前贤而奉近时人为祖，我所不屑也；使我于近时人以外戞戞独造，不傍人门户，则我力亦有所未逮。故自我言之，敢谓古人复起亦不遑多让，乃是甘苦有得之言，非僭也。夫仅能与古人争胜，岂真足以尽诗之能事哉？弟虽夙从贤师友游，而治学不坚，五十以前，都未尝深于此事，尔后阅事稍多，粗于辨其利病。而年鬓既衰，下笔辄落窠臼而不能自拔。其间亦缘忌讳多，酬应多，愈加习气重而真趣少。惟近年为女友而作之诗稍见性情之真。人生惟书此际才是自己身说自己话耳。故唐人于友朋之深挚者皆直称为佳人、玉人、情人，所谓楚雨含情皆有托。此岂所以语夫近时人哉？　知　兄不以为讶也。航空邮件不能多写，尚有诗笺若干，以平邮奉上。今日晤宴池，先作两首以呈　兄如左：

得雨生书，空邮却寄

雨生书来盈两纸，读了无殊对面时。不见仍能通梦寐，见时翻恐太矜持。性情各具终难变，颜鬓全非不用疑。来日穿云度三峡，开函君亦睹吾诗。

示宴池并柬雨生

君耽山谷倔强句，我爱乐天闲适吟。献可替否乃所愿，是丹此意宁吾心。雨生论诗得题解，能辨空际微妙音。东吴万里船已具，唯我与尔相需深。

蜕园（1964）三月十三日

（吴宓注：1964三月十六日正午到。）

三

雨生兄：

久未得信，想工作学习日益繁忙，年初　尊体违和，当已恢复矣，至以为念。

弟近亦患病，无澈底治法，只有静养，一切任之。惟深望不爽东游之约，为暮年一快乐耳。

有二三诗史上问题拟请于函　寅恪兄时顺便代为一叩，容再写上。

弟蜕上（1964）5.9

四

雨生吾兄左右：

去岁东行中止，事非获已，本在意中，故亦不敢以书问相渎。今年暑假时异境迁，何妨再具吴船轻装出峡耶？兹有奉告一事：宴池兄本有肺疾，冬间虽有复发之象，亦未至过剧。重三日弟尚与作禊集，甫及一句，头血不已。至暮春二十七日（吴宓注：阳历四月二十八日）竟至不起。其疾革时，尚为其子道及我辈，而弟尚未知遽有此变也。京华旧游，寥若晨星。失此良友，料　兄闻之亦为怆然。石公偏中，艰于步履，幸无他虞，然未可恃也。弟于去两年中屡发溺血之疾，虽无大患，终是隐忧。秉体素羸，亦深有时不我与之感。年来运动紧张，尚能应付，著述亦未至全付东流，此则堪释远注耳。所怀百端非面论不能详尽，奈何！迢迢相念，殆无已时。诸惟

珍重不宣

孟夏朔日蜕园上

今岁花期，仍有和答友人之作，叠前此《花生日诗》六章之韵，不奉寄矣。特附告以见弟之意兴粗可耳。

宴池凌君挽诗　乙巳三月

槐堂座客久星离，披拂霜髯系梦思。酒次疑为临别语，悲来偏及送春时。怀铅订稿沧波隔，驻屐攀樱雨泪滋。从此便应行迹扫，夕薰长歇款门谁。

重三日醵饮，君忽面余谓，余蓄长髯后颇似师曾，但面较狭耳。此

后曾未再见，故有首四句。余等每长谈必语及师曾，可征其怀旧之笃。生前诗稿已写定，属余参酌。其子已备在海外制铅椠矣，惜未及视睹其成。又去年此际在中山园看樱花，不期而遇；今年彼此皆无此兴。君之易箦正雨湿樱花时也，故有五六句。吾二人寓处不远，而君家无应门者，叩扉为苦，故不恒诣。夕薰即君斋名，末二语尤足悲矣。

（吴宓注：1965 五月六日到。）

曾宛凤①（一通）

吴老师：

病好了吗？多保重。

我于22号早晨七点钟离校，下午到了合川县渭溪区。23号分到黄土公社，学习了一天，分到长安大队。我们主要搞"四清"工作。住在贫农家里，与农民同吃、同住、同劳动、同工作，在阶级斗争和生存斗争中锻炼自己。

江老师分在双槐公社，他比我离学校近。

这里天气很冷，已下雪了。不过我衣服穿得还多，老师不必挂念。走以前因开会太忙，我又负责联系借钱给同志，休息时间又送钱去了，未与老师告辞，希谅解。

天已黑，我这封信是在露天里，天快黑了时写的。写得很潦草，手已冻僵了。

开会了，暂停。

祝

早日恢复健康！

学生曾宛凤 1964. 2. 24

［吴宓注：1964三月三日晨到。三月十二日晚，复一（明信）片。］

---

① 曾宛凤（1935—2024），女，四川成都人。1960年西南师范学院中文系提前毕业。1962—1964年参加西南师院进修班，从吴宓受学。1965年后在西南师院中文系授外国文学课，任副教授。

金月波[①]（二通）

一

雨公道鉴：

　　前于月之十六日，连获十三、十五两日函片，欣知　文驾可于中秋莅汉。当即分函叔度[②]、虚谷[③]两君，约明日中秋偕往珞珈山祗谒。顷叔度来舍，以工忙，恐难抽身，留函诗嘱面呈，并转达感激之忱。兹谨将黄函诗随信附呈，盖恐见面不易也。彼适别去，而　先生十六日明片又至，则中秋　公仍在途中，与彼等之约亦难实践矣。而星期一晚，适本校政治学习时间，亦不克赴码头相迎。本学期波教两班语文，每周上十四小时课。二十二日，上午两堂，下午两堂。二十三日，上午小组例会，下午政治学习。二十四日，上午三堂。二十五日，上午三堂，下午政治学习。则　公所指四天内，惟星期四下午无课。叔度既不能来，虚谷尚无回信，容当以电话询之，尚不知星期四下午彼有暇否。相见时难，殊令人怅惘。

　　三年不上行吟阁，霜髦诗怀日就凋。照影长流非昔水，举形明月

　　①　金月波（1914—1980），湖北沔阳人。湖北省立师范学校毕业。先后在四川合江国立女中及南京、杭州等地中学任教。1947年起，任武汉市立第二中学语文教员，直至去世。因向吴宓主编的《武汉日报·文学副刊》投稿而与相识，结为诗友。

　　②　黄有敏（1914—1974），字恽生，号叔度，湖北沔阳人。南京金陵大学中文系毕业，久任中学教员。因向《武汉日报·文学副刊》投稿，与吴宓相识。

　　③　张耀祖，1918年生，字虚谷，湖北黄梅人。师范毕业，任教中学。工诗词书法。

又今宵。青枫欲赤人何似，白露为霜路且遥。未见所思空有约，夜深棋冷自频敲。

忽尔成吟，即押纸尾呈正。如星期四下午未能来东湖，则惟迟至 公返汉时耳。

此祝
旅安

弘度长者、君超长者前，乞叱名致候。

一九六四年九月十九日（中秋前夕）夜七时　月波上

（吴宓注：1964 九月二十二日弘度寄，二十七日到。）

二

雨公长者：

秋分至今，喘疾大作，兼之痔炎便血，颇为狼狈。今日势始稍杀，乃得起坐援笔作书。幸 公以船误未来，来则所欲见者，皆不得见也！前得 公十二日、十五日函片，即分函约叔度、虚谷于中秋日偕赴珞珈山奉谒。不意叔度于中秋前夕来告以工忙难于分身，留诗函嘱面陈，并托代致谢恫。而虚谷一直无回信，顷始接其电话，谓昨始由乡下回校，深以未能践约为歉。我告以 公实未来，彼始弛然，彼或将有专函致公也。叔度致 公诗函，我于获 公第二片时，计算 公留汉日程中，我只能于星期四下午有空，恐短促不可相见，或须迟至 公由广返汉之后，始能作长日叙。乃先将叔度诗函寄 弘度公转交，以便先睹为快。初不意 公竟不来，更不意即使 公来而我竟病不能往也。此函谅已达左右。如尚未获，公可函询 弘度公。叔度身体殊顽健，能挑百余斤作长途走，盖劳动锻炼之功效。现由街道派往挑堤，每日可得工资元余。然较教民校强，以有十斤口粮票贴补也。协华先生不遗在远，实令人感谢。附函，请为转致。此颂

秋绥

后学月波顿首 1964 年九月三十日

榖音近况奚似，便中道我念之。

编后记

  我父亲吴宓（字雨僧，亦字雨生）历经晚清、民国、新中国。在他与其同辈人生活的时期，除处理紧急要事，偶尔拍发电报或通电话外，书信才是最为普遍使用的重要通讯方式。

  父亲生前喜欢写信。从他的日记中可以看出，他几乎时时都在写信、复信，亦经常接读各方来书。其中有关于清华外文系系务的，也有《学衡》杂志和《大公报·文学副刊》的投退文稿，以及对他所编报刊进行提问或批评的各种信件，但最多的还属师长亲友学生来书。我见过父亲分门别类搁置所收书信的纸箱木匣，虽然定期清理，但常是堆积得满满当当。知友来书，则列于长案几上，分别叠放，便于随时捡取展读回复。而如他所尊敬的师辈白璧德、穆尔、黄节、张尔田、柳诒徵等先生的手谕来书，他总在恭读后用纸包好，收藏于书桌屉内，不时取出重读。知友书信亦多是父亲喜读和郑重保存的，内容不仅谈书论学，探索人生哲理，共商志业大计，交换各种信息……亦互通款曲，倾诉衷肠，叹时代风云的变幻，忧国家民族之兴亡。有时也说些身边人、眼前事，感慨生活的甘醇与苦涩，畅述友朋之间的眷念。信函中还时附诗作，也有以诗代函的。

  父亲的日记记述了不少有关接读师长亲友学生信件的细节。我也曾于父亲生前，悄悄读过他分列长案几上的知友来书若干封。印象较深的，如萧公权先生的手札，言辞修洁，书法精美，明达智慧，写抒胸怀，淳朴真挚的牵念之情溢于字里行间。郭斌龢先生的来书，多与父亲切磋学问，研讨学术导向、筹划办刊济世，对思想困厄中的老友给予支持鼓舞。潘式先生的诗函，则充满文人旨趣，以秀逸的书法、轻松的笔调，表述个人生活及二人所熟悉诸君的近况，言笑举止跃然纸上，也许是冀借此舒缓一下诗友悲怆低沉的心绪。还有父亲清华、哈佛的学友，东南、清华的同事楼光来先生，对因失恋绝望而难以自持的知友谆谆劝导，友谊之诚挚恳切使我深受感动。

2010年，我在整理《吴宓书信集》（生活·读书·新知三联书店，2011年版）时，即联想到父亲接读的那许多师友书札。它们具有相当的历史价值和艺术价值，亦应及早搜集整理出版，公诸于世，嘉惠后人。但当我实际着手此事时，却步步维艰，发现搜集是何等的不易，有些信件几已无可能找见。后经细读父亲日记及其所遗的零星笔记、杂记，我才知，在日军逼近，急骤撤出清华园前，在抗战时期流离后方，几度迁徙间，为精简行箧、减轻负担，他不得不忍痛毁弃一批历年保存的知友书札。而后对1949年之后的社会状况缺乏深入了解，又经1951年冬诗案之失①，他深惧祸危，而痛将身边多年所藏的知友手札、诗函，连同自己的诗作，自行焚毁。此后，雨骤风狂，天翻地覆，父亲对旧日一班朋友之心志近况，皆不得悉，而忧谗畏讥，未敢通信。至于知友书函诗作，虽稳慎周密，决不致贾祸招讥，但父亲亦难以完整自存：或在运动中被抄没；或被人窃取；或为防备抄没而托付他人代管，而所托非人，最后未能索还。由于以上种种，我所搜集到的书札数量并不多，很觉失望和愧疚。然我经此搜集过程，得与父亲若干知友的后人交流，并益深感悟和体会到父辈学人晚年生活的艰困痛苦，也增长不少见识。所幸我久居上海、北京的母亲（以离休早，所受冲击较少）不负父亲重托，将他十分珍贵的早年师友书札完好地保存下来。

---

① 1951年冬，吴宓以所作有关"土改"的诗邮寄友人，在油印刊发后，这些诗被认为反对或讥讽"土改"及镇压"反革命"。吴宓闻讯，忧急悔痛，后在高校教师思想改造运动中自行检讨，接受批评。

本书所收 100 多位作者的书信 280 余通,均按作者所写第一封信的年月顺序编排。为方便读者阅读,外文来书全部译为中文,附于原信之后。

本书所收书札虽数量不多,但时间久远,有些手札,书于百余年前。吉光片羽,映射出时代的印痕,可为历史(或学术史)的补充和佐证。知心友人在困厄不幸中相互给予支持、帮助和鼓舞,坚守文化信仰的主张,简练隐忍的笔触,诚挚亲切的话语,都令人感动。这让人很自然地想起伏尔泰所说的"书信是生命的安慰"是多么的简洁、贴切。

由于本人学识有限,本书编译中的错误定难避免,敬祈读者诸君不吝赐教。惜人事代谢,个别作者后人未能找见,望知情的读者朋友相告,以便联系。

最后,甚祈今尚存有吴宓师友书札的朋友能赐借编者,增补入书,以臻完备。也希望藏有吴宓师友书札的朋友,能赐赠复制本以陆续增补。

吴学昭

2021 年 12 月